GOLDMANN
RATGEBER

Buch

Persönlich, beruflich und sozial hat sich für die Frau vieles verändert. Kann sie selbst aber schon damit Schritt halten? Hat sie gelernt, ihr Leben selbst in die Hand zu nehmen und zu gestalten?

Dieses Buch hat nichts mit »Emanzentum« oder übertriebenem Feminismus zu tun. Es will vielmehr Frauen, die das Gefühl haben, ihr Leben nicht selbst zu steuern, die sich als zu hilflos, zu aggressiv oder manipulativ empfinden, zu natürlichem Selbstvertrauen und positiver Selbstbehauptung führen. Denn damit lassen sich die kleinen und großen Hürden des täglichen Lebens besser überwinden und wichtige Entscheidungen bewußter treffen.

Ein Buch, für Frauen geschrieben, aber auch Männern zu empfehlen, die selbst mehr Sicherheit erlangen und/oder ihre Frauen besser verstehen wollen.

Autorin

Anne Dickson ist 1946 geboren. Als Psychologin war sie einige Jahre in der Erziehungsberatung tätig, bis sie sich 1976 in Amerika in Sexualberatung ausbilden ließ. Dabei lernte sie die Methoden des Selbstsicherheitstrainings kennen und hält seitdem eigene Kurse in ganz Europa ab. Anne Dickson lebt in London.

Von Anne Dickson ist außerdem
als Goldmann Taschenbuch lieferbar:

Die Harmonie der Innenwelt · Die neue
Sexualität der Frau (10996)

ANNE DICKSON

FRAU SEIN

SELBSTFINDUNG • SELBSTVERTRAUEN
SELBSTBEWUSSTSEIN

Deutsche Erstveröffentlichung

GOLDMANN VERLAG

Titel der englischen Originalausgabe: A Woman in Your Own Right
Originalverlag: Quartet Books Limited, a member of the Namara Group, 27/29 Goodge Street, London W1P 1FD
Aus dem Englischen übersetzt von Traudi Kurz-Perlinger

Der Goldmann Verlag
ist ein Unternehmen der Verlagsgruppe Bertelsmann

Made in Germany · 12/88 · 5. Auflage

Umschlaggestaltung: Design Team München
Satz: Filmsatz Schröter GmbH, München
Druck: Elsnerdruck, Berlin
Verlagsnummer: 10956
Lektorat: Dr. Gertrud Marotz/JJ
Herstellung: A. Esterhues/G. Ernst/Voi
ISBN 3-442-10956-6

Für Margaret,
die mir mein Selbst zeigte:
für mein Selbst,
das großen Mut bewies.

Inhaltsverzeichnis

Mein Dank

Ich kann mich nicht erinnern, wann der Gedanke, dieses Buch zu schreiben, Gestalt annahm. Ich weiß nur, daß Edward Brecher mich Ostern 1981 in Yelping Hill fragte, worauf ich denn wartete, um anzufangen. Mir fiel keine Antwort ein, also begann ich einfach. Zu Weihnachten zeigte ich ihm meinen eifrigen und allzu ausführlichen ersten Entwurf. Obwohl er unter Druck stand, sein eigenes Buch fertigzuschreiben, widmete er mir seine Zeit, Erfahrung und Fachkenntnis. Nie werde ich die Begeisterung vergessen, die mich ergriff, als ich unter seiner wissenden Anleitung in die disziplinierte Kunst des Schreibens eingeführt wurde.

Alle Frauen, mit denen ich in den vielen Kursen und Seminaren während der letzten fünf Jahre arbeitete, haben zum Inhalt dieses Buches beigetragen: Ihre persönlichen Erfahrungen lieferten mir die Beispiele, die ich in diesem Buch anführe und erläutere.

Die Frauen, die mit mir an Schulungen in der Redwood Women's Training Association teilnahmen, haben mir Vertrauen entgegengebracht, mich ermutigt und waren ein starker Ansporn, einige komplexe und schwierige Bereiche zu klären.

Mein besonderer Dank gilt folgenden Personen, die mir auf meinem Weg geholfen haben: Diana Athill, Silvia Burton Fairbrother, Liz Clasen, Lesley Garner, Nikki Henriques und Janet Law – sie alle nahmen sich die Zeit, die einzelnen Abschnitte des Manuskripts in verschiedenen Stadien zu lesen, und machten mir praktische Verbesserungsvorschläge; Lindy Waller, die trotz großer persönlicher Unannehmlichkeiten das Manuskript ins reine schrieb und mir ein unversiegbarer Quell moralischer Unterstützung war; Katharine Hadley, die mir zum richtigen Zeitpunkt die richtige Richtung wies.

Ich möchte auch allen meinen Freunden, meiner Familie und meinen Verwandten danken, durch deren Loyalität und Liebe ich weitermachte, besonders Ron, Heidi und Dot, die mich davon abhielten, als ich aufgeben wollte. Ebenso möchte ich Chucker danken, die mir einen Sommer lang ihr Heim zur Verfügung stellte und mir so die Abgeschiedenheit ermöglichte, die ich brauchte, um den ersten Entwurf zu schreiben.

Vorwort

frau sein richtet sich an Frauen, die das Gefühl haben, zu passiv, zu aggressiv oder zu manipulierend zu sein. Das Buch ist ein Ratgeber, wie man sich statt dessen *selbstbehauptend* verhält. Es behandelt allgemeine Verhaltensmuster und zeigt, wie man sie verändert.

Dieses Buch entspringt meiner tiefen inneren Verpflichtung Frauen gegenüber und meinen eigenen Erfahrungen. Während der letzten sechs Jahre gab ich in Kursen und Seminaren Hilfen zur Selbstbehauptung an Frauen in England, Irland und dem übrigen Europa weiter. Ich wurde unmittelbarer Zeuge davon, wie der Umgang mit Selbstbehauptungs-Techniken das Leben vieler Frauen veränderte.

Frauen, die meine Seminare besuchen, sind wohlhabend oder arm, verheiratet oder ledig; Hausfrauen, Mütter, leitende Angestellte, Künstlerinnen, Studentinnen, Nonnen und Unternehmerinnen. Die Erfahrungen in einer sich verändernden Sozialstruktur der letzten zehn Jahre haben diese Frauen gelehrt, daß sie nicht länger still in der Ecke zu sitzen brauchen, sie haben aber noch nicht gelernt, *was* sie tun müssen – um für sich zu denken, sich zu artikulieren, eigene Standpunkte zu behaupten. In meinen Seminaren lernen sie Techniken, mit deren Hilfe sie schwierige persönliche, soziale und berufliche Situationen meistern können.

Diese Techniken der Selbstbehauptung seien hiermit nun einem breiteren Interessentenkreis vorgestellt.

Meine erste Bekanntschaft mit Lehrmethoden der Selbstbehauptung machte ich, als ich während eines Aufenthalts in den USA 1976 an einem Lehrgang für Selbstbehauptung teilnahm. Zurück in England, begann ich dann das, was ich gelernt hatte, mit großem Eifer an andere Frauen weiterzugeben, und lernte dadurch auch viel über mich selbst. Vieles eignete ich mir aus (amerikanischen) Büchern zu diesem Thema an. *frau sein* ist eine Synthese dessen, was mich mein Studium und meine eigene Erfahrung lehrten.

Die Grundkenntnisse der Selbstbehauptungs-Techniken umfassen folgende Kriterien: klares und präzises Äußern von Wünschen; das Erlernen, nein zu sagen; Umgang mit Kritik – sowohl sie anzunehmen als auch Kritik zu üben; die Deutung der Körpersprache; der Umgang mit Gefühlen, insbesondere mit Zorn; das Entgegennehmen von Komplimenten; wie man die Initiative ergreift; wie Sie Ihre Selbstachtung aufbauen und Ihre Selbstdarstellung gegenüber anderen verbessern.

frau sein ist kein Versuch, die Erfahrung in der Gruppe zu ersetzen, in der Lernprozesse, Humor und gegenseitige Unterstützung einmalig sind. Dieses Buch soll jenen Frauen Aufklärung über Selbstbehauptungs-Techniken geben, die an keiner Gruppenarbeit teilnehmen können oder es einfach vorziehen, Dinge alleine auszuprobieren. Am Ende einiger Kapitel finden sich Übungsvorschläge, die man alleine oder mit einer Freundin/einem Freund durchführen kann. Frauen, die bereits in der Gruppe gearbeitet haben, finden einige neue Gedanken und Anregungen für die Praxis.

Der vorliegende Band wendet sich zwar in erster Linie an Frauen, das bedeutet aber nicht, daß die beschriebenen Techniken nicht auch für Männer gelten. Ich arbeitete damit erfolgreich in gemischten Gruppen und stellte fest, daß Männer Selbstbehauptungs-Techniken genauso nötig haben – sie müssen sie nur anders einsetzen.

In unserer Sozialstruktur befinden sich Frauen – mit einigen Ausnahmen – in weniger einflußreichen Positionen als Männer. Diese Tatsache kann zur offenen, politischen Diskussion führen – das ist aber nicht Absicht dieses Buches. Vielmehr soll es einzelnen Frauen helfen, ihre Position in ihren individuellen Lebensbereichen durch Selbstbehauptung zu stärken. Das Buch bietet das einfache, wirkungsvolle Handwerkszeug dar, dieses Ziel zu erreichen, und trägt so vielleicht im kleinen dazu bei, die übliche Stellung der Frau in unserer Gesellschaft etwas zu verändern.

Dieses Buch entstand aus einer tiefen Liebe für die Frau, aus großer Bewunderung ihres Muts und in der unverrückbaren Überzeugung, daß die Techniken auch wirklich funktionieren!

1.
Wann und wo ist Selbstbehauptung angebracht?

Sechs Jahre lang arbeitete ich mit Frauen, die ihr Leben in irgendeiner Weise verändern wollten. Einige kamen mit klaren Zielvorstellungen zu meinen Kursen, doch die meisten stolperten »blind« in die Gruppe, getrieben von einem verschwommenen Bewußtsein, daß irgend etwas mit ihrem Leben nicht stimmte. Ehe sie etwas verbessern konnten, mußten sie herausfinden, was genau nicht in Ordnung war.

Viele spürten, daß sie ihr Leben nicht richtig im Griff hatten. Wohl gab es gute Tage, an denen sie sich selbstbewußt und sicher fühlten, doch die meiste Zeit fühlten sie sich unsicher... bei dem, was sie sagten oder nicht sagten, ob sie einen richtigen oder falschen Eindruck hinterließen. Manche machten sich Gedanken darüber, wie sie Kritik oder Vergleiche mit anderen vermeiden konnten. Sie fühlten sich von einer Person oder Situation zur nächsten geschoben – ohne das Gefühl zu haben, etwas selbst zu steuern oder eine Wahl treffen zu können.

Empfanden Sie schon ähnliches? Nur gelegentlich, oft oder fast immer? Die folgenden Fragen werden Ihnen helfen, diejenigen Situationen herauszufinden, die Sie mit größerer Selbstbehauptung handhaben wollen. Ein ausgezeichneter Schritt zur Veränderung ist, die Umstände zu identifizieren, in denen Sie anders reagieren möchten.

Situationen mit Fremden. Wie reagieren Sie, wenn Sie in einem überfüllten Restaurant sitzen und der Kellner Sie nicht beachtet? Klopfen Sie in nervöser Ungeduld seufzend mit den Fingern auf den Tisch? Fragen Sie Ihre (männliche) Begleitung, warum sie nichts dagegen unternimmt? Oder verlassen Sie polternd das Lokal und fauchen im Gehen ein paar bissige

Bemerkungen über die Schulter? Wie reagieren Sie, wenn das Essen lauwarm oder alles andere als frisch ist oder wenig Ähnlichkeit mit dem hat, was Sie bestellten? Nörgeln Sie herum? Beschimpfen Sie das Restaurant in wüster Form oder den Wicht von einem Kellner, der vor Ihnen steht? Oder schlucken Sie Ihre Unzufriedenheit mit dem Essen hinunter und rächen sich, indem Sie kein Trinkgeld geben? Was tun Sie, wenn Sie das, was Sie bestellten, bekommen, sich eben genüßlich darüber hermachen wollen, und der Herr am Nebentisch zündet sich eine Zigarre an? Runzeln Sie mißbilligend die Stirn, leiden aber während Ihrer Mahlzeit still vor sich hin, oder wedeln Sie in ausdrucksstarker, aber stummer Geste vor der Nase des Rauchers wild mit der Speisekarte? Oder sprechen Sie den Herrn an und versuchen, mit ihm einen Kompromiß auszuhandeln?

Wie reagieren Sie, wenn Sie den Eindruck haben, man will Ihnen das Brot von gestern oder faules Obst verkaufen? Riskieren Sie eine Szene, oder sagen Sie nichts, schlucken Ihre Gefühle lieber hinunter? Wie reagieren Sie, wenn Sie schon ewig in einer Menschenschlange warten, oder Sie haben es eilig, und eine nette alte Dame drängelt sich vor Sie? Machen Sie einen Unterschied, wenn die Person, die sich vordrängelt, ein 1,90 m großer Riese mit grimmigem Gesichtsausdruck ist? Sagen Sie Ihre Meinung und nehmen die strafenden Blicke Ihrer Umgebung in Kauf? Wie reagieren Sie, wenn Sie es mit einem unnachgiebigen Verkäufer zu tun haben, der behauptet, die Ware, die Sie umtauschen wollen, sei durch Ihr eigenes Verschulden zerrissen oder geschrumpft? Lassen Sie eine wüste Schimpftirade vom Stapel und stapfen zähneknirschend vor Wut aus dem Geschäft, oder geben Sie entmutigt klein bei – und verspielen in beiden Fällen Ihre Rechte als Kundin?

Sie haben sich während einer langen Bahnfahrt in ein Nichtraucherabteil gesetzt, und ein Mitreisender zündet sich eine Zigarette an: Kochen Sie innerlich und warten, daß ein anderer etwas dagegen unternimmt, oder halten Sie Ausschau nach dem Schaffner, um ihm die Regelwidrigkeit zu melden, oder sprechen Sie den Raucher an? Was tun Sie, wenn einer unaufmerksamen Verkäuferin das Schwätzchen mit der Kollegin wichtiger ist als Ihre Kaufprobleme? Reagieren Sie wie ein Spieß auf dem Kasernenhof, drohen Sie, den Besitzer des Geschäfts (den Sie natürlich persönlich kennen!) davon zu unterrichten, oder bitten Sie das Mädchen um Hilfe? Klar und direkt oder in entschuldigendem Ton? Ein charmanter Verkäufer hat sich große Mühe gegeben, Ihre Wünsche zu erfüllen, und alle möglichen Artikel vor Ihnen ausgebreitet. Trotzdem sagt Ihnen nichts davon zu. Kaufen Sie irgend etwas, obwohl es nicht das ist, was Sie wollten, nur um nicht als lästig zu erscheinen? Oder bedanken Sie sich für seine Mühe, lehnen es aber ab, etwas zu kaufen?

Situationen mit Freunden. Ein Freund will sich eine Schallplatte von Ihnen ausborgen, die Sie selbst hören möchten. Stellen Sie Ihre eigenen Bedürfnisse in den Hintergrund, oder geben Sie vor, die Schallplatte gehöre nicht Ihnen, oder sie sei schon jemand anderem versprochen? Sagen Sie klipp und klar nein, oder schlagen Sie einen Kompromiß vor? Wenn Sie über die Art, wie jemand Sie behandelte, verärgert sind, teilen Sie ihm/ihr dies mit, oder verbergen Sie Ihre Gefühle – lassen die Person aber bei der nächsten Verabredung eine Stunde warten? Wenn es darum geht, wo man sich mit Freunden trifft, welchen Film man gemeinsam ansieht oder wo man zum Essen hingeht, machen Sie Ihre eigenen Wünsche geltend, oder lassen Sie sich beeinflussen, werden übergangen oder zu einer Wahl »gezwungen«, mit der Sie keineswegs einverstanden sind? Eine Freundin, die sich ständig an Ihrer Schulter ausweint, ruft an, gerade als Sie es sich gemütlich machen wollen, um ein bestimmtes Fernsehprogramm anzusehen. Drehen Sie den Ton leiser, schauen mit einem Auge in den Apparat und murmeln hin und wieder »hm, hm«; hören Sie geduldig zu, obwohl Sie lieber fernsehen würden, oder sagen Sie, Sie hätten im Moment zu tun, und bitten die Freundin, später anzurufen? Ein guter Freund ist das Thema eines bösartigen Klatsches in einer Gruppe von Bekannten. Stellen Sie sich taub, oder weisen Sie die Leute aggressiv in ihre Schranken, oder teilen Sie Ihre Gefühle offen mit und fordern Ihre Bekannten auf, damit aufzuhören?

Situationen zu Hause. Sind Sie in Ihrem eigenen Heim eine Märtyrerin, Sklavin oder Tyrannin? Wie verhalten Sie sich, wenn Ihnen die anderen das Geschirrspülen, Aufräumen und Saubermachen überlassen? Was tun Sie, wenn Sie »nein« sagen wollen, wenn Ihr Kind Geld von Ihnen haben will oder Freunde zum Spielen einladen möchte? Was tun Sie, wenn Sie einer aufdringlichen Verwandten absagen wollen, die Sie zu einer Zeit besuchen will, in der es Ihnen nicht paßt? Wie reagieren Sie, wenn Sie sich zärtlich fühlen, den Arm um Ihren Partner legen, aber feststellen, daß Ihr Partner den Kopf mit anderen Dingen voll hat? Wie reagieren Sie, wenn Ihr Partner sexuell erregt ist, Sie jedoch nicht in Stimmung sind? Oder wenn Sie sexuell erregt sind und Ihr Partner keine Lust hat? Wie reagieren Sie auf Kritik von Ihrem festen Freund oder einem Verwandten an Ihrem Aussehen? Empfinden Sie sie als Zurechtweisung? Reagieren Sie aggressiv darauf? Was tun Sie, wenn Sie zu Hause allein sein wollen? Können Sie Grenzen setzen, oder haben Sie das Gefühl, immer für Ihre Familie dasein zu müssen? Wie stehen Sie zu einer störenden Angewohnheit bei einem Menschen, den Sie lieben?

Situationen am Arbeitsplatz. Denken Sie darüber nach, wie Sie auf berechtigte Kritik eines Vorgesetzten reagieren. Gehen Sie in die Luft? Leugnen Sie um jeden Preis? Versuchen Sie, einem anderen die Schuld zuzuschieben? Treten Sie beschämt von einem Fuß auf den anderen und kommen sich vor wie ein kleines Kind? Setzen Sie ein beleidigtes Gesicht auf und schmollen für den Rest des Tages? Denken Sie auch darüber nach, wie sie auf ungerechte Kritik eines Vorgesetzten reagieren. Wie kritisieren Sie einen Untergebenen wegen wiederholten Zuspätkommens, schlampiger Arbeit oder Unehrlichkeit? Quälen Sie sich damit, wie Sie es sagen sollen, warten ewig, bevor Sie etwas sagen; bitten Sie eine Kollegin, es für Sie zu tun;

greifen Sie die Person an und feuern aus allen Geschützen, wenn er/sie es am wenigsten erwartet; drücken Sie beide Augen zu; oder suchen Sie sich sogar eine neue Stellung?

Wie reagieren Sie, wenn Ihr Chef einen sexbezogenen Witz macht oder zudringlich wird? Lassen Sie eine Schimpftirade über männliche Chauvinisten los? Geben Sie vor, den Witz oder die Anspielung nicht gehört zu haben? Oder lassen Sie es über sich ergehen, weil Sie wissen, daß Sie sich später irgendwie aus der Affäre ziehen und rächen können? Wie gehen Sie vor, wenn Sie das Gefühl haben, die Forderungen ihres Arbeitgebers gehen weit über die vertraglichen Abmachungen hinaus? Legen Sie Ihren Fall in einem Gespräch selbstbewußt dar? Finden Sie sich damit ab und stöhnen unter der Mehrarbeit, oder liefern Sie Ihre Arbeit absichtlich schlecht ab? Wie behandeln Sie neugierige Kollegen, die sich in Ihr Privatleben mischen? Sagen Sie ihnen, es wäre besser, sich um ihre eigenen Angelegenheiten zu kümmern, oder lenken Sie sie mit pikanten Klatschgeschichten über einen Dritten ab? Wie werden Sie mit einem schikanösen, unverträglichen Kollegen fertig? Geben Sie es ihm zurück, so gut Sie können, oder vermeiden Sie eine Auseinandersetzung? Beschweren Sie sich hinter seinem Rükken über ihn oder planen Sie heimliche Rache dafür, daß er Sie schikaniert?

Wie reagieren Sie, wenn jemand gute Arbeit geleistet hat oder zusätzliche Zeit und Mühe auf eine Arbeit verwendete? Gehen Sie darüber hinweg, oder nehmen Sie sich die Zeit, Ihre Anerkennung in persönlichen Worten auszudrücken? Was geschieht, wenn jemand Ihre Arbeit lobt? Winden Sie sich verlegen und sagen, es sei nicht der Rede wert, oder stimmen Sie dem Lob selbstbewußt zu? Wie reagieren Sie, wenn jemand Ihre Erscheinung oder Ihr neues Kleid bewundert? Wehren Sie das Kompliment ab oder gehen einfach darüber hinweg?

Vier verschiedene Verhaltensmuster

Nachdem wir einige typische Situationen aufgezeigt haben, wollen wir im nächsten Schritt die verschiedenen Reaktionen untersuchen.

Grundsätzlich gibt es vier Arten, auf Problemsituationen zu reagieren. Am besten lassen sie sich durch die Darstellung von vier Frauentypen veranschaulichen: Katrin, Doris, Eva, Selma.

Ich habe Frauennamen gewählt, weil sich dieses Buch hauptsächlich an Frauen wendet, obwohl dieselben Verhaltensmuster auch auf Männer zutreffen. Ein Wort zur Beachtung: Die Typisierungen sind verfremdete Karikaturen mit dem ausdrücklichen Zweck, den Unterschied zwischen den vier Typen herauszustellen; in Wirklichkeit existiert keine dieser Frauen. Jeder von uns verhält sich in verschiedenen Situationen aggressiv, passiv, manipulativ oder selbstbewußt. Um die Vielschichtigkeit unseres Verhaltens zu entwirren, ist es aber wichtig, die Verhaltensweisen in vier deutlich unterschiedene Charaktere zu trennen. Sie sollen als Anhaltspunkte für richtiges Verhalten in Situationen Ihres Lebens dienen.

Sehen wir uns zuerst Katrin an, den aggressiven Typ. Obwohl Katrin laut und ungestüm auftritt, besitzt sie oft wenig echte Selbstachtung. Sie sucht persönliche Aufwertung, indem sie Gedanken, Werte und Fähigkeiten anderer herabsetzt. Sie bringt es nicht fertig, Standpunkte anderer Menschen in Betracht zu ziehen, weil sie um jeden Preis recht haben will. Ständig ist sie sich des Konkurrenz-Elements einer Situation bewußt und stellt ihre Überlegenheit unter Beweis, indem sie andere herabsetzt. In einer bedrohlichen Situation antwortet sie mit offenem Angriff, zielt dabei auf die verletzlichen Stellen ihrer Mitmenschen. Ihre zwanghafte Überreaktion stößt ihre Umwelt oft vor den Kopf. Manchmal ruft sie auch aggressive Reaktionen hervor, doch normalerweise fühlt man sich in ihrer Gesellschaft sofort in der Defensive. Häufig flüchtet sie sich in verbale oder sogar physische Gewalt und Kränkung und hinterläßt verletzte und gekränkte Gefühle. Die Menschen ihrer

Umgebung ärgern sich oft über sie; aus Angst vor erneuter Verletzung drückt man den Groll meist aber nicht direkt ihr gegenüber aus.

Als nächste haben wir Doris, den Fußabstreifer. Sie repräsentiert den passiven Frauentyp und ist ein ideales Opfer für Katrin. Während Katrin sich in den Kampf wirft, schleicht Doris sich durch ein Hintertürchen hinaus. Es fällt ihr schwer, Entscheidungen zu treffen, lieber geht sie jeder Verantwortung aus dem Weg. Folglich sind andere häufig gezwungen, Entscheidungen für sie zu treffen. Diese Schwäche nimmt man ihr oft übel. Doris sieht sich gern als Opfer von Ungerechtigkeit und Unfairneß, also sucht sie immer etwas oder jemanden, dem sie Schuld zuschieben kann. Sie klammert sich an ihr Pech, verharrt in Passivität und Resignation und verärgert dadurch ihre Mitmenschen – besonders jene, die ihr nahestehen. Anfangs fühlt man sich wahrscheinlich schuldig, weil man ihr nicht helfen kann, damit sie glücklicher wird oder das Leben leichter nimmt. Doch nach einer Weile verwandelt sich dieses Gefühl in Bitterkeit über ihren Mangel an Willenskraft und ihre beständig negative Lebenseinstellung. Dauernd setzt sie sich selbst herab, weigert sich, Komplimente anzunehmen, und viele ihrer Sätze beginnen mit »Wenn nur...«. Immer sind es die anderen, die Fähigkeiten, Talente und eben das Glück haben, womit das Schicksal sie leider nicht segnete. In Auseinandersetzungen fängt Doris meist zu weinen an und gibt nach oder läuft weg, um der Aussprache zu entgehen.

Die Dritte im Bunde ist Eva. Eva ist indirekt aggressiv. Wo Katrin mit ihren Waffen um sich schlägt und offene Wunden hinterläßt, treffen Evas wohldurchdachten Hiebe immer präzise, ohne je eine Spur zu hinterlassen. Evas Verhalten – wie das ihrer beiden Kolleginnen – rührt aus einer grundsätzlich geringen Selbstachtung; daher wagt sie keine direkten Handlungen. Sie traut weder sich noch anderen. Sie ist recht geschickt darin, andere zu täuschen, zu beherrschen und zu manipulieren, um Zurückweisung und Verletzung zu vermeiden. Auch wenn sie nach außen so wirkt, als achte sie andere, merkt man doch oft unterschwelliges Mißfallen. Die Menschen in Evas Umgebung sind verwirrt und frustriert darüber, daß man sie nicht festnageln kann. Ihre Angriffe geschehen heimlich, nicht offen wie bei Katrin. Eva verleugnet häufig ihre Gefühle und windet sich aus einer unangenehmen Situation heraus. Ihre wichtigste Waffe ist die Schuldzuweisung. Mit der Präzision eines Scharfschützen zielt sie auf die winzige Stelle des schlechten Gewissens beim anderen und lenkt die Menschen geschickt in eine bestimmte Richtung, um das zu erreichen, was sie möchte.

Kommt Ihnen eines dieser Verhaltensmuster vertraut vor? Was war Ihre spontane Reaktion, als Sie sich selbst oder eine andere Person in diesen Beschreibungen wiedererkannten? Möglicherweise haben Sie selbstzufrieden aufgelacht, als Sie die Fehler anderer erkannten! Oder aber das unangenehme Wiedererkennen von *sich selbst* ließ Sie vor Verlegenheit und Gewissensbissen zusammenzucken.

Es ist leicht, Urteile zu fällen – es ist leicht, mit sich selbst und anderen überkritisch zu sein. Von einem einfühlsameren und realistischeren Standpunkt aus betrachtet, werden Sie feststellen, daß allen drei Typisierungen eines gemeinsam ist: der Mangel an echter Selbstachtung. Dieser Mangel manifestiert sich gewöhnlich bereits in der Kindheit. Vielleicht mußte Katrin sich ständig als Überlegene erweisen, um Anerkennung und Liebe zu bekommen. Sie hat kein wirkliches Selbstvertrauen, nur sie selbst zu sein, also ist sie auch anderen gegenüber mißtrauisch. Vielleicht wurde Doris als Kind zu oft kritisiert, so daß sie als Erwachsene nun Angst davor hat, Initiativen zu ergreifen oder ihre wahren Gefühle zu zeigen. Die Eva in uns hat gelernt, daß man als Frau alle feinen Kniffe anwenden muß. Direktes, ehrliches, offenes Verhalten wurde beim »schwachen Geschlecht« nie gefördert.

Fallen Ihnen in Ihrem eigenen Verhalten Aspekte auf, die an Katrin, Doris oder Eva erinnern, so versuchen Sie weder, sie zu entschuldigen, zu rechtfertigen, noch zu tadeln. Stellen Sie lediglich fest, zu *welchem* Verhaltensmuster Sie neigen. Versuchen Sie die wahre Persönlichkeit hinter diesem Verhalten zu erkennen. Stellen Sie fest, wie Katrin und Doris in Ihnen wechselseitig wirken; wie Sie zwischen Aggression und Passivität hin- und herpendeln.

Dieses Pendeln ist ein allgemeines Problem. Verständlicherweise fühlen Frauen sich durch ihren traditionell passiven Status frustriert und erniedrigt und ereifern sich heftig, um das Gleichgewicht der Kräfte wiederherzustellen. Unglücklicherweise schlägt das Pendel dabei oft gerade in die entgegengesetzte Richtung aus. Durch überhebliches und gefühlloses Verhalten befremden und bestrafen sie oft jene, die ihnen nahestehen. Wird ihnen klar, daß sie das gar nicht wollen, unternehmen sie, von Schuldgefühlen gepeinigt, versöhnliche Schritte in die Gegenrichtung, um es wiedergutzumachen. Für viele Frauen ist dieses Hin und Her in einem Nebel der Ungewißheit die Hauptursache ihrer Spannungen und ihres Unbehagens.

Doch es *gibt* eine Alternative: *die Selbstbehauptung.* Und was wichtiger ist, diese Fähigkeiten sind erlernbar – davon handelt dieses Buch. Einer der Hauptgründe, warum wir in Schwierigkeiten geraten, liegt darin, daß wir keine Techniken beherrschen. Präzise Techniken, die wir in verschiedenen Situationen anwenden können, sind aber notwendig, um Vertrautes gegen Neues einzutauschen, Unehrlichkeit gegen Aufrichtigkeit, die Rolle gegen die Person. Wir müssen wissen, wie wir unsere Gedanken, Gefühle, Bedürfnisse und Ansprüche mitteilen – weder aggressiv noch passiv, sondern selbstbewußt.

Das bringt uns zu Selma, der selbstbewußten Frau. Selma achtet sich selbst und ihre Umwelt. Sie ist fähig, ihre eigenen positiven und negativen Eigenschaften zu akzeptieren, dadurch ist es ihr auch möglich, ihre Mitmenschen aufrichtig zu bejahen. Sie hat es nicht nötig, andere herabzusetzen, um sich in ihrer eigenen Haut wohl zu fühlen. Sie macht nicht andere für ihr Schicksal verantwortlich. Sie akzeptiert, daß sie für ihre Handlungen, Entscheidungen und ihr Leben selbst verantwortlich ist. Sie braucht keinem anderen Schuldgefühle zu geben, daß er ihre Bedürfnisse nicht erkennt, denn sie ist fähig, ihre Bedürfnisse selbst zu erkennen und sie offen und direkt zu verlangen – auch wenn sie dabei Ablehnung riskiert. Stößt sie auf Ablehnung, dann mag sie sich zurückgewiesen fühlen – diese Zurückweisung zerstört sie aber nicht völlig. Ihre Selbstachtung ist tief in ihr verwurzelt; sie ist nicht von der Anerkennung durch ihre Umwelt abhängig. Aus dieser Position der Stärke kann sie warmherzig auf andere eingehen, ohne ihr Selbstverständnis und ihre Gefühle zu vernachlässigen.

Viele Frauen werden sich hauptsächlich mit einem der vier dargestellten Frauentypen identifizieren, andere mit zweien und wieder andere zu verschiedenen Zeitpunkten mit allen vieren. Können Sie sich mit einem dieser Verhaltensmuster identifizieren? In welche Kategorie würden Sie Ihre Mutter oder Ihren Vater einordnen? Eine aggressive Mutter fördert manchmal eine passive Tochter, eine passive Mutter eine aggressive Tochter und eine indirekte Mutter eine indirekte oder aggressive Tochter.

Ich möchte noch einmal betonen, Erkenntnis soll kein Tadel sein. Niemand ist schuldig; jeder von uns lernte einfach, unter zu bestimmter Zeit gegebenen Umständen, mit den Problemen fertig zu werden, so gut er konnte. Sobald wir uns davon befreien, uns für unser Verhalten schlecht oder schuldig zu fühlen, beginnen wir Auswege und Veränderungen in unserem Leben zu sehen.

2.
Was ist eine selbstbewußte Frau?

Veränderung kann ein furchteinflößender Gedanke sein. Was heißt »selbstbewußt« sein? Genauer gesagt, was heißt es, eine selbstbewußte Frau zu sein? Viele Menschen glauben, Selbstbehauptungstraining käme nur für schüchterne Mauerblümchen in Frage, die lernen müssen, sich freimütiger zu äußern und weniger Angst vor einer offenen Auseinandersetzung zu haben!

Achten Sie auf die gängigen Meinungen über »Frauen, die sich selbst behaupten«: die Karrierefrau, die ihre sanfte Weiblichkeit ablegt, je höher sie die berufliche Erfolgsleiter hinaufsteigt (Selbstbehauptung wird zum Synonym für Unweiblichkeit und Härte); oder die herrschsüchtige Frau, die Mann und Kinder zum Nachgeben zwingt (hier wird Selbstbehauptung mit Unterdrückung und Tyrannei verwechselt); oder die Frau, die immer ihren Willen durchsetzt (Selbstbehauptung wird mit Rücksichtslosigkeit und Egozentrik verwechselt); oder die überzeugte Feministin, die jeder sexistischen Geste oder Bemerkung hitzig entgegnet (in diesem Fall wird Selbstbehauptung mit Feindseligkeit und Aggression, besonders Männern gegenüber, gleichgesetzt).

Kein Wunder, daß viele Frauen sich über die Konsequenzen einer Veränderung Gedanken machen, wenn dies die einzigen verfügbaren Modelle sind. In Wahrheit beschreiben sie aber kein selbstbehauptendes, sondern aggressives Verhalten. Kein Wunder, daß Frauen befürchten, Selbstbehauptungstraining mache sie hart, lieblos, egoistisch und unsensibel. Treffen diese Kriterien aber nicht zu, wo suchen wir nach der wahren Bedeutung der Selbstbehauptung, dessen, was es heißt, eine selbstbewußte Frau zu sein?

Natürlich existiert keine Frau mit *vollkommener* Selbstbehauptung; auch im Leben der selbstbewußten Frau gibt es Bereiche, in denen sie Schwierigkeiten hat, sich zu behaupten. Das gilt für uns alle, Frauen wie Männer. Sehen Sie sich eine Karrierefrau mit allen Anzeichen des Erfolgs und der Tüchtigkeit an, und Sie werden denken, diese Frau braucht bestimmt kein Selbstbehauptungstraining. Doch möglicherweise ist diese Frau im Privatleben nicht fähig, unerwünschte Annäherungen abzulehnen, und leidet unter einer unbefriedigenden sexuellen Begegnung nach der anderen. Eine Frau, die bedenkenlos Dinge in Geschäfte zurückbringt oder umtauscht, keine Szene scheut, bis sie das Passende bekommt, ist zu Hause vielleicht die Sklavin ihrer Familie. Eine Frau, die anscheinend jede gesellschaftliche Situation beherrscht, keine Hemmungen kennt, läßt sich möglicherweise durch Kritik vernichten; oder es ist ihr unmöglich, die Initiative zu ergreifen und anderen Menschen ihre Zuneigung zu zeigen. Einer Frau, die eine ausgezeichnete Organisatorin ist und alles im Griff zu haben scheint, ist es vielleicht unmöglich, ihre eigenen Bedürfnisse anzumelden und andere um Hilfe zu bitten, wenn sie selbst welche braucht.

Welches Bild wir auch vermitteln – nach außen voller Selbstvertrauen oder schüchtern, laut oder sanft –, es gibt Zeiten, in denen wir uns entspannt und wohl fühlen und das Gefühl haben, keinen Fehler machen zu können; wir kennen aber auch alle Zustände der Angst und der Probleme, in denen wir verletzbar sind und nicht sagen oder tun können, was wir wirklich sagen oder tun wollen.

Mir geht es nicht darum, ein erstrebenswertes Selbstbehauptungsmodell zu erstellen; wichtig ist, daß Sie herausfinden, wie Sie in Ihrem eigenen Leben mit mehr Selbstbehauptung handeln können. Im folgenden schildere ich Situationsbeispiele, die in meinen Kursen aufgetaucht sind. Jede Frau wurde dazu angeregt, ihren eigenen Schwierigkeitsbereich zu erforschen und selbst einen wirksamen Weg zu finden, ihr individuelles Problem zu lösen.

Wendy, stolze Mutter ihres neugeborenen Babys, fühlte sich von den endlosen Ratschlägen ihrer wohlmeinenden, betulichen Schwiegermutter überfordert und genervt: wie sie das Baby richtig zu halten habe, daß sie die Stillzeiten beachten solle, wie sie die Windeln zu wechseln habe usw. Wendy schluckte ihren Ärger ständig hinunter, um keinen Familienstreit heraufzubeschwören. Sie fand eine selbstbehauptende Lösung, indem sie ihre Frustration ihrer Schwiegermutter gegenüber äußerte, ohne jedoch die Gefühle der älteren Frau zu verletzen, gleichzeitig aber ihrem Wunsch Ausdruck gab, ihre eigenen Entscheidungen für die Pflege ihres Kindes zu treffen.

Helene hatte einen neuen, interessanten Sekretärinnenposten angenommen. Sie freute sich auf eine Verabredung zum Mittagessen mit einem engen Freund, der nur ein paar Stunden in der Stadt war. Kurz vor der Mittagspause gab der Chef ihr eine dringende Arbeit und bat sie, die Mittagspause durchzuarbeiten. Mit Bedauern sagte sie die Verabredung ab und setzte ein tapferes Gesicht auf, um keinen ungünstigen Eindruck zu erwecken, da sie die Stelle ja erst vor kurzem angetreten hatte. In diesem Fall wäre eine selbstbehauptende Lösung gewesen, einen für beide Seiten akzeptablen Kompromiß zu schließen, das heißt, über die Prioritäten zu verhandeln. Das ist ein wichtiger Punkt im Selbstbehauptungsverhalten. Helene hätte ihrem Chef sagen können, sie habe eine wichtige Verabredung zum Mittagessen, die sie ungern absagen möchte, würde sich aber bereit erklären, am Abend länger zu bleiben, um die Arbeit zu erledigen.

Paula lebte in einer Frauenwohngemeinschaft und war unglücklich darüber, daß einige Bewohnerinnen sich nicht an den vereinbarten Turnusplan der Hausarbeiten hielten. Paula hatte es sich zur Gewohnheit gemacht, murrend mehr zu tun, als ihr Anteil an der Hausarbeit gewesen wäre. Hin und wieder verschaffte sie ihrem Ärger mit Jammern und Seufzen Luft, aber niemand beachtete diese Winke. Die selbstbehauptende Lösung in Paulas Situation war, die Initiative zu ergreifen und nicht die Märtyrerin zu spielen. Das bedeutete, alle Bewohnerinnen einzuberufen und die Betroffenen vor der ganzen Gruppe aufzufordern, besser mitzuarbeiten.

Denise, eine pensionierte Lehrerin, hatte sich auf einen Ausflug ans Meer gefreut, wo sie einen ruhigen, erholsamen Tag genießen wollte. Am Abend davor rief ihre herrschsüchtige ältere Schwester an und lud sich zu diesem Ausflug ein. Denise fühlte sich von ihrer Schwester immer eingeschüchtert und gab normalerweise klein bei. Diesmal log sie und gab vor, ihren Plan geändert zu haben. Obwohl sie damit Erfolg hatte, fühlte Denise sich nicht wohl dabei. Lieber hätte sie ihrer Schwester eine selbstbewußte Absage erteilt, klar und deutlich »nein« gesagt und offen ausgesprochen, daß sie den Tag allein verbringen wollte.

Einige Frauen stellen fest, daß ihnen mit ihrem gesteigerten Selbstbewußtsein nicht mehr »der Hut hochgeht«, wenn sie wütend werden, sondern sie statt dessen in der Lage sind, Gefühle auszudrücken, ohne die Beherrschung zu verlieren.

Trixi war in ihrer Arbeitswelt hauptsächlich von Männern – Radiotechnikern – umgeben und fühlte sich von einem ihrer Kollegen belästigt, der ihr ständig an den Busen faßte und dabei anzügliche Bemerkungen machte. Trixi verlor jedesmal die Beherrschung und schimpfte wütend über Männer im allgemeinen und den Blindgänger vor ihr im besonderen. Sie wollte ihre Gefühle zwar klarmachen, aber verhindern, daß sie so hitzig reagierte. Sie fand eine Alternative, stellte ihren Kollegen offen zur Rede und sagte ihm, ohne ihn anzuschreien, wie wütend sie sei und wie beleidigend sie sein Verhalten finde. Sie bat ihn, damit aufzuhören, und machte ihm klar, daß sie, wenn er sie nicht ernst nehme, den Abteilungsleiter um ihre Versetzung bitten würde, um nicht länger mit ihm zusammenarbeiten zu müssen.

Selbstbewußtes Handeln macht es manchmal auch nötig, von vornherein eine klare Forderung zu stellen, anstatt auf etwas Unvermeidliches zu warten und hinterher zu schmollen.

Christine befand sich in einer solchen Situation. Am späten Nachmittag ihres zehnten Hochzeitstages hatte sie noch immer nichts von ihrem Mann gehört – kein Anruf, keine Blumen, kein Wort. Ihre Gefühle der Zurücksetzung und Enttäuschung wuchsen von Minute zu Minute. Sie dachte daran, ihm beim Heimkommen die kalte Schulter zu zeigen, damit er Gewissensbisse habe. In der Gruppe freute sie sich dann, berichten zu können, daß sie zum erstenmal das Gefühl hatte, selbstbewußt gehandelt zu haben – sie hatte ihren Mann im Büro angerufen und ihn an den Hochzeitstag erinnert. Er war betreten gewesen, und es hatte ihm leid getan, das Datum vergessen zu haben. Gleichzeitig aber war er glücklich über ihre Frage, was sie zur Feier des Tages denn gemeinsam unternehmen wollten.

Manche Frauen erfahren, daß Selbstbehauptung bedeutet, sich in Situationen sicher zu fühlen, die sie normalerweise als einschüchternd empfinden. Sind wir mit Menschen konfrontiert, die mehr Macht oder einen höheren gesellschaftlichen Status besitzen als wir, so fällt es uns oft schwer, unsere Rechte als Gleichgestellte zu behaupten.

Dies traf in Marions Fall zu. Ihre elfjährige Tochter litt unter unregelmäßigen, starken Kopfschmerzen. Nach einigen ergebnislosen allgemeinmedizinischen Untersuchungen riet man ihr, einen berühmten Neurochirurgen an einer Londoner Klinik aufzusuchen. Marion war an sich eine offene, starke Frau. Aber verständlicherweise machte sie sich große Sorgen um ihre Tochter, wollte die besten Pflegemöglichkeiten wissen und erfahren, ob die Gefahr eines Gehirntumors bestehe. Ihre Beklemmung in bezug auf den Status und das Auftreten des Facharztes machten sie ziemlich hilflos: Als er ihre Fragen überging, fand sie nicht den Mut nachzuhaken. Im Selbstbehauptungstraining lernte sie, Ruhe zu bewahren und weiterzufragen. Entscheidend dabei war, ihr Selbstvertrauen trotz ihrer Angst zu behalten. Natürlich hatte der Neurologe ein größeres Fachwissen als sie; aber sie mußte auf ihrem Recht bestehen, als gleichgestellter Mensch behandelt zu werden, und so lange beharrlich bleiben, bis er ihre Fragen ernst nahm und sie beantwortete.

Dies sind einige Beispiele für Selbstbehauptung – wie Sie sehen, weit entfernt von Aggression. Trotzdem herrscht die verbreitete Irrmeinung, sich selbst zu behaupten, bedeute immer, das zu bekommen, was man sich in den Kopf setzt. Das ist nicht nur unrealistisch, sondern würde jede Interaktion automatisch zu einer Frage von Sieg oder Niederlage verzerren. Es ist aggressives Konkurrenzdenken, das in anderem Zusammenhang angebracht sein mag, mit Selbstbehauptung jedoch nichts zu tun hat. Wir haben ja die Wahl. Entschließt man sich zur Selbstbehauptung, so bedeutet das nicht immer, genau das zu erreichen, was man möchte, sondern es gilt, einen Kompromiß auszuhandeln.

Susi war die einzige Nichtraucherin von fünf Teilnehmern an einer Arbeitssitzung. Natürlich wäre es ihr am liebsten gewesen, wenn die anderen nicht geraucht hätten, damit sie nicht von dem Qualm belästigt würde. Sie brachte ihr Unbehagen selbstbewußt zur Sprache, weder im Brüllton noch vorwurfsvoll klagend, sondern sie bat die Kollegen, während der Besprechung nicht zu rauchen. Die Kollegen zeigten zwar Verständnis, es war ihnen aber unmöglich, die Besprechung ohne Zigarette durchzustehen – sie wollten aber auch nicht die Sitzung verlassen, um auf dem Flur zu rauchen. Man einigte sich darauf, daß immer nur eine Person rauchte und das Fenster während der Besprechung offen blieb. Susi erreichte zwar nicht genau das, was sie wollte, fühlte sich aber auch nicht in ihrem Selbstwert angegriffen. Sie spürte, ihr Wunsch wurde respektiert und in Erwägung gezogen und nicht einfach beiseite geschoben. Wenn jede betroffene Person sich anerkannt fühlt, ist das ein Zeichen dafür, daß eine Interaktion mit Selbstbehauptung – ohne Aggression – gehandhabt wird.

Die angeführten Beispiele zeigen, daß wir nur zwei Positionen zu kennen scheinen – die des Überlegenen und die des Unterlegenen, des Mächtigen und des Machtlosen –; wir vergessen, daß es einen Mittelweg gibt. Der Aufwand und die Kraft, die Sie für einen Sieg benötigen, lassen keinen Raum mehr, wirkliche Achtung für die Bedürfnisse, Gefühle und Rechte Ihrer Mitmenschen oder für sich selbst zu entwickeln. Dieses Prinzip der Gleichheit ist aber einer der wichtigsten Gesichtspunkte der Selbstbehauptung.

3.
Szenenaufbau

Im vorigen Kapitel haben wir uns mit einigen beispielhaften Situationen befaßt, die in meinen Selbstbehauptungskursen durchgearbeitet wurden. Das Hauptziel dieses Buches ist aber, dem Leser Gelegenheit zu geben, Selbstbehauptungs-Techniken selbst auszuprobieren. Deshalb gebe ich am Ende einiger Kapitel Vorschläge zu Übungen, die sich ohne die Unterstützung einer Gruppe durchführen lassen: Übungen, die Sie alleine absolvieren können, und Situationen, die Sie mit einer oder vielleicht mehreren Personen durchspielen können, die ebenfalls daran interessiert sind, mehr Selbstsicherheit zu erlangen.

Übung 1. Sie brauchen dafür etwa fünfzehn ruhige Minuten für sich selbst. Nehmen Sie Bleistift und Papier zur Hand und schreiben Sie eine Liste von zehn Situationen, in denen Sie gern selbstbewußter handeln würden. Situationen aus jedem Lebensbereich – wie die im ersten Kapitel beschriebenen –, im Umgang mit Menschen in Geschäften oder zu Hause, mit Freunden, dem Omnibusschaffner, Verwandten, Kindern, Nachbarn, Kollegen, Ihrem Partner, Ihren Eltern – jedem, mit dem Sie irgendwann in Ihrem Leben zu tun haben.

Ist die Liste fertig, schreiben Sie hinter jede Situation, wie Sie sich jetzt verhalten – aggressiv, passiv oder manipulativ; einer Situation ganz auszuweichen, fällt in die passive Kategorie. Mit anderen Worten, verhalten Sie sich eher wie Katrin, Doris oder Eva? Vielleicht stellen Sie in manchen Fällen fest, daß nicht nur eine Verhaltensweise zutrifft, wenn Sie zu verschiedenen Zeiten aggressiv *und* passiv reagieren.

Haben Sie noch eine weitere Viertelstunde Zeit, dann führen

Sie auch noch Übung 2 durch. Wenn nicht, warten Sie, bis Sie Zeit finden. Es schadet nichts, die Liste ein paar Tage liegen zu lassen. Vielleicht geben Ihnen die Beispiele – Listen dreier Kursteilnehmerinnen – auf den Seiten 34 bis 36 einige Anregungen. Denken Sie aber daran, daß Sie Ihre Liste nach eigenen Problemsituationen erstellen sollen.

Übung 2. Wenn Sie dann Zeit dazu haben, ordnen Sie Ihre Liste nach Schwierigkeitsgraden. Beginnen Sie mit der Situation, die Sie für die leichteste halten: eine, mit der Sie *fast* selbstbewußt umgehen, aber noch nicht perfekt. Sie wird Nummer 1. Nun suchen Sie diejenige, bei der Ihnen der bloße Gedanke daran schon einen Schauder über den Rücken jagt – die Sie für die schwierigste und unüberwindlichste halten. Sie wird Nummer 10. Dann nehmen Sie die zweitleichteste und schreiben eine 2 daneben. Wählen Sie nun die zweitschwierigste und bezeichnen Sie sie als Nummer 9. So numerieren Sie die einzelnen Punkte durch, bis Sie eine Reihenfolge von Situationen haben, die mit der leichtesten beginnt und mit der schwierigsten endet. Wenn Sie keine zehn Punkte finden oder das Gefühl haben, daß die meisten Situationen auf Ihrer Liste zusammengeballt am Anfang oder am Ende stehen, macht das nichts – wichtig ist eine ungefähre Reihenfolge, ein paar leichte Punkte für den Anfang, damit Sie sich allmählich durch Ihre Liste arbeiten können.

Das führt uns zur prinzipiellen Methode, die wir im Selbstbehauptungstraining anwenden – eine Methode, die wir als *Rollenspiel* bezeichnen.

Über Ihr Verhalten zu sprechen und nachzudenken ist schon ein Anfang, doch von beschränktem Nutzen. Das Verhalten zu *verändern*, heißt, die gewünschte Veränderung selbst auszuprobieren.

Das Rollenspiel gehört zu den traditionellen Techniken der Verhaltenstherapie und ist ein Hilfsmittel, das zu üben, was man in einer bestimmten Situation sagen oder tun möchte. Eine zweite Person übernimmt die ergänzende Rolle – spielt den Verkäufer, Geschäftsinhaber, jemanden, der sich in die

Liste von Problemsituationen:

– Veronika bitten, die Tasse – ein Geschenk –, die sie zerbrochen hat, zu ersetzen.
– Meine Mitbewohner bitten, ihren Teil an der Hausarbeit zu leisten.
– Bernd bitten, seine vollen Aschenbecher zu säubern.
– Manuela bitten, im Büro nicht zu rauchen.
– Ich möchte Helga sagen, daß ich enttäuscht bin, weil sie die Bilder nicht an eine Freundin geschickt hat.
– Freunde bitten, auf die Bücher, die ich ihnen borge, besser zu achten.
– Im Umgang mit Kunden fest zu bleiben, wenn ich das Gefühl habe, sie stellen Ansprüche, die ich nicht erfüllen möchte.
– Meinen Ärger bei Menschen, die mir nahestehen, direkt aussprechen.
– Ich möchte Tim bitten, mich zu streicheln / zärtlich mit mir zu sein, wenn wir einander lieben.
– Selbstbewußt / spontan auf Männer reagieren, die Frauen gegenüber eine patriarchalische Einstellung zeigen.

Problemsituationen nach Schwierigkeiten geordnet:

1. Freunde bitten, auf die Bücher, die ich ihnen borge, besser zu achten.	*Aggressiv*
2. Im Umgang mit Kunden fest zu bleiben, wenn ich das Gefühl habe, sie stellen Ansprüche, die ich nicht erfüllen möchte.	*Aggressiv*
3. Meine Mitbewohner bitten, ihren Teil an der Hausarbeit zu leisten.	*Passiv + Aggressiv*
4. Veronika bitten, die Tasse, die sie zerbrochen hat – ein Geschenk für meinen Partner – zu ersetzen.	*Passiv*
5. Bernd bitten, seine vollen Aschenbecher sauberzumachen!	*Passiv*

6. M. bitten, im Büro nicht zu rauchen.	*Indirekt*
7. Helga sagen, daß ich enttäuscht bin, weil sie die Bilder nicht weggeschickt hat.	*Passiv*
8. Tim bitten, mich mehr zu streicheln, wenn wir einander lieben.	*Indirekt*
9. Selbstbewußt / spontan auf Männer zu reagieren, die Frauen gegenüber eine patriarchalische Einstellung zeigen.	*Indirekt*
10. Bei Menschen, die mir nahestehen, meinen Ärger direkt aussprechen.	*Indirekt*

Zwei weitere Listen von Problemsituationen und Bewertung des eigenen Verhaltens:

1. Umgang mit Vertretern an der Wohnungstür.	*Ziemlich passiv*
2. Essen im Restaurant zurückgehen lassen.	*Peinlich, aber tue* es!
3. Alkohol in Gesellschaft ablehnen.	*Aggressiv*
4. Meine Ruhe haben wollen.	*Passiv*
5. Geliehenes Geld zurückverlangen.	*Passiv, bis überfällig, dann aggressiv*
6. Mich bei den Mietern über mir wegen der Lautstärke und des Schmutzes im Treppenhaus beschweren.	*Passiv – (schwierig, weil der Mensch bereits gedroht hat, mich anzugreifen)*
7. Zukünftige Mieter über Rechte und Pflichten aufklären.	*Passiv*
8. Mich über rassistische / sexistische Bemerkungen aufregen.	*Passiv, dann aggressiv*
9. Verhandlungen über Geld, Zahlungen, Mieten, Gehalt.	*Passiv*

10.	Von einem Vorgesetzten ungerecht kritisiert werden.	*Aggressiv*

1.	Guter Freund hat sich von mir abgewandt – weiß nicht, warum.	*Passiv*
2.	Arzt, der meine Fragen nicht beantwortet.	*Passiv*
3.	Ausgelacht werden, wenn ich es ernst meine.	*Aggressiv – (oder beleidigt und reagiere mich am Partner ab)*
4.	Daß es mir nicht peinlich ist, wenn ich in einer Unterhaltung nicht alles weiß.	*Ich tue so, als wüßte ich mehr.*
5.	Das zu verlangen, was ich in einer sexuellen Beziehung möchte.	*Passiv und es dann indirekt zur Sprache bringen.*
6.	Meiner Mutter nein zu sagen.	*Passiv, obwohl ich es gewöhnlich tue.*
7.	Einen Mitarbeiter zur Rede stellen.	*Indirekt. Versuche eine Kollegin dazu zu bringen, es für mich zu tun.*
8.	Um Gehaltserhöhung/veränderten Arbeitsablauf zu bitten.	*Indirekt*
9.	Körperlich von einem Mann benutzt zu werden.	*Passiv, wie bei einer Massage, die ins Sexuelle überging.*
10.	Meiner Wut freien Lauf zu lassen.	*Erzogen, mich zu beherrschen; aggressiv, passiv oder manipulativ, alles mögliche, nur um meine Wut nicht zeigen zu müssen!*

Schlange drängelt, den Geschäftsführer im Restaurant, das Kind, den Ehemann, die Freundin, den Elternteil, den Chef usw. –, damit Sie üben können, die jeweilige Situation selbstsicher zu meistern. Die Person, die die ergänzende Rolle übernimmt, wird sich ohne Vorkenntnisse mit der Situation identifizieren und findet oft zum eigenen Erstaunen die richtigen Worte, die korrekte Betonung und läßt sich Feinheiten einfallen, die die Rollenspiel-Situation für die übende Person realistisch gestalten.

Sollten Sie die Wirkung dieser Methode anzweifeln, probieren Sie sie aus, und Sie werden von ihrem Nutzen überrascht sein. Viele Kursteilnehmerinnen sind anfangs sehr gehemmt, aber nach ein paar Rollenspielen hat sie das Ergebnis überzeugt. Man empfindet dasselbe wie in der realen Situation: Angst, Empörung, Schuldgefühle oder Enttäuschung. Außerdem ist die Person, die Ihren Gegenspieler darstellt, eine nützliche Quelle der Einsicht und des Feedback. Es gibt viele winzige Kleinigkeiten – Ihr Tonfall, Ihre Körperhaltung, oder Ihre Augen –, Details, die Sie selbst nicht bemerken, die aber alle zum allgemeinen Eindruck beitragen. Die zweite Person kann Sie beobachten und Ihnen sagen, ob Sie schon selbstsicherer handeln und reagieren.

Das Rollenspiel zu Hause. Die ergänzende Rolle kann eine Person übernehmen, zu der Sie Vertrauen haben. Es ist nicht immer ratsam, ein Familienmitglied auszuwählen, es sei denn, Sie sind sicher, daß er/sie das, was Sie tun, wirklich ernst nimmt und begreift, was Sie zu erreichen versuchen. Manchen Frauen fällt es leichter, mit einer Freundin zu üben, besonders wenn diese Freundin in etwa weiß, was Selbstbehauptung bedeutet.

Anfangs mögen sich beide ein wenig albern und gehemmt vorkommen, aber nach ein paar Verlegenheitsmomenten werden Sie sich in die jeweilige Rolle einleben. Schnell wird das Unbehagen ersetzt durch das Erlebnis, etwas mit Hilfe der Ermutigung eines anderen Menschen zu lernen, und durch beiderseitige Befriedigung, wenn man es schließlich richtig macht. Im übrigen macht das Rollenspiel meist großen Spaß und ist ein nützlicher und positiver Freundschaftsbeweis.

Wie fängt man an? Ob nur eine von Ihnen übt oder beide einander im Rollenspiel ablösen – diejenige, die anfängt, muß sich ausdrücklich darauf festlegen, was sie erreichen will. Es reicht nicht zu sagen, »ich möchte mit unfreundlichen Verkäufern fertig werden«, »ich möchte im Gespräch mit meinem Chef lockerer sein«, oder »ich möchte mir von meinem Friseur nicht dreinreden lassen«. Lernen Sie, präzise zu sein: »Ich möchte dieses Paar Schuhe umtauschen«, »ich möchte meinem Chef sagen, mir nicht am Freitag kurz vor Feierabend noch Arbeit in die Hand zu drücken«, oder »ich möchte, daß mein Friseur mir nicht mehr als einen halben Zentimeter meiner Haare abschneidet«.

Der Szenenaufbau erfordert keinen großen Aufwand, doch ist es nützlich, die Szene im groben nachzuempfinden. Wird im ersten Rollenspiel eine Verkäuferin im Schuhgeschäft dargestellt, sollte sie hinter einem Tisch stehen, der den Ladentisch ersetzt. Im zweiten Beispiel sollte der »Chef« hinter seinem Schreibtisch sitzen (auch hier genügt ein normaler Tisch). Der Chef könnte so tun, als telefoniere oder schreibe er – irgend etwas, das die Szene realistischer macht. Im dritten Fall steht der »Friseur« hinter der im Stuhl sitzenden Kundin.

Machen Sie sich keine Gedanken über Ihre schauspielerischen Fähigkeiten. Man findet erstaunlich leicht zu seiner Rolle, wenn man die anfänglichen Hemmungen einmal abgelegt hat – und wir sind bessere Beobachter von Verhaltensweisen und Gesten anderer Menschen, als wir glauben. Denken Sie daran: Das Rollenspiel ist für die Person wichtig, die die Situation übt. Sind Sie an der Reihe, so bitten Sie Ihre Mitspielerin, auf Ihre Worte und Gesten zu achten und Ihnen zu sagen, was Sie falsch machen.

Nach einiger Übung werden Sie feststellen, daß Sie keine Angst vor Kritik mehr haben, sondern daß Bemerkungen von außen aufschlußreich und nützlich sind. Üben Sie die jeweilige Situation immer wieder, bis Sie mit Ihrem Verhalten wirklich zufrieden sind.

Vorsichtshalber noch etwas: Wenn Sie im Rollenspiel gelernt haben, eine Problemsituation zu meistern, so heißt das noch nicht, daß Sie fähig sein müssen, eine reale Lebenssituation in gleicher Weise zu meistern. Denken Sie daran, daß es ja mehrere Möglichkeiten gibt, mit einer Situation umzugehen. Achten Sie darauf, wie Sie sich in der selbstbehauptenden Rolle *fühlen*; wie Sie eine Position des Selbstvertrauens statt der Ängstlichkeit empfinden; wie Sie sich fühlen, wenn Sie sicher auftreten, statt in die Defensive zu gehen. Erst wenn *Sie* sich zum nächsten Schritt bereit fühlen und Ihre Fähigkeiten in einer tatsächlichen Lebenssituation ausprobieren wollen, dann tun Sie es. Aber nur dann.

Beginnen Sie mit dem Einfachsten. Das ist ein sehr wichtiger Punkt. Widerstehen sie der Versuchung, sich zu schnell auf die schwierigen Probleme zu stürzen. Sie sind zwar diejenigen, von denen Sie sich am schnellsten befreien wollen, diejenigen, die Ihnen am meisten Kopfzerbrechen und Frustration bereiten. Aber alle tiefsitzenden Probleme haben mit einer Beziehung zu einem anderen Menschen zu tun, der Ihnen in irgendeiner Weise nahesteht oder -stand – das kann ein Berufskollege sein, der Ehepartner, ein Verwandter oder eine enge Freundin. Jede Beziehung, die sie wirklich *berührt*, hat ihre eigene Geschichte, infolgedessen sind damit verbundene Gefühle ziemlich intensiv. Es ist wesentlich komplizierter, sich darüber klarzuwerden, was man wirklich will und empfindet, wenn die Situation mit Emotionen beladen ist. So ist es beispielsweise fast unmöglich, Ihrer Mutter mit Bestimmtheit nein zu sagen, wenn Sie dreißig Jahre lang ja gesagt und damit jedesmal Ihren Ärger hinuntergeschluckt haben. Lang andauernde Beziehungen jeder Art sind mit unterschwelligen Komplikationen verknüpft. Es ist falsch, sich einzureden, Sie wollen Ihre 16jährige Tochter nur bitten, keine stundenlangen Telefongespräche zu führen, wenn Sie in Ihrem Innersten traurig darüber sind, daß sie Ihnen entwächst. Wenn Sie mit den Nummern 9 und 10 in Ihrer Liste anfangen, wird Ihre Unsicherheit im Umgang mit den Problemen so groß sein, daß Sie Ihnen nicht gewachsen sind, und es wird nichts dabei herauskommen. Entmutigt gelangen Sie dann zur Überzeugung, daß es keinen Sinn hat weiterzumachen.

Beginnen Sie mit Situationen, in denen Sie Ihre Fähigkeiten zur Selbstsicherheit an Leuten üben können, die Ihnen nicht allzuviel bedeuten – der Milchmann, ein Vertreter, eine Nachbarin, ein neuer Arbeitskollege oder eine Kellnerin. In Ihrem Alltag finden Sie eine Menge Gelegenheiten dazu. Nichts ist zu banal – jede einzelne Interaktion, die Sie selbstsicher handhaben, verbessert Ihre Fähigkeiten und stärkt Ihr Selbstvertrauen. Fangen Sie klein an, und nehmen Sie sich so lange Zeit, wie Sie wollen. Ihre Liste dient Ihnen dabei als persönliches Programm. Was Ihnen sehr leicht fällt, vielleicht gar nicht auf Ihrer Liste vermerkt ist, kann die Situation Nummer 10 für einen anderen Menschen sein. Und umgekehrt fällt einem anderen leicht, was für Sie womöglich sehr schwierig ist. Es ist keine Frage von Unterlegenheit oder Überlegenheit, sondern eine Frage verschiedener Anschauungen. Wir können viel voneinander lernen durch wohlmeinende Ratschläge und aktive Unterstützung.

Beim Lesen dieses Buches werden Sie immer häufiger auf Situationen stoßen, die Sie selbst ausprobieren möchten – vielleicht wollen Sie eine wichtige Unterredung üben, die Ihnen bevorsteht, oder Sie werden Wege finden, ein immer wiederkehrendes Problem selbstbewußter zu handhaben. Die schlimmste Hürde ist der Anfang. Es ist immer leichter, nun etwas zu tun – entweder vor oder nach einem Ereignis! Das Rollenspiel ist meines Erachtens die wirksamste Art, Menschen wirklich zu helfen, ihre Fähigkeiten für sich selbst zu nutzen – und festzustellen, daß sie tatsächlich funktionieren.

Ich denke an Anna, die auf meine Frage an die Gruppe, ob jemand das, was wir eine Woche zuvor im Rollenspiel geübt hatten, ausprobiert habe, folgende Geschichte erzählte: Anna, eine stille Frau, Anfang Fünfzig, hatte in der Woche vorher nichts gesagt. Diesmal erzählte sie, ihre Tochter habe sich eine Bluse gekauft, die unter dem Arm zerrissen war. Erfolglos hatte die Tochter mit einer Freundin versucht, das Geld für die beschädigte Bluse zurückzubekommen.

Bestärkt durch die erste Sitzung beschloß Anna, ihre Fähigkeiten der Selbstbehauptung auszuprobieren. Hier sind ihre eigenen Worte: »Ich ging in das Geschäft und sagte: ›Diese Bluse ist zerrissen, und ich möchte mein Geld zurück.‹ Der Geschäftsführer antwortete: ›Das verstehe ich nicht. Die Bluse muß von Ihrer Tochter beschädigt worden sein.‹ ›Meine Tochter hat sie nicht beschädigt‹, fuhr ich fort, ›und ich möchte mein Geld zurück.‹ ›Es gehört nicht zu unseren Gepflogenheiten, Geld zurückzuerstatten‹, sagte der Geschäftsführer. ›Davon verstehe ich nichts‹, sagte ich, ›ich weiß nur, daß ich mein Geld zurückhaben will.‹ Und was soll ich euch sagen, ich hab' es bekommen! Als er es mir aushändigte, sagte er: ›Ein Glück, daß wir nicht mehr so unangenehme Kunden wie Sie haben‹. Doch das war mir egal. Ich fühlte mich drei Meter groß, als ich aus dem Geschäft stolzierte.« Ihr Verhalten und ihr Triumphgefühl fanden den spontanen Beifall der Gruppe.

Als Anna sich »drei Meter groß« fühlte, machte sie einen großen Schritt nach vorn, um ihr Selbstvertrauen aufzubauen. Wenn man sich mit schwierigen Problemen abmüht, ehe man innerlich dazu bereit ist, bleibt man höchstens auf der Strecke und zerstört mühsam erarbeitete Ansätze des Selbstvertrauens. Mit einem, zwei, dann drei kleinen Erfolgen in der Tasche schlagen Sie dagegen zwei Fliegen mit einer Klappe. Sie erlangen nämlich die Fähigkeit, hier und da einen Rückschlag einzustecken ohne allzu große Selbstvorwürfe und Verzweiflung, gleichzeitig sind Sie besser gerüstet, schwierige Situationen aus einer Position der Stärke zu meistern. Auf diese Weise überwinden Sie die generelle Blockade leichter, die uns davon abhält, einen Anfang zu machen: den Trugschluß zu denken, alles ist entweder zu banal, sich damit auseinanderzusetzen, oder zu schwierig, damit fertig zu werden. Viele von uns sind in diesem Trugschluß gefangen und bleiben passiv. Der erste und wichtigste Schritt ist es, mit der Anwendung der Techniken zu beginnen, die wir im nächsten Kapitel kennenlernen.

4.
Techniken

Wenn Sie nun wissen wollen, wie die Fähigkeiten zur Selbstbehauptung funktionieren, dann sehen Sie sich die Dynamik einer gewöhnlichen Alltagssituation an: Sie sind müde, kommen nach Hause, und die Wohnung ist ein totales Chaos – wie verschaffen Sie sich Hilfe beim Aufräumen und Zubereiten des Abendessens?

Was würde Katrin tun? Sie stürmt ins Wohnzimmer, schaltet den Fernseher ab, packt eines der Kinder am Arm, fegt die Spielsachen vom Tisch, entreißt ihrem Mann die Zeitung und brüllt: »Wofür haltet ihr euch eigentlich, zum Teufel noch mal?!«.

Doris setzt sich an den Küchentisch, verbirgt das Gesicht in den Händen, räumt dann seufzend die Spielsachen auf, schleppt sich durch die Wohnung und denkt bei sich: »Sie sind so schrecklich rücksichtslos. Und er sitzt da und tut nichts. Männer haben es wirklich leicht.« Danach geht sie schweigend und passiv daran, das Abendessen vorzubereiten.

Eva kommt heim und murmelt vor sich hin: »Seht euch nur dieses Chaos an! Ich verstehe nicht, wie ihr so rücksichtslos sein könnt.« Sie räumt auf und läßt sich bei der Zubereitung des Abendessens extra lang Zeit. Wenn sich jemand über die Verspätung beschwert, wirft sie ihm einen eisigen Blick zu. Die Mahlzeit wird in drückender Stimmung und schweigend eingenommen, keiner fühlt sich wohl, alle haben ein schlechtes Gewissen.

Ist Ihnen aufgefallen, daß keine der Frauen direkt das verlangte, was sie wollte – nämlich Hilfe? Das bringt uns zu drei Techniken, die für selbstbewußte Interaktionen wichtig sind:

1. Entscheiden Sie, was Sie wollen oder fühlen, und sprechen Sie es präzise und direkt aus.
2. Bleiben Sie bei Ihrer Aussage, wiederholen Sie sie, wenn nötig, immer wieder.
3. Biegen Sie die Einwände anderer, die versuchen, Sie von Ihrem Vorhaben abzubringen, mit sachbezogenen Antworten ab.

Präzise sein. Beim Zuhören langatmiger Vorreden werden Sie sich schon manchmal gefragt haben, wann er/sie endlich zum Punkt kommt. Das ist der Schlüssel für diese Technik. Sie müssen sich entscheiden, was der »Punkt« ist, und ihn ohne unnötige Umschreibungen aussprechen, zu denen wir neigen, wenn wir ängstlich oder unsicher sind. Sehen Sie sich folgende Beispiele von Umschreibungen (in Klammern) an.

»(Ich hoffe, es stört Sie nicht, wenn ich Ihnen das sage, möglicherweise halten Sie mich sogar für unverschämt, weil es eigentlich ziemlich ungewöhnlich für mich ist, aber) ich finde, Sie sehen heute sehr hübsch aus.«

»(Es tut mir schrecklich leid, dich damit belästigen zu müssen, aber) ich möchte, daß du statt dieser schmutzigen eine saubere Tasse nimmst.«

»(Ich hätte wahnsinnig gern zugesagt, mußt du wissen, aber wie die Dinge nun mal liegen, du weißt ja, wirklich, wenn du es mir letzte Woche gesagt hättest, ich meine, du hast mir nicht genug Zeit gegeben, also diesmal –) ich muß nein sagen.«

»(Ahem, Herr Ober, es tut mir sehr leid, aber ich fürchte) mein Steak ist zu durchgebraten.«

»(Ich würde gerne wissen, was du heute nachmittag vorhast, ich meine, ob du viel zu tun hast, weil, hm, ich muß nämlich in die Stadt, und na ja, wenn du etwas vorhast, sollte ich dich eigentlich gar nicht fragen, aber...) borgst du mir deinen Wagen?«

Diese Füllwörter schwächen Ihre Aussage und verwirren den Zuhörer. Üben Sie, klare Aussagen oder Bitten ohne Vorrede auszusprechen.

Nur wenn Sie sich darüber im klaren sind, was Sie *wollen,*

wirken Sie überzeugend. Es hat wenig Sinn, mit Selbstbehauptung zu versuchen, jemanden wissen zu lassen, daß Sie eine mangelhafte Ware umtauschen wollen, wenn Sie in Wahrheit Ihr Geld zurückhaben möchten. Es ist auch zwecklos, bei einer Verabredung selbstbewußt sagen zu wollen, wo und wann Sie ihn/sie treffen, wenn Sie im Grunde gar keine Lust haben auszugehen. Sie klingen nicht überzeugend, wenn Sie jemanden bitten, den Tisch zu decken, wenn Sie an diesem Abend eigentlich frei haben wollten und ein anderer sich um das Abendessen kümmern sollte.

Fordern Sie das, von dem Sie wissen, Sie wollen es, und bleiben Sie dabei.

Haben Sie sich zu Ihrer Forderung oder Aussage entschlossen, so ist die zweite Hürde die Fähigkeit, klar und direkt zu sagen, was Sie wollen oder fühlen. Denken Sie daran: Ihre beste Chance, genau das zu erreichen, was Sie wünschen, ist, Ihren Wunsch direkt und präzise zu äußern. Wenn Sie nur Andeutungen machen oder jammern, dann sagen Sie vielleicht: »*So* oft habe ich schon darum gebeten«, oder »Ich sage es ihr ständig, aber...« Prüfen Sie, ob Sie *klare* Forderungen stellen oder ob Sie der Meinung sind, die andere Person *müsse* wissen, was Sie wollen oder fühlen, ohne daß Sie dies ausdrücklich aussprechen. Wir unterstellen häufig, daß andere uns so gut kennen sollten, oder, wenn er/sie uns wirklich liebte, müßte er/sie unsere Bedürfnisse erkennen, ohne daß wir sie aussprechen. Wir können uns jedoch nicht immer auf die telepathischen Fähigkeiten unserer Mitmenschen verlassen. Es genügt auch nicht, Andeutungen zu machen, wie ausgeprägt sie auch sein mögen: Tiefe Seufzer und Blicke zum Himmel sind keine präzisen Mitteilungen, daß Sie Hilfe beim Aufräumen der Wohnung möchten. Wenn Sie sich nicht klar äußern, machen Sie es Ihren Mitmenschen außerdem leicht, Ausflüchte zu finden, mit der Begründung, daß Sie nicht ausdrücklich um etwas gebeten haben!

Wir Frauen verwechseln oft Klarheit und Direktheit mit Grobheit und Unhöflichkeit. Wir lernen, vage Andeutungen zu machen, um anderen Schuldgefühle zu vermitteln, wenn sie nicht auf unsere unausgesprochenen Bedürfnisse eingehen. Wir beschweren uns, machen anderen Vorwürfe, flüchten uns in Sarkasmus, wir schmollen. Das letzte, was wir tun, ist, wirklich *auszusprechen*, was wir wollen. Ob Katrin, Doris oder Eva in unserem Verhaltensmuster vorherrschen, das Problem, das tatsächliche Bedürfnis oder Verlangen zu verdeutlichen, wirft immer dieselbe Schwierigkeit auf.

Wie ließe sich die Situation selbstbewußt lösen? Selma kommt nach Hause und findet das gleiche Chaos und Durcheinander vor. Ihr Mann sitzt im Sessel und liest Zeitung. Sie geht auf ihn zu und sagt: »Ich bin müde und möchte, daß du mir beim Zubereiten des Abendessens hilfst. Ich hätte gern, daß du das Geschirr spülst (oder das Gemüse putzt, oder den Tisch deckst).« Sie bittet ausdrücklich und direkt um die Hilfe, die sie haben möchte.

Bei der Aussage bleiben. Jetzt wissen Sie also, was Sie sagen möchten, und beginnen mit einer selbstbewußt gestellten Bitte. Aber was passiert, wenn Sie auf Widerstand oder Ablehnung stoßen oder überhaupt nicht beachtet werden? Dann tun Sie den nächsten Schritt und wiederholen Ihre Aussage mit ruhiger Stimme so lange, bis man Sie versteht und auf Ihre Forderung eingeht.

Der Zweck der Wiederholung ist, Ihnen zu helfen, Ihre feste Position zu behaupten, ohne Opfer *manipulativer Einwände*, *irrelevanter Logik* oder *argumentativer Köder* zu werden – denn Ihre selbstsichere Forderung provoziert unweigerlich Argumente. Einige Besipiele:

Selma hat französischen Schimmelkäse gekauft; als sie ihn zu Hause auspackt, sieht sie, daß er mehr Schimmel aufweist, als gesund ist! Sie bringt den Käse in das Lebensmittelgeschäft zurück.

Selma: Ich habe diesen Käse gestern hier gekauft. Beim Auspacken stellte ich fest, daß er sehr schimmlig ist. Ich möchte bitte mein Geld zurück.

Verkäufer: Damit hab' ich nichts zu tun. Ich war gestern nicht hier. *(Irrelevante Logik)*
Selma: Ich habe den Käse in diesem Geschäft gekauft, er ist ungenießbar, und ich möchte bitte mein Geld zurück.
Verkäufer: Dieser Käse muß schimmlig sein. Wenn Sie Schimmelkäse nicht mögen, dürfen Sie ihn nicht kaufen. *(Argumentativer Köder)*
Selma: Ich weiß, welchen Käse ich kaufe. Dieser ist ungenießbar, und ich möchte mein Geld zurück.
Verkäufer: Hören Sie, hinter Ihnen warten andere Kunden. Würden Sie sie bitte vorbeilassen. Es gibt keinen Grund, sie unnötig warten zu lassen. *(Manipulativer Einwand)*
Selma: Ich sehe, daß Leute hinter mir warten. Aber ich habe diesen Käse gestern gekauft. Er ist ungenießbar, und ich möchte mein Geld zurück.
Verkäufer: Also gut, geben Sie her. Was haben Sie dafür bezahlt? *(In resigniertem, unfreundlichem Ton, aber er gibt ihr das Geld zurück.)*

Selma hat unerwartet einen Vormittag frei und nimmt sich vor, die Zeit mit Lesen zu verbringen. Ihre Nachbarin klingelt aufgeregt an der Tür.
Nachbarin: Selma, was hast du denn heute vormittag vor?
Selma: Ich werde lesen.
Nachbarin: O wie gut. Da du nichts zu tun hast, würdest du netterweise auf die Kinder aufpassen, während ich beim Friseur bin? Ich habe nur einen Termin um elf Uhr bekommen.
Selma: Tut mir leid, aber ich habe nicht die Absicht, meinen freien Vormittag damit zu verbringen, auf deine Kinder aufzupassen.
Nachbarin: Aber Selma-Liebling, wozu hat man denn Freunde? *(Manipulativer Köder)* Du weißt, wie gern ich zum Friseur gehe, um wieder hübsch auszusehen. Ich habe doch so selten Gelegenheit. *(Weiterer manipulativer Köder)*
Selma: Ja, ich weiß, aber ich habe trotzdem nicht die Absicht, meinen ganzen freien Vormittag auf deine Kinder aufzupassen.
Nachbarin (schmollend): Es dauert doch nicht lang. Du kannst

ja lesen, während sie spielen. Sie werden dich gewiß nicht stören. *(Irrelevante Logik)*
Selma: Nein. Ich bin wirklich nicht dazu bereit, heute vormittag auf deine Kinder aufzupassen. Warum versuchst du es nicht bei jemand anderem? *(Schließlich akzeptiert die Nachbarin Selmas Ablehnung.)*

Robert, der Freund eines entfernten Cousins aus Australien, hat sich in Selmas Wohnung eingenistet. Er sagte, er wolle nur ein paar Nächte bleiben, aber inzwischen sind drei Wochen daraus geworden. Die meiste Zeit lümmelt er vor dem Fernseher herum, bedient sich aus dem Kühlschrank und benützt häufig Selmas Telefon.
Selma: Robert, ich muß mit dir reden. Ich finde, du bist lange genug hier, und ich möchte, daß du ausziehst.
Robert: Aber Selma, warum bist du denn so unfreundlich? *(Argumentativer Köder)*
Selma: Vielleicht hältst du mich für unfreundlich. Aber du wohnst jetzt schon drei Wochen bei mir, und ich finde, es ist Zeit, daß du dir etwas anderes suchst.
Robert: Du kannst mich doch nicht einfach vor die Tür setzen! Ich habe kein Geld. *(Manipulativer Köder)*
Selma: Wenn du dir Mühe gibst, findest du einen Job. Du bist nun schon drei Wochen hier, und ich möchte, daß du ausziehst.
Robert: Was soll ich denn machen? Ich kenne doch keinen Menschen. Hör zu, nächste Woche ziehe ich aus, beruhige dich. Auf die paar Tage kommt es doch nicht mehr an. *(Irrelevante Logik)*
Selma: Ich bin ganz ruhig, Robert. Aber ich möchte, daß du ausziehst.
(Robert begreift schließlich, daß Selma bei ihrem Entschluß bleibt.)

Beim argumentativen Köder besteht die Gefahr, daß Sie sich festnageln lassen und Ihre Position schwächen, wenn Sie darauf eingehen. Denken Sie daran, in vielen Geschäftsunternehmen wird das Verkaufspersonal eigens geschult, die Kunden geschickt abzulenken, sie abzuspeisen, ihnen die Rückerstattung eines Geldbetrags so schwer wie möglich zu machen. Ein Unternehmen hat in erster Linie seinen Gewinn im Auge und nicht die Empfindungen einzelner Kunden.

Diese Technik funktioniert also auf zwei Arten. Einmal hilft sie Ihnen, ein Bild der Entschiedenheit und Gewißheit zu vermitteln anstatt ein Bild der Schwäche. Zweitens stellen viele Frauen nach zwei oder drei Wiederholungen fest, daß sie die *Wahrheit* ihrer Aussage tatsächlich mit Überzeugung spüren und sich dann stärker fühlen – was den Eindruck der Entschiedenheit natürlich unterstützt. Die Technik der ständigen Wiederholung des Schlüsselsatzes ist sehr wirksam.

Sind Sie einmal in der Lage, Ihre Forderung zu wiederholen, und spüren, wie Ihr Selbstvertrauen wächst, dann müssen Sie mit den Einwänden der anderen Personen fertig werden. Es genügt nicht, einfach zu übergehen, was der andere sagt. Sie erwecken auch keinen selbstbewußten Eindruck, wenn Sie die Einwände wie ein Papagei nachplappern! Andererseits ist es oft sehr schwer, nicht in irgendeiner Weise auf das Ablenkungsmanöver einzugehen oder zu reagieren. Tun Sie es aber, werden Sie vielleicht abgelenkt und verlieren den Mut. Wegen dieser besonderen Schwierigkeit artet ein selbstbewußter Ansatz nur zu oft in Aggression aus oder endet in gekränktem Nachgeben. Und hier setzt die dritte Fähigkeit ein:

Sachbezogene Antworten. Um eine harmonische verbale Interaktion zu erreichen und wirksam kommunizieren zu können, müssen Sie zu erkennen geben, daß Sie gehört haben, was die andere Person sagte, ohne sich aber dadurch »festnageln« zu lassen. Übung hilft Ihnen, Ihre Unsicherheit und defensive Haltung zu überwinden und sich beeindrucken zu lassen. Die folgenden Beispiele zeigen Ihnen, wie Sie vorgehen können.

»Es mag sein, daß Sie nicht daran gewöhnt sind, Beschwerden zu bekommen, *trotzdem möchte ich diesen Artikel umtauschen.*«

»Ich weiß, hinter mir wartet eine Schlange, *trotzdem möchte ich diese Orangen umtauschen.«*

»Ich sehe, daß du dich gekränkt fühlst, *trotzdem möchte ich heute abend nicht ausgehen.«*

»Ich sehe, daß sich andere Gäste nicht beschweren, *aber ich habe das nicht bestellt und möchte es zurückgehen lassen.«*

»Ich verstehe, daß du dir dringend meine Schreibmaschine ausborgen möchtest, *aber ich brauche sie momentan selbst dringend.«*

»Ich weiß es zu schätzen, daß ich mich immer auf dich verlassen kann, *aber heute abend ist es mir nicht möglich, auf dein Baby aufzupassen.«*

»Ich weiß, daß du auch müde bist, *trotzdem möchte ich, daß du deinen Teil der Arbeit tust.«*

»Ich weiß, du bist enttäuscht, *trotzdem muß ich nein sagen.«*

In jedem Beispiel bleibt die Sprecherin bei ihrem Standpunkt. Sie bestätigt den Einwand der anderen Person, läßt sich aber dadurch nicht von ihrer Sache abbringen.

Diese Techniken scheinen verblüffend einfach zu sein. Beim Rollenspiel werden Sie aber feststellen, wie schwer es sein kann, seinen Standpunkt zu behaupten, wie leicht man sich ablenken läßt, wie wichtig es ist zu wissen, was man sagen will. Ungefähre Aussagen genügen nicht – seien Sie präzise, wenn Sie selbstsicher kommunizieren wollen. Sind Sie mit diesen Grundprinzipien des Selbstbehauptungstrainings einmal vertraut, werden Sie feststellen, wie oft Sie diese Technik in Situationen anwenden können, in denen Sie sich besser behaupten möchten.

Übungen

1. Mit dem Erstellen der Liste Ihrer Problemsituationen – wie in Kapitel 3 vorgeschlagen – haben Sie bereits einen guten Ansatz gefunden. Nehmen Sie sich die Situationen am Beginn Ihrer Liste vor. Entscheiden Sie mit den vorher beschriebenen Techniken, was Sie sagen/fordern wollen, und probieren Sie es dann im Rollenspiel aus. Ihre Forderung aufrechtzuerhalten, ist schwieriger, als Sie sich vielleicht vorstellen. Bleiben Sie aber bei Ihrem Standpunkt, bis Sie von dem, was Sie sagen, selbst überzeugt sind. Üben Sie sachbezogene Antworten auf die Einwände des Gegenspielers, ohne sich von Ihrer Sache ablenken zu lassen.
2. Sie können diese Techniken in folgenden Alltagssituationen üben:
   a) Sie haben einen Bohrer gekauft. Zu Hause stellen Sie fest, daß er nicht funktioniert. Bereiten Sie ein Rollenspiel vor mit einer Person, die den Verkäufer spielt, der Ihnen unterstellt, daß Sie als Frau mit dem Bohrer nicht umgehen können. Ihre Aufgabe ist es, mit den erlernten Techniken die Ware umzutauschen.
   b) Sie sitzen in einem Café. Der Kaffee, den Sie bestellt haben, ist kalt. Ihre Aufgabe ist es, eine heiße Tasse Kaffee zu bekommen.
   c) Sie wollen einen Freund bitten, Ihnen das Buch zurückzugeben, das Sie ihm vor zwei Monaten geliehen haben. Der Freund hat es noch nicht ausgelesen. Aber Sie stehen vor einer Reise und möchten das Buch als Reiselektüre mitnehmen.
   d) Sie sitzen in einem Restaurant. Das Steak, das Sie bestellt haben, ist zäh. Sie wollen, daß Ihnen das Steak nicht berechnet wird.
   e) Im Schaufenster eines Gemüseladens sehen Sie schöne Äpfel. Sie wollen ein Pfund davon kaufen. Der Gemüsehändler geht zu einer anderen Kiste Äpfel, von denen Sie glauben, sie sind nicht so gut wie die anderen. Ihre

Aufgabe ist es, um ein Pfund der Äpfel im Schaufenster zu bitten.

f) Sie wollen einen vielbeschäftigten Abteilungsleiter um einen Besprechungstermin bitten. Ihre Aufgabe ist es, ihn in seinem Büro oder auf dem Flur anzusprechen und ihn auf einen genauen Zeitpunkt festzulegen.

g) Sie sitzen im Bus. Jemand setzt sich neben Sie. Das heißt, eigentlich haben Sie das Gefühl, er setzt sich auf Sie drauf! Bitten Sie ihn, sich so zu setzen, daß Sie selbst noch genug Platz haben.

Nehmen Sie diese Vorschläge und stimmen Sie sie auf Ihre Lebensumstände ab. Es gibt zahllose ähnliche Situationen in Geschäften, beim Schlangestehen, auf Reisen oder im Restaurant, die ausgezeichnet Gelegenheit bieten, diese Techniken anzuwenden.

5.
Unsere Rechte

An dieser Stelle ist es wichtig, einige grundsätzliche Rechte zu untersuchen, die für alle Menschen gelten, Frauen und Männer, Erwachsene und Kinder. Diese Rechte sind weder neu noch aufsehenerregend oder revolutionär. Manche Leserinnen halten sie anfangs vielleicht für zu trivial und selbstverständlich, doch viele Frauen fanden durch Nachdenken über ihre Rechte zu einem Anfang in der Veränderung ihrer Verhaltensweisen. Sie lernten auch, wie nutzbringend es ist, sich diese Rechte in Momenten in Erinnerung zu rufen, in denen Zweifel und Konflikte über richtiges und falsches Verhalten sie plagen.

Aus Erfahrung weiß ich, daß es sehr lang dauert, bis wir einige dieser Rechte in uns aufgenommen haben, so einfach sie auch klingen mögen. Erst nach wiederholter Bestätigung gelingt es uns, an diese Rechte nicht nur zu glauben, sondern auch danach zu handeln.

Nachfolgend sind elf Rechte aufgeführt, jedes mit einer kurzen Erklärung. Behalten Sie sie in Erinnerung, damit Sie während der folgenden Kapitel darauf zurückgreifen können.

1.

Ich habe das Recht, meine eigenen Bedürfnisse auszusprechen und meine eigenen Prioritäten als Mensch zu setzen, unabhängig von irgendwelchen Rollen, die ich in meinem Leben übernommen habe.

Dies ist ein fundamentales Recht und besonders wichtig für Frauen, deren Rollen im Leben die eigene Persönlichkeit oft überdecken. Frauen betrachtet man gern als Ehefrau oder Mutter eines Mannes. Heirat und Mutterschaft leiten einen Zeitraum im Leben einer Frau ein, in dem ihr »Selbst« in den Hintergrund tritt, da die Erfordernisse der Kindererziehung und der Sorge für den Mann die Zeit für ihr Selbst sehr stark beschneiden. Die mit diesen Rollen verbundenen Verantwortungen und Pflichten können den Blick auf das, was eine Frau für sich selbst haben möchte, verstellen; und das, was sie fühlt, wird ersetzt durch das, was sie als Mutter oder Ehefrau oder Tochter zu fühlen *hat.*

Ich erinnere mich an Carols Triumph, ihren Urlaub alleine zu verbringen. Ihr Mann wollte mit ihr Ferien machen und Carol fühlte sich ihm verpflichtet, denn die vergangenen zwei Jahre war sie gemeinsam mit ihrer Mutter in Urlaub gefahren. Auch dieses Jahr wollte die Mutter sie für sich beanspruchen, und Carol fühlte sich hin und hergerissen, weil sie die einzige Tochter war. Der Konflikt zwischen beiden Rollen hielt einige Monate an, in denen Carol sich den Kopf zerbrach und die Entscheidung hinauszögerte. Als sie in der Gruppe wiederholt mit Nachdruck aufgefordert wurde zu entscheiden, was *sie* tun wolle, wußte sie plötzlich mit Gewißheit, daß sie am liebsten alleine verreisen wollte. Als sie ihrem Mann und ihrer Mutter selbstsicher diesen Entschluß eröffnete, akzeptierten beide – zu Carols Erstaunen – ihre Entscheidung ziemlich problemlos.

Dieses Recht besagt nicht, daß Sie die Verantwortung innerhalb Ihrer Rolle vernachlässigen sollen. Es hilft Ihnen nur, sich bewußtzumachen, daß Ihre eigenen Bedürfnisse genauso existieren wie die Bedürfnisse derjenigen, die Sie lieben.

Julie, eine vielbeschäftigte Krankenschwester, hatte große Schwierigkeiten, Zeit für sich selbst zu finden, weil sie glaubte, die Patienten hätten immer Vorrang. Also war sie ständig verfügbar und erfüllte ihre Rolle in bewundernswerter Aufopferung, nur – ihre eigenen Bedürfnisse blieben dabei unerkannt und unerfüllt. Deshalb verschwanden sie aber nicht, sondern diese unausgesprochenen Bedürfnisse traten in Form von ständiger Müdigkeit und nervöser Anspannung zutage.

Zeit für sich selbst in Anspruch zu nehmen, kann ein wichtiger neuer Schritt sein. So lange Elisabeth zurückdenken konnte, wollte sie eine Fremdsprache lernen. Aber der Haushalt mit drei heranwachsenden Kindern ließ ihr keine Zeit dazu. Ein Spanienurlaub und die Informationsbroschüre einer Abendschule, die ihr als Postwurfsendung ins Haus flatterte, brachten sie zu dem Entschluß, einen Abendkurs in Spanisch zu belegen. Wenn sie sich abends zurückzog und eine Viertelstunde ihre Hausaufgaben machte, versuchte die Familie sie zu blockieren mit Sätzen wie »Wozu willst du in deinem Alter noch Spanisch lernen?« und den üblichen Fragen nach frischen Hemden oder verlegten Schulbüchern. Elisabeth hatte zwar Schwierigkeiten, doch sie schaffte es, die Zeit *für sich* als vordringliche Priorität in Anspruch zu nehmen. Nur zu oft sind Frauen der Ansicht, als Frau, Mutter oder Ehefrau dürften sie gewisse Gefühle oder persönliche Ansprüche nicht haben, und es fällt ihnen schwer, eigene Bedürfnisse und individuelle Wünsche geltend zu machen, wenn diese mit ihrer Rolle in Konflikt geraten.

2.

Ich habe das Recht, mit Achtung als intelligenter, fähiger und gleichberechtigter Mensch behandelt zu werden.

An guten Tagen stellt dieses Recht kein Problem dar, doch eine der Klippen dabei ist, daß wir *uns selbst* manchmal zuwenig Achtung entgegenbringen. Wir trauen uns nicht genug Intelligenz oder Tüchtigkeit zu. Intelligenz ist eine Eigenschaft, die viele Frauen bewußt herunterspielen, um möglichst feminin zu wirken. Andere wieder, die nichts dagegen haben, ihre Intelligenz zu beweisen, vergessen sie, sobald sie mit einer Situation konfrontiert sind, in der sie sich mangels technischem Wissen benachteiligt fühlen. Sie stellen beispielsweise fest, die

Bremsen Ihres Wagens funktionieren nicht besser, obwohl Sie ihn gerade bei der Inspektion hatten. Sie sprechen mit dem Werkstattmeister, der alle möglichen Erklärungen herunterrattert, von denen Sie das Gefühl haben, daß sie nichts mit der eigentlichen Sache zu tun haben. Natürlich kann man sich leicht verwirren lassen, wenn man dann mit technischen Einzelheiten konfrontiert wird. Wichtig ist aber, daß Sie *wissen,* daß Ihre Bremsen nicht besser funktionieren, und Sie dürfen sich nicht durch Argumente aus der Fassung bringen lassen, die Ihre Intelligenz und Ihren gesunden Menschenverstand in Frage stellen.

3.
Ich habe das Recht, meine Gefühle zu äußern.

Eine der wichtigsten Lektionen im Selbstbehauptungstraining ist das Erkennen dessen, was man *zum gegebenen Zeitpunkt* fühlt. Oft quälen wir uns wegen eines Vorfalls Stunden, Tage, ja sogar Monate, ehe wir endlich erkennen, was wir damals fühlten. Es ist wichtig, daß Sie Ihre Gefühle identifizieren, akzeptieren und sich auch selbst erlauben, sie verbal auszudrücken. (Wie wir später in Kapitel 9 besprechen werden, ist es ein Unterschied, ob man Gefühle *ausdrückt,* oder ob man danach handelt.) Die Wahrheit dessen zu akzeptieren, was Sie fühlen, dient als Gegenmittel zur soziokulturellen Definition der Gefühlswelt. Sie haben das Recht, Ihre Gefühle zu äußern, ohne Anschuldigungen fürchten zu müssen, »hysterisch« oder »irrational« zu sein. Äußern Sie negative und positive Gefühle, anstatt sie zu unterdrücken. Viele Menschen haben den Zugang zu ihren Gefühlen verloren, deshalb ist ihnen auch die Wertschätzung des Gefühlsausdrucks abhanden gekommen. Dieses Recht hat drei Aspekte – Gefühle zu erkennen und zu identifizieren, sie zu akzeptieren, anstatt sie zu verleugnen, und dann die Entscheidung zu treffen, sie entsprechend zu äußern.

4.
Ich habe das Recht, meine Meinungen und Wertbegriffe zu äußern.

Das schließt das Recht ein, für Ihre Meinung einzutreten, was nicht heißt, daß Sie gezwungen sind, Ihre Meinung oder Ihren Standpunkt zu rechtfertigen, wenn Sie nicht wollen. Sie haben das Recht, Ihre eigene Meinung zu vertreten, auch wenn diese von der Meinung der Mehrheit abweicht. Es geht nicht um Recht oder Unrecht – sondern um die Verschiedenheit der Wahrnehmungen.

Manchmal übersehen wir es, unsere eigenen Wertbegriffe zu behaupten. Ich denke an Michaela, die Porzellan sammelte und sich über ihren Freund ärgerte. Er benutzte die kleinen Kostbarkeiten in ihrer Wohnung mit unbedachter Gleichgültigkeit ihrem Wert und ihrer Zerbrechlichkeit gegenüber. Mit stummer Nervosität sah sie ihm zu, wie er mit dem Porzellan umging. Es blieb natürlich nicht aus, daß er einige Stücke, die ihr am Herzen lagen, beschädigte. Ich fragte sie, warum sie ihn nicht darauf ansprach. Sie erwiderte, sie habe kein Recht, »materialistisch« zu sein, wie sie sich ausdrückte. »Es dürfte mir nichts ausmachen«, meinte sie. »Ich sollte mir um *Dinge* keine Gedanken machen.« Also quälte sie sich mit Selbstvorwürfen, da sie der Meinung war, die Haltung ihres Freundes rühre von einer vernünftigeren Philosophie her. Sie verleugnete ihre eigenen Wertbegriffe und rationalisierte ihre Gefühle weg, doch innerlich ärgerte sie sich weiter über ihren Freund. Es dauerte lange, bis sie offen zugab, *daß* es ihr etwas ausmachte. Schließlich lernte sie zu akzeptieren, daß ihre eigenen Wertvorstellungen anders, aber gleichberechtigt und genauso wichtig wie die ihres Freundes waren. Dadurch wurde ihr möglich, ihren Freund selbstbewußt zu bitten, ihre Porzellansammlung mit der Sorgfalt zu behandeln, die *sie* für angebracht hielt.

5.

Ich habe das Recht, für mich selbst ja oder nein zu sagen.

Das klingt einfach, hat aber viel mit dem ersten Recht hinsichtlich der Rollenverantwortung zu tun. Eine Entscheidung zu treffen, weil *Sie* etwas wollen oder nicht wollen, wird schwieriger, wenn Sie Rollenverpflichtungen haben.

Doreens Ansicht über Selbstbehauptung verblüffte mich. Sie berichtete von einer Unterhaltung mit ihrem Sohn über einen von ihr belegten Abendkurs. Er fragte sie, warum sie gerade diesen Kurs belegt habe, und sie wollte wie sonst ihre Entscheidung mit praktischen, wirtschaftlichen Gründen etc. erklären. Da stutzte sie und antwortete einfach: »Weil ich es so will.« Der Gruppe berichtete sie, früher habe sie sich für eine solche Antwort selbst als zu unwichtig empfunden, jetzt aber fühle sie, es genüge zu sagen, sie wolle es. Eine weitere Rechtfertigung sei nicht nötig.

6.

Ich habe das Recht, Fehler zu machen.

Viele von uns finden es außerordentlich schwierig, dieses Recht zu akzeptieren. Wenn jemand an uns einen Fehler entdeckt oder eine Handlung kritisiert, schämen wir uns und fühlen uns viel betroffener, als der Fehler es eigentlich »wert« ist. Ob diese Haltung aus Kindheitserlebnissen herrührt, als wir für Fehler bestraft wurden, oder aus der ganzen Erziehungsstruktur – von richtig und falsch, guten und schlechten Noten –, kann ich nicht sagen. Viele von uns glauben aber, Fehler zu machen, sei unakzeptabel und ein Beweis für die eigene Dummheit.

Sie können lernen, Ihren Fehler mit einem Schulterzucken zu akzeptieren, ohne sich bittere Selbstvorwürfe zu machen, oder ihn defensiv abzuleugnen. Viele von uns legen Wert auf Tüchtigkeit und Leistung, und die Wettbewerbssituation unserer Leistungsgesellschaft läßt kaum anderes gelten als »ich habe recht« und »du hast unrecht« oder »ich habe unrecht« und »du hast recht«. Wichtig ist es aber zu begreifen, daß man etwas Dummes *tun* kann, ohne gleich dumm oder unintelligent sein zu müssen. Wenn Sie sich falsch benehmen, einen falschen Schritt tun, oder schlechte Arbeit leisten, ist das kein Charakterfehler. Wir haben das Recht, eigenes Fehlverhalten zu akzeptieren, ohne den Glauben an uns selbst zu verlieren.

7.

Ich habe das Recht, meine Meinung zu ändern.

Im Frühstadium des Lernprozesses, selbstbewußte Entscheidungen zu treffen, ist dieses Recht unschätzbar: Entscheidungen, die darauf basieren, was Sie *wollen*, und nicht darauf, wovon sie glauben, man erwarte es von Ihnen oder es sei einem anderen angenehm. Betrachten Sie diesen Vorgang genauer, so werden sie sich dessen immer mehr bewußt, daß Sie viele Entscheidungen aus falschen Gründen treffen. Einer falschen Entscheidung folgt die Reue, und Sie müssen sich irgendwie wieder aus der Sache herauslavieren. Es bedarf einer gewissen Übungszeit, ehe man in der Lage ist, sofort die richtige Entscheidung zu treffen. Und zumindest während Sie lernen, können Sie Ihre Meinung selbstbewußt ändern, anstatt sich darauf festgelegt und später unglücklich zu fühlen.

8.

Ich habe das Recht zu sagen, etwas nicht zu verstehen.

Sicher saßen Sie schon mal im Kreis von Leuten, alle hingen an den Lippen eines Sprechers, nur Sie fühlten sich unbehaglich, weil Sie nicht wußten, worüber der Mann sprach. Sie hatten aber nicht den Mut, laut einzugestehen, etwas nicht verstanden zu haben, oder um eine nochmalige Erklärung zu bitten.

Auch in diesem Fall empfinden wir die unangemessene Beschämung, als Erwachsene so mangelhaftes Wissen zu haben. Wir können aber einfach nicht alles wissen, ebenso wenig wie wir perfekt sein können. Aber zu sagen »Ich verstehe das nicht«, oder »Könnten Sie mir das noch mal erklären?«, stellt für viele von uns ein unüberwindliches Hindernis dar.

Dabei wäre eine solche Nachfrage ganz einfach. Ist man sich des Rechts darauf bewußt, lernt man auch, Unwissen und Nichtbegreifen anzuerkennen, ohne sich dumm vorzukommen; man lernt, um weitere Informationen oder eine wiederholte Erklärung zu bitten, ohne sich lächerlich zu fühlen.

9.

Ich habe das Recht, zu verlangen, was ich möchte.

Auch das klingt unkompliziert. Niemand wird es abstreiten. Es sei denn, dieses Recht gerät mit den Wünschen oder Erwartungen anderer in Konflikt. Dann kommen Vorwürfe, Sie veranstalteten ein Riesentheater, brächten alles durcheinander oder verärgerten einen Menschen, der Ihnen nahesteht. Viele Frauen vermeiden es, direkte Forderungen zu stellen, weil sie fürchten, damit auf Ablehnung zu stoßen. Subtile Andeutungen und Hinweise sind da viel sicherer: Es ist einfacher, vor

Erschöpfung zu stöhnen und über Rückenschmerzen zu klagen, als jemanden offen zu bitten, die Wäsche von der Leine zu nehmen, oder, den schweren Tisch zu rücken.

Viele Frauen richten sich nach den Wünschen anderer, um des Friedens und der Ruhe willen. Kürzlich wurde ich Zeugin eines interessanten Beispiels: In einem Restaurant saßen am Nebentisch ein Mann, seine Frau, die heranwachsende Tochter und die Großmutter, die anscheinend zu Besuch bei der Familie war. Durch die Nähe unserer Tische und meine unbezwingbare Leidenschaft, Gespräche anderer Leute mitzuhören, erfuhr ich folgenden Dialog:

Ehemann (während alle die Speisekarte studierten): Nun, Mutter, was hättest du denn gern?
Großmutter: Ich glaube, ich nehme das Madras-Huhn.
Ehemann (ungläubig): Madras-Huhn? Hast du das schon mal gegessen? Es wird viel zu scharf für dich sein!
Großmutter (zögernd): Aber ich esse gern scharf gewürzt.
Ehemann: Zugegeben. Aber du weißt nicht, wovon du sprichst. Madras ist das schärfste Curry-Gericht, das du dir vorstellen kannst.
Großmutter: Aber ich esse doch gern scharf.
Ehefrau: Es ist wirklich wahnsinnig scharf. Bist du sicher?
Enkelin: Es ist wirklich sehr scharf, Oma.
Großmutter: Na ja …
Ehemann: Gut Mutter, wenn du darauf bestehst, bestelle ich das Madras-Huhn, aber gib mir nicht die Schuld, wenn du es nicht essen kannst.
(Der Kellner kommt, um die Bestellung aufzunehmen.)
Ehemann: Also Mutter, du möchtest gern Madras-Huhn, nicht wahr?
Großmutter: Hm, ich glaube, ich nehme lieber das Korma-Huhn. Ist das mild?

Die übrige Familie lehnte sich zufrieden zurück mit dem Gefühl, die richtige Wahl getroffen zu haben. Vielleicht wäre das Madras-Huhn für die alte Dame zu scharf gewesen – ich werde es nie erfahren. Für mich war wichtig, daß sie einfach nachgegeben hat. Viele Frauen fügen sich ihr ganzes Leben dem, was andere möchten und was andere sagen, es sei gut für sie. Wir finden uns mit Dingen ab, die wir im Grunde nicht wollen, tun nicht *genau* das, was wir wollen, weil wir glauben, nicht das Recht zu haben, uns durchzusetzen. Es ist von großem Nutzen, sich dieses Recht immer wieder vor Augen zu halten.

10.
Ich habe das Recht, Verantwortung für Probleme anderer Menschen abzulehnen.

»Aber ist das nicht unfreundlich, eigensüchtig und lieblos?«, fragen die Frauen. Das Recht, Verantwortung abzulehnen, bedeutet nicht, daß wir nicht aus freien Stücken *wählen* können, anderen den Vorrang zu geben. Viele Frauen meinen aber, die Probleme aller anderen seien ihre Sorge. Wenn jemand unglücklich ist, Sorgen hat, kein Geld, keine Arbeit, sich unterlegen fühlt oder deprimiert ist, müssen sie die Verantwortung dafür übernehmen. Wir treffen nicht die Entscheidung, uns um diejenigen, die wir lieben, zu kümmern, sondern wir machen es uns *zwanghaft* zur Aufgabe, uns ständig um jeden anderen zu kümmern, und uns selbst bleibt keine Zeit, unsere eigenen Bedürfnisse in Betracht zu ziehen. Die Wahl zu treffen, sich um einen anderen Menschen zu kümmern, ist etwas anderes, als durch emotionale Erpressung dazu manipuliert zu werden. Wider besseres Wissen lassen wir uns unsere Kräfte oft durch endlose Katastrophengeschichten oder Klagen über Armut, Unglück und Überarbeitung verschleißen. Unter diesem Druck beugen wir uns allen möglichen Anforderungen, lassen uns zwingen, den Bedürfnissen anderer entgegenzukommen, anstatt Grenzen für uns selbst zu ziehen. Dieses Recht bedeutet, eigene Grenzen zu bestimmen, um welche Menschen wir uns kümmern und welche Fremdbedürfnisse wir über unsere eigenen setzen wollen. Wichtig ist die Entscheidung, wo man die Trennlinie zieht.

11.
Ich habe das Recht, Umgang mit anderen zu pflegen, ohne von ihrer Anerkennung abhängig zu sein.

Dieses Recht bildet meiner Meinung nach die Grundvoraussetzung für alle anderen Rechte. Das Verlangen nach Anerkennung ist der Hauptfaktor für unsicheres Verhalten in vielen Bereichen und sitzt sehr tief in uns allen. Die Wurzeln dafür liegen wohl in den traditionellen Methoden der Kindererziehung, wonach ordnungsgemäßes Verhalten mit Sätzen wie »Du bist ein braves Kind«, oder »Vati ist stolz auf dich«, belohnt wird. Es besteht bereits eine frühkindliche Assoziation zwischen korrektem Verhalten und liebevoll lobender Anerkennung. Obwohl diese frühen Lernerfahrungen auf Jungen und Mädchen gleichermaßen zutreffen, gibt es Theorien, denen zufolge bei Mädchen ein erhöhtes Verlangen besteht, brav zu sein, zu lächeln, hübsch und mädchenhaft zu sein, um die gewünschte Anerkennung zu erhalten.

Als Folge davon haben viele erwachsene Frauen die Angst vor Mißbilligung behalten, weil sie die Wurzeln ihrer Selbstachtung angreift. Das hält so viele Frauen ab, ihre Bedürfnisse auszusprechen, ihre Gefühle auszudrücken, für ihre Rechte einzutreten, sich zu weigern, etwas zu tun, das sie nicht tun wollen: Sie können Mißbilligung von anderen nicht verkraften. »Was werden die anderen von mir denken, wenn ich nein sage?«, »Wenn ich mich nicht entschuldige?«, »Wenn ich mir meinen Ärger anmerken lasse?«, »Wenn ich sage, ich will das nicht tun, oder ich mag das nicht?«, »Wofür werden sie mich halten?« An diesem Stolperstein scheitert so mancher selbstbewußte Vorsatz.

Das Verlangen, geliebt und anerkannt zu werden, ist so stark, daß es weit über die Familie oder den Freundeskreis hinausgeht, deren Meinungen für uns wichtig *sind*. Es geht bis zum Gemüsehändler, der uns welkes Gemüse verkauft, man protestiert aber nicht dagegen, damit er nicht denkt, man sei eine Nörglerin, bis zum Kellner, der denken könnte, man sei mäkelig, wenn man etwas verlangt, das nicht der Norm entspricht, zu den Leuten in der wartenden Schlange, die denken könnten, man sei aggressiv und laut, wenn man die Person zur Rede stellt, die sich vorgedrängelt hat, bis zu dem Mann an der Haustür, der einen für geizig halten könnte, wenn man nichts für notleidende Kinder spendet.

Denken Sie daran: Die Mißbilligung, die wir auf die anderen projizieren, ist meist nur symptomatisch für unsere innere Kritik, auf die wir im Kapitel über Selbstachtung noch näher eingehen werden. Je wirkungsvoller Sie Ihre eigene, innere Kritik zum Schweigen bringen oder wenigstens auf ein realistisches Maß reduzieren, desto erfolgreicher können Sie für Ihr eigenes Verhalten eintreten und sich aus der Abhängigkeit anderer lösen. Diese Abhängigkeit und der Wunsch nach Anerkennung sind lähmend, und es bedarf einiger Anstrengung, diese Haltung abzulegen. Nach einiger Erfahrung, Mißbilligung von außen zu überstehen, und mit der Erkenntnis, daß die Welt deshalb nicht zusammenbricht, wird es Ihnen leichterfallen. Sie sind dann stolz darauf, eine Situation mit Selbstbehauptung gemeistert zu haben und Ihre *eigenen* Wertbegriffe unabhängig von anderen verteidigt zu haben. Sie werden lernen, auch ohne Billigung und Anerkennung aller Leute und zu jeder Zeit leben zu können!

Zu Beginn meiner Selbstbehauptungskurse fordere ich die Teilnehmerinnen auf, über diese Grundrechte nachzudenken. Die Aufstellung sieht anfangs leicht aus und schließt Rechte ein, die zu selbstverständlich erscheinen, als daß man über sie sprechen müßte, beispielsweise das Recht, als gleichberechtigter Mensch behandelt zu werden. Andere Rechte sind schwerer zu akzeptieren, etwa das Recht, Verantwortung für die Probleme anderer abzulehnen. Gewöhnlich dauert es eine Weile, bis diese Rechte ins Bewußtsein eingedrungen sind. Sie intellektuell zu akzeptieren und ihre volle Bedeutung zu begreifen und damit umzugehen, sind zwei verschiedene Dinge.

Nehmen wir zum Beispiel das Recht, Fehler zu machen. Sie erkennen das Recht an, aber was geschieht mit Ihrer Überzeugung, wenn jemand tatsächlich einen Fehler in Ihrer Arbeit feststellt; wenn Ihr Kuchen zusammenfällt; wenn Ihnen jemand sagt, Sie hätte sich gerade widersprochen; oder die Vorhänge, die Sie für Ihr Zimmer ausgesucht haben, sähen wirklich fürchterlich aus? Läßt man sich dann von Unsicherheit überwältigen, so ist das ein Zeichen dafür, daß wir diese Rechte in Streßmomenten oft vergessen. Hier kann Selbstbehauptungstraining helfen: Sie lernen, selbstsicher zu entgegnen, wenn Sie unter Beschuß genommen werden; Sie lernen, an Ihren Grundrechten festzuhalten, wenn Sie sie am dringendsten brauchen; Sie lernen, sich auf der Basis von innerer Sicherheit und Selbstachtung zu verhalten.

6.
Die Körpersprache

Wie wir sahen, muß die selbstbewußte Frau sich klar und deutlich ausdrücken. Sich »ausdrücken« beinhaltet aber mehr als die Wahl Ihrer Worte. Ihr ganzer Körper hilft Ihnen bei der Selbstbehauptung. Ihre Haltung, Ihr Gesichtsausdruck, Ihre Gesten schaffen erst den Gesamteindruck. Wortlose Botschaften verstärken oder vermindern die Wirkung, die Sie mit Worten mitteilen wollen. Dieses Kapitel beschäftigt sich damit, wie wir unseren Körper einsetzen, um selbstsicheres Auftreten zu vermitteln.

Der Versuch, eine Situation selbstbewußt zu bewältigen, kann scheitern, wenn Sie zwar die richtigen Worte finden, aber der Tonfall Ihrer Stimme und Ihr Gesichtsausdruck Selbstzweifel oder Feindseligkeit ausdrücken.

Glücklicherweise müssen Sie sich nun nicht völlig neue Gesten oder Ausdrucksformen zulegen, um eine selbstbewußte Körpersprache zu beherrschen, das ließe Sie nur affektiert und befangen erscheinen. Körpersprache kommt spontan in einem gegebenen Moment aus Ihren Gefühlen. Sich selbstbewußt zu *fühlen* ist der erste Schritt, um Selbstbewußtsein mit Ihrem *gesamten* Körper auszudrücken.

Allerdings gibt es Muster der Körpersprache, die wir *umlernen* können. Die meisten Frauen haben gelernt, gewinnend zu lächeln, zurückhaltend zu gestikulieren, zu schmollen, zu schmeicheln und mit dem ganzen Körper zu gurren. Diese Gewohnheiten sind negativ für die selbstbehauptende Kommunikation. Nehmen Sie sich die Zeit zu beobachten, wie Sie Ihren Körper einsetzen, und Sie werden herausfinden, wie Sie die Körpersprache wirkungsvoller anwenden können.

1. Körperhaltung. Zunächst gilt es, auf Ihre Haltung zu achten – sie sagt viel über Ihre Person aus. Achten Sie darauf, ob Sie sich aufrecht oder krumm halten, ob Sie die Schultern bis zu den Ohren hochziehen (das tun wir oft, wenn wir uns unsicher fühlen), oder ob Sie Ihre Schultern entspannt gerade halten. Achten Sie darauf, ob Sie im Stehen oder im Sitzen Ihr Gewicht gleichmäßig verlagern, oder ob Sie auf einem Bein stehen oder auf einer Gesäßbacke sitzen. Man kann unmöglich einen selbstbewußten Eindruck machen, wenn man schief dasteht oder -sitzt! Achten Sie darauf, wie Sie einen Raum betreten: Kommen Sie leise herein, in der Hoffnung, nicht aufzufallen, oder marschieren Sie polternd herein oder bewegen Sie sich gleichmäßig mit erhobenem Kopf und geradem Rücken? Achten Sie darauf, ob Sie den Kopf gerade halten oder ihn zur Seite neigen.

Die relative Höhe zwischen Ihnen und Ihrem Gesprächspartner ist ebenfalls ein Faktor. Sylvia berichtete folgende Begebenheit: Sie hatte es mit einem Mann zu tun, der hinter einem riesigen sich vor ihr auftürmenden Schreibtisch thronte, während sie in einen niedrigen Sessel versank. Es ging um eine Vertragsverhandlung und sie mußte all ihr Selbstvertrauen zusammennehmen. Plötzlich wurde ihr bewußt, wie benachteiligt sie sich in ihrem Sessel fühlte. Also stand sie ruhig auf, begab sich zur Wand und lehnte sich an den Heizkörper, befand sich dadurch etwas höher, aber nicht höher als ihr Verhandlungspartner. Diese wenigen Schritte stärkten ihr Selbstvertrauen, und sie verhandelte gleichberechtigt und mit Erfolg.

2. Nähe/Distanz. Jeder Mensch reagiert auf eine unsichtbare Linie zwischen sich und dem anderen: Ist die Entfernung von dieser Linie zu groß, fühlt der andere sich unnahbar und Sie sich machtlos; wird die Linie zu weit überschritten, fühlen Sie sich bedrängt. Ein wichtiger Punkt, den es zu beachten gilt, ist, daß wir meist verschiedene optimale Distanzen haben: Was Ihnen zu nahe erscheint, kann für einen anderen angenehm sein und umgekehrt. Jemand fühlt sich bei einer Distanz wohl, bei der Sie das Gefühl haben, vollkommen den Kontakt zu verlieren. Finden Sie die für Sie richtige Distanz heraus.

Julianes Fallbeispiel veranschaulicht das. Sie klagte über Probleme, mit ihrem Chef zu sprechen. Jedesmal, wenn sie an sein Büro klopfte und eintrat, saß er hinter dem Schreibtisch, blickte meist gar nicht auf und sagte lediglich, während er telefonierte, sie solle später wiederkommen. Oder er beachtete sie überhaupt nicht. Als Juliane die Situation im Rollenspiel in der Gruppe nachvollzog, stellte sie fest, daß ihr Eintreten und die Annäherung an den Schreibtisch die Ursache dafür waren. Sie übte ein paarmal, blieb vor der Tür kurz stehen, atmete tief durch, um sich in einen positiven Zustand zu versetzen, und betrat gelassen das Büro. Dann ging sie einfach einen Meter näher auf den Schreibtisch zu als sonst und stand ihrem Chef direkt gegenüber.

Achten Sie darauf, wie Sie sich einem Menschen nähern. Gehen Sie seitlich auf ihn zu und bleiben in einem spitzen Winkel vor ihm stehen? Oder gehen Sie gerade auf ihn zu und bleiben frontal vor ihm stehen? Sie haben eine bessere Chance, Kontakt zu bekommen, wenn Sie ihm direkt gegenüberstehen oder -sitzen.

3. **Augenkontakt.** Wenn wir die Augen als »Fenster der Seele« bezeichnen, weisen wir auf ihren starken Einfluß in der zwischenmenschlichen Verständigung hin. Wir fühlen uns unbehaglich, wenn die Augen unstet hin und her fliegen, und geraten außer Fassung, wenn wir in den Augen des Gesprächspartners keine Reaktion sehen können – weil er eine dunkle oder spiegelnde Sonnenbrille trägt. Unbewußt suchen wir eine Reaktion. Die Augen sagen uns, ob jemand zuhört oder nicht, ob ihn das, was wir sagen, beeindruckt, fasziniert oder einschüchtert. Wir werden wütend, wenn uns jemand im Gespräch den Rücken zukehrt oder seine Augen auf das Fernsehprogramm konzentriert. Andererseits ist es schwierig, mit jemandem zu sprechen, der uns zu direkt ansieht, ohne die Augen je abzuwenden – man fühlt sich angestarrt und die Blicke wirken zudringlich. Irgendwo dazwischen liegt das

»normale« Zusammenspiel. Ihr Blick kann entspannt und freundlich sein, aber auch Feindseligkeit oder Schüchternheit vermitteln. Wenn Sie die Augen abwenden, zeigen Sie meist Verlegenheit. Die Fähigkeit, einen Menschen direkt anzusehen, während Sie eine selbstbewußte Forderung stellen oder Aussage machen, kann die Botschaft, die Sie vermitteln wollen, unterstreichen.

4. Mund und Kinn. Die untere Gesichtspartie sendet weitere subtile Signale: Aufeinandergepreßte Kiefer und verkniffener Mund sind verräterische Zeichen, sie teilen Spannung und Aggression mit. Selbstbehauptung verwandelt sich im Rollenspiel leicht in Aggression, wenn Kiefer sich verkrampfen und das Kinn ein wenig vorspringt, obwohl die Sprecherin die richtigen Worte benutzt. Sobald das geschieht – meist verbunden mit einem leichten Vorbeugen der Schultern–, verändert sich die Atmosphäre, weil die Körpersprache bedrohlich und feindlich wirkt.

Die psychologische Fachsprache bezeichnet ein verräterisches Zeichen als »nichtverbale Reduktion«. Darunter versteht man Signale, die nicht wirklich zur Aussage passen, Signale, welche die wahren Gefühle der Sprecherin vermitteln, trotz deren Versuchs, sie zu unterdrücken und zu verbergen. Ein Beispiel ist das Lächeln, das etwas zu starr oder zu breit ist, oder zu lange dauert. Ein solches Lächeln ist uns unangenehm, weil wir darin etwas Unaufrichtiges bemerken. Dies unterstellt nicht unbedingt, daß die Person absichtlich versucht, den Zuhörer zu täuschen. Manchmal fühlen wir uns verpflichtet, unsere Verletzung, unsere Verlegenheit oder unseren Ärger nicht zu zeigen, weil wir der Meinung sind, kein Recht zu haben, solche Gefühle zu erkennen zu geben, oder weil wir selbst verletzlich und unsicher sind. So versuchen wir auch, unsere Wut oder Enttäuschung zu verbergen, weil wir Angst davor haben, einen Wutausbruch zu bekommen oder zu weinen – keine dieser Verhaltensweisen ist gesellschaftlich akzeptabel.

Wenn sie wütend sind, drücken die meisten Frauen dies verbal aus, lächeln aber unbewußt dabei. Sie lächeln gewiß nicht, weil sie in diesem Augenblick fröhlich oder heiter sind, sondern aus Nervosität und Hemmung, ihrer Wut freien Lauf zu lassen. Das automatische Lächeln ist eine wortlose Botschaft, die besagt »Bitte sei mir nicht böse« oder »Ich möchte nicht bösartig erscheinen«.

Viele Frauen sind so darauf getrimmt worden, »nett« zu sein; ein solches Lächeln ist ein Überbleibsel dieser Nettigkeit, eines Leitgedankens, stets freundlich, gewinnend und versöhnlich zu sein. Ähnlich verhalten sich Frauen, wenn sie Kränkung oder Ärger ausdrücken: Ein unpassendes Lächeln huscht dabei über ihr Gesicht. Wenn Sie mit einem breiten Lächeln im Gesicht sagen, daß Sie wütend oder verletzt sind, wird das Ihr Gegenüber zwangsläufig verunsichern und die Kraft Ihrer Aussage abschwächen. Die beiden Elemente passen einfach nicht zusammen. Und dann wundern Sie sich, warum die Menschen Sie nicht ernst nehmen!

5. Die Stimme. Sicher wissen Sie, wie aufreizend ein Mensch sein kann, der ständig mit dröhnender Stimme spricht; oder wie lästig es ist, sich immer vorbeugen und »Wie bitte?« fragen zu müssen, wenn jemand in kaum hörbarem Flüsterton haucht. Sie kennen also den Unterschied, den Ihre Stimme machen kann. Zwischen der Klein-Mädchen-Stimme und dem Nebelhorn gibt es einen Mittelwert. Üben Sie die hohen und tiefen Register Ihrer Stimme. Atemübungen und Entspannung helfen die Verengung in Kehle und Brust zu lösen, dadurch können Sie tiefer atmen und Ihrer Stimme mehr Volumen geben.

Der Unterschied zwischen selbstsicherem und aggressivem Verhalten wird oft durch subtile Veränderungen in Höhe und Tonfall der Stimme deutlich. Achten Sie darauf, ob Ihre Stimme klagend klingt, ob Sie einen entschuldigenden, sarkastischen oder feindseligen Ton anschlagen. Langsames und deutliches Sprechen, statt verstümmelte Sätze zu haspeln, bewirkt klareres Verständnis. Die Modulation Ihrer Stimme ist ebenfalls wichtig. Bei einer selbstbehauptenden Aussage sollten Sie Ihre Stimme auch nicht am Ende des Satzes anheben, sonst klingt Ihre Aussage wie eine Frage. Jedes Wort läßt sich mit Überzeugung oder halbherzig aussprechen. Der Tonfall Ihrer Stimme kann eine Absage wie eine Demütigung statt wie eine klare, aber unaggressive Aussage klingen lassen.

6. Gestik. Mit den Haaren spielen, sich am Kopf kratzen, die Hände verschränken und wieder loslassen, in die Finger oder auf die Lippen beißen, am Schmuck herumfummeln – alle diese Gesten verraten Spannung und Nervosität. Wenn Sie mit den Füßen klopfen oder scharren, senden Sie Signale der Ungeduld und Verlegenheit. Abgehackte Bewegungen von Händen und Armen können Wut ausdrücken.

Sind Sie sich Ihrer Gestik einmal bewußt, lernen Sie auch, sie zu kontrollieren. Die Erfahrung des Rollenspiels bietet Gelegenheit zu beobachten und zu kommentieren, das ist aufklärend und hilfreich zugleich. Manchmal sind nur kleine Veränderungen nötig: aufhören, im Haar zu spielen, aufrecht zu stehen, vor einer wichtigen Begegnung dreimal tief durchatmen, in ausgeglichener Haltung sitzen und stehen, eine leichte Veränderung der Stimme, die Arme entspannt hängen zu lassen, statt sie unsicher auf dem Rücken zu verschränken. Diese kleinen Veränderungen können einen enormen Unterschied bewirken, wie Sie sich *fühlen* und folglich, welchen Eindruck Sie vermitteln.

7. Das Erscheinungsbild. Ein letzter Aspekt nichtverbaler Kommunikation ist Ihre äußere Erscheinung. Das hat *nichts* damit zu tun, sich einem Modediktat zu unterwerfen, um die Aufmerksamkeit des Betrachters auf sich zu lenken. Es hat vielmehr damit zu tun, wie Sie sich *selbst* fühlen – unsere Erscheinung sagt viel über unsere Stimmung aus und, was wir für unseren Körper empfinden: die Farben, die wir tragen, Körperpartien, die wir hervorheben oder verbergen; die Art der Kleidung, die wir bevorzugen.

Sich selbstbewußt zu fühlen, kann bewirken, daß Sie sich auch in Ihrer äußeren Erscheinung klar ausdrücken wollen. Viele meiner Teilnehmerinnen begannen, kleine Veränderungen an ihrem Erscheinungsbild vorzunehmen, nicht aus dem Bedürfnis, Eindruck zu machen, sondern aus einem neuentdeckten Wunsch, ihre eigene Persönlichkeit auszudrücken. Einen eigenen Stil zu finden, etwas zu entdecken, das *Ihre Persönlichkeit* unterstreicht, bedeutet nicht, viel Geld oder Zeit aufzuwenden – nur der Glaube ist wichtig, daß Sie es wert sind, sich mit Sorgfalt zu behandeln.

Sie werden feststellen, daß jeder einzelne besprochene Punkt zum Eindruck Ihrer ganzen Erscheinung beiträgt. Konzentrieren Sie sich aufs Detail, wenn Sie beginnen, Ihre allgemeine Wirkung zu verändern. Die meisten von uns sind sich ihres Mienenspiels oder einer einfachen Geste gar nicht bewußt, die einem Beobachter sofort auffallen. Die beste Lernmethode ist es, jemand anderen um seine Meinung zu bitten. Versuchen Sie auch, mit den Augen Ihrer Mitmenschen zu sehen, was an Ihnen nicht richtig ist. Korrigieren Sie Ihre Körpersprache, und Sie werden bemerken, daß Sie mit kleinen Verbesserungen eine große Veränderung in Ihrer allgemeinen Kommunikation und Selbstdarstellung erzielen.

7.
Die Kunst des Neinsagens

»Wenn eine Frau nein sagt, meint sie in Wahrheit ja...«, oder so ähnlich lautet ein Sprichwort. Diese absurde Unterstellung empört viele Frauen. Tatsächlich ist es aber so, daß Frauen Schwierigkeiten haben, klar und definitiv nein zu sagen. Sie tun es eher indirekt und ohne Überzeugungskraft. Thema dieses Kapitels ist es, eine überzeugende, selbstbewußte Absage klar, beharrlich und ohne Aggression formulieren zu lernen.

Überlegen Sie sich Situationen, in denen es Ihnen schwerfällt, eine Absage zu erteilen: sei es eine Bitte um Geld, eine Einladung, ein Darlehen, jemanden im Auto mitzunehmen oder, eine Information zu verweigern. Welchen Menschen gegenüber fällt es Ihnen besonders schwer? Einem Fremden an der Tür, Ihrem Partner, einem Kind, einem alten Menschen, Ihrem Chef, Ihrer Mutter? Wann fällt es Ihnen schwer? Wenn Sie müde sind, in Eile, vor einer Gruppe von Menschen oder am Telefon?

Auch wenn die Problematik dieser Fragen bei jedem anders ist, gibt es allgemeine Ansichten, die immer wieder zutagetreten, zum Beispiel:

Nein sagen ist gefühllos, lieblos und kleinlich. Es ist egoistisch.
Bei kleinen Dingen nein sagen zeigt, daß man knausrig, kleinkariert und schäbig ist.
Ein direktes Nein ist unhöflich und aggressiv. Es ist plump und grob.
Nein sagen heißt, andere vor den Kopf stoßen. Sie fühlen sich verletzt und zurückgewiesen.

Wenn Sie einen oder alle dieser Mythen glauben, haben Sie vermutlich große Hemmungen, saubere, klare Ablehnungen zu formulieren. Stolpern Sie vielleicht wie Eva in eine der folgenden Fallen? Sie schmückt ihre Absagen mit umständlichen und auch unehrlichen Entschuldigungen aus, wie: »Es gehört mir nicht, sonst würde ich es dir wahnsinnig gern borgen...«, »Meine Mutter sieht es nicht gern!« Oder haben Sie schon versucht, ein direktes Nein auszusprechen, dabei anderen aber Schuldgefühle zugewiesen: »Ich verstehe nicht, wie du das von mir verlangen kannst! Du siehst doch, was ich durchgemacht habe...« Haben Sie schon mal versucht, Ihre Absage durch ein gewinnendes Lächeln abzuschwächen in der Hoffnung, andere damit zu überzeugen, daß Sie nicht böse erscheinen wollen? Entschuldigungen, Ausweichmanöver, Ausflüchte sind eingefleischte Verhaltensweisen.

Dazu haben wir uns noch eine begleitende Körpersprache angewöhnt. Die auffallendste ist ein unpassendes Lächeln, darüber sprachen wir bereits. Je mehr wir versuchen, unsere Ängste beim Neinsagen zu verdecken, und uns den Anschein von Freundlichkeit geben, desto stärker drückt unser Lächeln und unsere ganze Körperhaltung Liebenswürdigkeit aus. Für den Mitmenschen ist es oft verwirrend, wenn er hört und sieht, wie Sie nein sagen, aber mit einer Stimme, Gesten und einer Haltung, wie andere ja sagen würden. Kein Wunder, daß Ihre Botschaft mißverstanden wird.

Die Befangenheit, die wir empfinden, wenn wir nein sagen, bringt uns zu einer weiteren schlechten Angewohnheit. Anstatt eine Bitte abzulehnen und wegzugehen, bleiben wir, wo wir sind. Nach einem sauberen, entschiedenen Nein wäre es besser, sich zurückzuziehen. Aber wir zögern und schwanken, mindern dadurch die Wirkung unserer Absage und bieten dem anderen die Gelegenheit, Druck auf uns auszuüben, damit wir unsere Meinung doch noch ändern.

Es gibt neue Verhaltensweisen, die erlernbar sind. Jemand bittet Sie um einen Gefallen. Was geschieht in Ihrem Innern? Was ist Ihr erstes, spontanes Gefühl? Das ist der erste Schritt:

Achten Sie auf Ihre spontane Reaktion: Sobald jemand etwas von Ihnen möchte, wird Ihr Körper Sie wissen lassen, wie Sie darüber fühlen, oft bevor Sie den Mund aufmachen, um zu antworten.

Wenn sie deutlich sind, lassen sich diese Empfindungen leicht identifizieren. Wollen Sie mit echter Begeisterung zustimmen, dann spüren Sie etwas, als wollten Sie sich auf die Gelegenheit stürzen – Sie sind sicher, daß Sie ja sagen wollen. Im anderen Extrem werden Sie ein Gefühl des Versinkens haben, ein Signal für Abneigung, sie wollen definitiv nein sagen.

Schwierig wird es, wenn die Gefühle nicht so deutlich sind – wenn Sie verwirrt und unsicher sind, sich unbehaglich fühlen, Zweifel haben, wie Sie antworten wollen. Ihr Körper gibt Ihnen ein spontanes Signal Ihres Gefühls – wenn Sie auf ihn hören. Das müssen wir eben lernen.

Viele Frauen haben es sich zur unseligen Angewohnheit gemacht, diese spontanen Signale zu ignorieren. Anstatt sie anzuerkennen und danach zu handeln, verleugnen sie sie, beugen sich dem Druck von außen, tun, was andere von ihnen erwarten und was anderen gefällt. Sie richten sich nach dem äußeren Eindruck und hören nicht mehr auf ihr inneres Gefühl.

Das passiert so schnell! Aber Sie wissen, was passiert: Sie stimmen zu – oder halb zu – und dann quälen Sie sich stundenlang oder auch tagelang, wie Sie aus der Situation herauskommen; oder Sie könnten sich ohrfeigen, ja gesagt zu haben, obwohl Sie nein meinten.

Der erste Schritt ist also, auf die innere Stimme zu hören. Mißachten Sie diese innere Stimme nie! Wenn Sie ein definitives Ja oder Nein spüren, dann sprechen Sie es aus. Wenn Sie ein Zögern spüren, auch nur das leiseste, versuchen Sie es mit dem nächsten Schritt.

Versuchen Sie zu sagen: »Ich bin nicht sicher. Ich muß mehr darüber wissen.« Lassen Sie sich nicht drängen. Sie müssen keine sofortige Entscheidung treffen. Geben Sie Ihre Unsicherheit und Verlegenheit zu und verlangen Sie mehr Information. Das hilft Ihnen auf zwei Arten: Sie gewinnen wertvollen geistigen Spielraum, der Ihnen Zeit läßt nachzudenken. Ein einfacher Satz wie »Ich muß darüber nachdenken« gibt Ihnen die Chance, ein automatisches Verhaltensmuster abzulegen, nämlich zu antworten, *bevor* Sie denken. Es kann mehr als nur ein paar Minuten dauern herauszufinden, was Sie sagen wollen. Vielleicht sogar ein paar Tage, das hängt von den Umständen ab. Nehmen Sie sich so lange Zeit, wie Sie wollen, aber vergessen Sie nicht: Ihre erste Reaktion ist oft ein zuverlässiger Hinweis, wie Sie aufrichtig antworten wollen.

Die zweite Hilfestellung ist, sich Informationen geben zu lassen, die wirklich ausschlaggebend für Ihre Entscheidung sein können. Zum Beispiel: »Wie lange soll ich auf das Kind aufpassen?«, »Wann kann ich das Geld zurückerwarten?«, »Willst du mich wirklich nur zum Abendessen einladen?«, »Was ist mein Aufgabenbereich, wenn ich diese Stellung annehme?« Möglicherweise stoßen Sie damit auf eine überraschte Reaktion bei Ihrem Gesprächspartner, der oft in die Defensive geht, besonders wenn seine Absichten nicht wirklich aufrichtig sind oder er von Ihnen automatisch ein Ja erwartet. Das zwingt ihn, sich in seiner Forderung selbst klar auszudrükken, was nicht jedem willkommen ist. Viele Menschen ziehen es vor, unklare Andeutungen und vage Informationen zu geben, um sich der Verantwortung zu entziehen. Haben Sie den Mut, auf Klarheit zu bestehen, wenn das für Sie wichtig ist.

An dieser Stelle ist es nützlich, sich das Recht auf Meinungsänderung in Erinnerung zu rufen – eine Zwischenlösung in Ihrem Lernprozeß des spontanen Neinsagens. Da wir nicht gewöhnt sind, an uns selbst zu denken, zu wissen, was wir wollen, erfordert eine selbstbewußte und sofortige Ablehnung sehr viel Übung. Ein empfehlenswerter Kompromiß, der vielen Frauen hilft, ist folgender: Quälen Sie sich nicht mit einer halbherzigen Entscheidung, die Sie getroffen haben. Wenn Sie feststellen, daß Sie lieber nein gesagt hätten, machen Sie nicht den Fehler, nicht ans Telefon zu gehen, oder vergeuden Sie Ihre Zeit nicht damit, sich alle möglichen glaubwürdigen Entschuldigungsgründe auszudenken. Versuchen Sie die Situation klar zu überschauen und teilen Sie Ihre Meinungsänderung mit Bestimmtheit und selbstbewußt mit.

Das führt uns dazu, das Neinsagen in die Tat umzusetzen.

Üben Sie, nein zu sagen ohne überflüssige Entschuldigungen. Zwischen einer Erklärung und einer Entschuldigung besteht ein Unterschied. Fragen Sie sich selbst, ob Sie etwas aus Unsicherheit erklären, oder weil Sie wirklich wollen, daß Ihr Mitmensch Ihre Gründe versteht. Bedauern Sie es *wirklich*, nicht in der Lage zu sein, jemandem zu helfen? Tut es Ihnen tatsächlich leid, eine Einladung nicht annehmen zu können? Es bringt nichts, Ablehnungen mit allen möglichen liebenswürdigen Beteuerungen des Bedauerns auszuschmücken.

Üben Sie auch, das Wort »Nein« auszusprechen. Vielen Frauen fällt es sonderbarerweise schwer, es über die Lippen zu bringen! In netter Form nein zu sagen bedeutet soviel wie es überhaupt nicht zu sagen. Gehören Sie zu jenen Menschen, die fälschlicherweise denken, Gefühle anderer zu schonen, wenn sie in höflichen Umschreibungen ablehnen, dann überlegen Sie dabei, wen Sie eigentlich schonen wollen. Denn oft ist solch indirektes Verhalten, das einer definitiven Ablehnung ausweicht, lediglich ein Zeichen von Angst, Eigenverantwortung zu übernehmen. Man möchte damit ausdrücken: »Hoffentlich hast du mich noch gern«, oder »Es ist nicht meine Schuld« oder »Sei mir nicht böse, weil ich nein sage.« Wenn Sie je der Peinlichkeit und Unannehmlichkeit ausgesetzt waren, eine dieser langatmigen Absagen zu erhalten, mit Entschuldigungen und Unsinn verbrämt, werden Sie den Wert eines einfachen, geradlinigen Neins zu schätzen wissen. Damit wissen Sie wenigstens, woran Sie sind.

Versuchen Sie die Verantwortung dafür zu übernehmen, wenn Sie eine Ablehnung formulieren. Sie müssen keinem anderen die Schuld oder den Schwarzen Peter zuschieben. Sagen Sie einfach statt »Ich kann nicht« – »Ich möchte nicht«; statt »Er oder sie hätte es nicht gern« – »Ich will nicht«; das ist einfach und überraschend wirkungsvoll.

Das Hauptproblem bei selbstbehauptenden Ablehnungen sind Schuldgefühle, die von allen Seiten auf uns einstürmen. Einige Gründe dafür behandeln wir im nächsten Kapitel. Im Augenblick machen Sie sich folgende Maxime zu eigen: *Wenn ich nein sage, lehne ich eine Forderung ab, ich weise nicht die Person zurück.*

Bitte lesen Sie diesen Satz noch einmal. Sie werden feststellen, daß er eine wichtige psychologische Revidierung enthält. Wir setzen Ablehnung mit Zurückweisung gleich, es scheint beinahe unmöglich, sie nicht als Synonyme anzusehen. Das heißt zwar nicht, daß eine Ablehnung nicht als Zurückweisung empfunden wird oder daß Sie sich noch nie zurückgewiesen gefühlt haben, wenn jemand zu Ihnen nein gesagt hat. Die Ablehnung *muß* aber keine Zurückweisung sein. Es hängt viel von der Art ab, wie Sie ablehnen. Einige Beispiele:

1. Johanna und Sabine waren Arbeitskolleginnen, bis Johanna sich eine neue Stelle suchte. Sie blieben aber in Verbindung und trafen sich oft zum Mittagessen. Eines Tages erzählt Johanna Sabine, daß sie vorhat, eine Spanienreise zu buchen – eine Woche Winterurlaub. Sabine greift die Idee sofort begeistert auf und schlägt vor, nach Spanien mitzureisen, da sie ebenfalls eine Woche Urlaub nehmen könne. Johanna weiß nicht, wie sie reagieren soll. Ihr spontanes Gefühl ist Unsicherheit und Zweifel – sie sind zwar befreundet, aber sie weiß nicht, ob sie im Urlaub miteinander klarkommen würden, und außerdem hat sie sich darauf gefreut, alleine zu verreisen.

Wie wird sie mit der Situation fertig? Sie kann ja sagen und sich später aus der Affäre ziehen. Sie kann ihre Bedenken beiseite schieben und sich einreden, daß schon alles gutgehen wird, dabei aber riskieren, daß ihr der Urlaub verdorben wird. Oder sie kann mit Selbstbehauptung ablehnen, wie folgt:

Johanna: Es ist mir unangenehm Sabine, das zu sagen, aber ich halte deinen Vorschlag für keine gute Idee.

Sabine: Warum um Himmels willen nicht? Wir liegen doch beide gern faul in der Sonne rum, oder nicht?
Johanna: Ja, schon. Aber ich muß nein sagen, weil ich alleine in Urlaub fahren will.
Sabine: Ich versteh' dich nicht. Ich finde die Idee phantastisch.
Johanna: Sieh mal Sabine, ich schätze unsere Freundschaft sehr, bin gern mit dir zusammen und unterhalte mich gern mit dir; aber ich möchte nicht mit dir in Urlaub fahren. Ich habe vor, allein wegzufahren.
Sabine: Schon gut. Tut mir leid, daß ich gefragt habe.
Johanna: Du brauchst dich nicht zu entschuldigen. Fühlst du dich jetzt gekränkt?
Sabine: Na ja, ich ärgere mich schon. Aber es ist sicher besser für dich, gleich die richtige Entscheidung zu treffen. Schreckliche Vorstellung, zusammen in Urlaub zu fahren und dann festzustellen, daß du lieber alleine wärst.
Johanna: Danke für dein Verständnis. Ich bin gern mit dir zusammen. Aber ich weiß, es ist die richtige Entscheidung.

2. Margit will zu Weihnachten nicht zu ihren Eltern fahren. Sie weiß, ihre Mutter erwartet, daß sie die Feiertage wie üblich zu Hause verbringt, aber sie möchte lieber mit Freunden in ihrer eigenen Wohnung feiern. Da sie nicht verheiratet ist, wird ihre Mutter natürlich kein Verständnis für diesen Entschluß aufbringen. Margit ruft an, statt auf den unvermeidlichen Anruf der Mutter zu warten.
Margit: Hallo, Mama.
Mutter: Hallo, Liebling. Wir warten schon darauf, von dir zu hören, und freuen uns auf dich. Wann kommst du denn?
Margit: Deshalb rufe ich an, Mama. Ich habe mich entschlossen, dieses Weihnachten bei mir zu Hause zu verbringen.
Mutter: Du kannst doch unmöglich Weihnachten *alleine* verbringen.
Margit: Doch das kann ich, Mama. Ich möchte es.
Mutter: Aber dein Vater und ich freuen uns so sehr. Ohne dich wird es nicht wie früher...

Margit: Ich weiß, aber ich möchte diesmal Weihnachten in meiner Wohnung feiern.
Mutter: Es wird sehr traurig für uns ohne dich. Ich weiß, für dich ist es vielleicht etwas langweilig, aber ich dachte, es gefällt dir bei uns.
Margit: Ich besuche euch immer gern, aber diesmal möchte ich Weihnachten bei mir feiern.
Mutter: Na gut. Dein Vater wird darüber verärgert sein.
Margit: Ich weiß, und ich weiß auch, daß du dich darüber ärgerst, Mama. Versuche zu verstehen, daß ich euch nicht verletzen will. Ich liebe euch beide sehr und bin gern bei euch, aber ich möchte Weihnachten hier in meiner Wohnung sein.
Mutter: Ich verstehe es zwar nicht, aber immerhin. Du bist jetzt eine erwachsene Frau und mußt vermutlich dein eigenes Leben leben.
Margit: Danke, Mama. Da du so verständnisvoll bist, würde ich gern das Silvester-Wochenende zu euch kommen. Würde dir das passen?

3. Sally lernte Ivo auf einer Party kennen. Sie unterhielt sich gern mit ihm und nahm seinen Vorschlag an, sich ein paar Tage später mit ihm zu treffen. Als sie den Abend miteinander verbringen, stellt Sally fest, daß sie im Grunde wenig gemeinsam haben und sie kein Interesse hat, mehr Zeit mit ihm zu verbringen. Im Laufe des Abends steigert sich ihr Unbehagen, denn sie merkt, daß er starkes Interesse an ihr zeigt und die Beziehung offensichtlich vertiefen will. Dazu hat sie aber keine Lust. Sie könnte nun zustimmen, ihn wiederzusehen, und später Ausreden finden; oder sie könnte ihm ihre Entscheidung auf der Stelle klarmachen. Wie schafft sie das, ohne ihn zurückzuweisen und seine Gefühle zu verletzen? Beim Verlassen des Lokals fragt Ivo sie, ob sie nächste Woche mit ihm ins Kino geht:
Sally: Ivo, es fällt mir schwer, dir das zu sagen, aber ich halte es für keine gute Idee, daß wir uns wiedersehen.
Ivo: Warum nicht? Ich dachte, es gibt keinen anderen?
Sally: Das ist richtig, es gibt auch keinen anderen. Aber ich

möchte lieber gleich Klarheit und dir nichts vormachen oder dich später verletzen. Unsere zwei Abende haben mir gefallen, aber ich möchte nicht, daß wir uns wiedersehen.
Ivo: Du haust ganz schön unter die Gürtellinie.
Sally: Ich will dich nicht unter der Gürtellinie treffen; ich weiß, es muß sehr plötzlich und verletzend für dich klingen. Aber ich weiß auch aus Erfahrung, wenn ich nicht gleich klare Entscheidungen treffe, wird alles ziemlich scheußlich.
Ivo: Vielleicht ändern sich deine Gefühle.
Sally: Das mag sein, aber im Augenblick fühle ich so.
Ivo: Tja, dann gibt es wohl nicht mehr viel zu sagen, oder?
Sally: Nein. Ich glaube nicht. Danke für den netten Abend.

4. Monika ist nun das zweite Jahr nach Manchester eingeladen, um dort Gastvorlesungen zu halten. Im vergangenen Jahr hatte sie ihrer langjährigen Freundin Penny geschrieben und ihren Besuch angekündigt. Begeistert bot Penny ihr ein Zimmer in ihrem Haus an. Obwohl Monika gern bei Penny wohnte, stellte sich heraus, daß der Haushalt mit vier Kindern etwas zu laut war. Es fiel ihr schwer, sich auf ihre Arbeit vorzubereiten, da die Kinder sie ständig ablenkten. Der allgemeine Lärm in einer großen Familie brachte sie in Konflikt mit ihrem Bedürfnis nach Ruhe und Abgeschiedenheit. Nun erhielt sie gerade einen Brief, in dem Penny sie einlädt, auch dieses Jahr bei ihr zu wohnen. Monika weiß nicht, wie sie Penny sagen soll, daß sie lieber ein Hotelzimmer nehmen möchte. Sie könnte ihr schreiben, daß sie diesen Sommer nicht nach Manchester kommt, und hoffen, ihr nicht auf der Straße zu begegnen. Sie könnte auf die Gefühle ihrer Freundin Rücksicht nehmen, in ihrem Haus wohnen, würde damit aber auf ihr Bedürfnis nach Abgeschiedenheit verzichten. Oder sie erklärt ihre Situation mit Selbstbehauptung. Sie ruft Penny an:
Monika: Penny, es ist sehr nett von dir, mich wieder einzuladen. Aber ich möchte diesmal ein Hotelzimmer nehmen.
Penny: Aber warum denn das Hotel bezahlen, wenn du bei mir umsonst wohnen kannst?
Monika: Ich weiß, es wäre billiger, bei dir zu wohnen, aber ich

brauche Ruhe und Abgeschiedenheit, um mich auf die Vorlesungen vorzubereiten, und im Hotelzimmer hab' ich diese Ruhe.

Penny: Die Zwillinge überlassen dir doch gern ihr Zimmer. Sie sind seit Wochen aus dem Häuschen vor Freude über deinen Besuch.

Monika: Das ist furchtbar nett, aber ich möchte wirklich lieber im Hotel wohnen.

Penny: Wie schrecklich. Du hättest mir letztes Mal sagen müssen, wenn dir die Kinder auf die Nerven gehen.

Monika: Sie sind mir nicht auf die Nerven gegangen, Penny. Ihr wart alle sehr nett und gastfreundlich. Aber ich brauche am Abend nach dem Seminar meine Ruhe, und im Hotel kann ich mich völlig konzentrieren.

Penny: Na gut. Es tut mir leid, daß wir dich nicht sehen.

Monika: Mir tut es auch leid, aber ich weiß, es ist die richtige Lösung für mich. Ich würde euch trotzdem gern sehen. Kann ich mal zum Abendessen zu euch kommen? Würde dir das passen?

Es lohnt sich, einige Richtlinien zu beachten, wenn Sie eine selbstbehauptende Ablehnung aussprechen, die auf die andere Person wie eine Zurückweisung wirken kann.

Gleichberechtigung. Eine Ablehnung muß nicht böse, aggressiv oder verletzend sein. Wenn Sie deutlich die Verantwortung für Ihre Entscheidung übernehmen, geben Sie dem anderen einen gleichberechtigten Freiraum, seine Gefühle auszudrükken. Dadurch fühlt er sich akzeptiert, obwohl Sie nein sagen. Der andere hat nicht das Gefühl, seine Bedürfnisse würden übergangen oder beiseite geschoben. Diese Gleichberechtigung ist auch ein wichtiger Gesichtspunkt, nicht aus Mitleid etwas für einen anderen zu tun. Auf eigene Bedürfnisse zu verzichten, ist nicht notwendigerweise eine gute Tat. Ein solches Verhalten kann den anderen herabsetzen und demütigen. Denken Sie zweimal, bevor Sie etwas aus Mitleid tun.

Stehen Sie nicht unnötig rum. Ein praktischer Hinweis ist, nach einer Absage nicht zu lange zu bleiben. Das wirkt nur verwirrend und ermutigt die andere Person zu dem Versuch, Sie zu überreden, Ihre Meinung zu ändern. Unsere Befangenheit bei Ablehnungen lähmt uns oft – also bleiben wir wie angewurzelt stehen oder führen ein Telefongespräch weiter, wenn es besser wäre zu gehen oder das Gespräch zu beenden. Manchmal ist es angebracht, einen Kompromiß anzubieten. Margit und Monika taten dies; in ihrem jeweiligen Fall war das richtig, weil der Kompromiß ihrem Entschluß nicht widersprach. Sally hingegen mußte die Sache auf sich beruhen lassen und gehen, da es keinen Sinn hatte, die Situation länger hinzuziehen. Es ist wichtig, Ihrer Absage Folge zu leisten. Einlenken schwächt Ihre Position und verwirrt alle Beteiligten. Wenn Sie fest bleiben, wissen die Leute genau, woran sie mit Ihnen sind.

Geben Sie Ihre Gefühle offen zu. Beide, Johanna und Sally, gaben zu, wie unangenehm ihnen die Sache war. Mit einer einfachen Bemerkung, wie »Ich fühle mich schuldig« oder »Es fällt mir schwer«, drücken Sie Ihre Gefühle ehrlich aus. Versuchen Sie hingegen, Ihre Gefühle zu verbergen, bekommt Ihre Ablehnung einen Beigeschmack von Unsicherheit oder Feindseligkeit.

Es wird immer Situationen geben, in denen sich eine andere Person durch Ihre Ablehnung zurückgewiesen fühlt, auch wenn *Sie* klar zu verstehen geben, daß Sie nicht die Person zurückweisen. Und Sie werden in Situationen geraten, in denen dies als Vorwand benützt wird, um Sie zu manipulieren, Ihre Meinung doch noch zu ändern. Es kommt immer auf die Prioritäten an. Nur Sie können entscheiden, aus welchen Gründen Sie nein sagen – weil Sie allein sein wollen, wegen Ihrer Privatsphäre, weil Sie Ihre Zeit mit Menschen verbringen wollen, die Ihnen am Herzen liegen –, nur Sie wissen, wie wichtig jedes Argument in jeder gegebenen Situation ist. Haben Sie diese Entscheidung getroffen, können Sie verantwortlich handeln. Dabei müssen Sie dem anderen nicht das Gefühl geben, ihn auszuschließen, und sehr oft ist es wichtig, ihn aufzufordern, seine Gefühle ebenfalls zu äußern. Wenn Sie das sichere Empfinden haben, für sich selbst die richtige Entscheidung getroffen zu haben, können Sie hinnehmen, daß der andere verärgert, enttäuscht oder wütend ist, ohne dabei gleich Ihre eigenen Schuldgefühle zu beschwichtigen. Suchen Sie nicht nach Entschuldigungen, sondern akzeptieren Sie Ihre Entscheidung, zu der Sie stehen müssen. Ein wichtiger letzter Punkt: Wenn Sie nicht ehrlich zu Ihren wirklichen Bedürfnissen und Wünschen stehen, wenn Sie ein aufrichtiges Nein durch ein halbherziges Ja ersetzen, reden Sie sich nur nicht ein, es mache nichts aus. Das innere Nein wird sich nämlich irgendein Ventil suchen. Ist eine Ablehnung nicht offen und direkt, macht sie sich indirekt Luft.

Das indirekte Nein. Waren Sie schon einmal einen Abend lang schlecht gelaunt, weil Sie eigentlich etwas anderes tun wollten? Haben Sie schon mal eine Arbeit bis zur letzten Minute aufgeschoben, oder sie schlecht gemacht, oder sie vergessen, weil Sie sie von vornherein nicht machen wollten? Sind Sie zu einer Verabredung zu spät gekommen, weil Sie eigentlich gar nicht hingehen wollten; oder Sie haben die Adresse verloren?

Manchmal sagen wir mit unserem Körper nein: Kopfschmerzen und Rückenschmerzen stellen sich wunderbarerweise ein, wenn sie als unanfechtbare Entschuldigung dienen, eine Funktion nicht übernehmen zu müssen, zu der Sie von vornherein hätten nein sagen müssen.

Und wie fühlt man sich als Empfänger eines indirekten Neins? Wie fühlen Sie sich, wenn Ihnen jemand in letzter Minute absagt mit einer Entschuldigung, von der Sie wissen, sie ist eine Ausrede? Wenn jemand versprochen hat, Ihnen zu helfen, und dann einfach nicht auftaucht? Wir fühlen uns im Stich gelassen, enttäuscht, sind sogar wütend auf Leute, die nicht *rechtzeitig* ein klares, aufrichtiges Nein gesagt haben.

Es gibt uns eine gewisse Sicherheit zu wissen, man kann sich darauf verlassen, daß einer sagt, was er meint; daß er ja sagt, wenn er ja meint, und nein, wenn er nein meint. Anstatt die

die Hilfe anderer mit Gewissensbissen in Anspruch zu nehmen, können Sie zufrieden feststellen, daß sie die Freiheit hatten, selbst zu entscheiden.

Der Vorteil, selbstbehauptend nein zu sagen, ist, daß Sie Ihre Zeit nicht damit vergeuden, sich aus unerwünschten Verpflichtungen herauszureden. Auch wenn Sie anfangs ein schlechtes Gewissen haben, wenn Sie selbstbehauptende Ablehnung üben, werden Sie bald feststellen, daß es Ihnen immer leichter fällt. Sie werden Ihre Schuldgefühle überwinden und genießen die Belohnung, eine klare, ehrliche Entscheidung getroffen zu haben.

Übungen

Nehmen Sie Situationen aus Ihrer eigenen Liste oder bedienen Sie sich folgender Vorschläge:

a) Ein Vertreter an Ihrer Haustür will Ihnen ein Lexikon verkaufen.

b) Sie sind in einem Geschäft, die Verkäuferin war sehr hilfsbereit – sie versucht Sie zu überreden, das Kleid zu kaufen, das Sie anprobiert haben: aber es gefällt Ihnen nicht. Ihre Aufgabe ist es, höflich, aber bestimmt abzulehnen und das Geschäft zu verlassen.

c) Ihr Kind bittet Sie wieder einmal um Geld, um sich Süßigkeiten zu kaufen.

d) Sie sind erschöpft und freuen sich auf ein Wochenende der Ruhe und Entspannung. Am Donnerstag abend klingelt das Telefon: Eine ältere Verwandte möchte Sie übers Wochenende besuchen. Ihre Aufgabe ist es, nein zu sagen.

e) Eine Freundin möchte sich eine Schallplatte von Ihnen ausborgen. Sie verleihen Ihre Schallplatten nicht gerne, weil Sie schlechte Erfahrungen gemacht haben, und wollen die Bitte abschlagen.

Kontrollen. Bitten Sie Ihre(n) Rollenspiel-Partner(in), auf Ihre Körpersprache zu achten und Kommentare zu geben. Können Sie einem Menschen in die Augen sehen, wenn Sie nein sagen? Lächeln Sie unpassend, wenn Sie nein sagen? Ist Ihre Stimme selbstsicher oder aggressiv? Sprechen Sie in festem Ton, oder klingt Ihre Ablehnung wie eine Frage? Können Sie nein sagen ohne überschwengliche Entschuldigungen?

8.
Die Mitleidsfalle

Schuldgefühle treten schnell auf bei Versagen, Fehlleistungen und Schwächen. Schuldgefühle, andere im Stich zu lassen, zu vernachlässigen, zu enttäuschen, egoistisch zu sein. Vor allem Schuldgefühle, wenn wir uns nicht genug *kümmern.*

Die Mitleidsfalle definiert sich als Gefühl der Verpflichtung, als Frau müsse man die Bedürfnisse aller jederzeit über die eigenen stellen, müsse immer für andere verfügbar und erreichbar sein.

Meiner Meinung nach ist dies tief in einem psychosozialen Vermächtnis verwurzelt, das wir von unseren Müttern, Großmüttern und vielen Frauengenerationen vor ihnen geerbt haben. Das ererbte Bild der archetypischen Frau als zentrale, nährende, starke Kraft, als Mittelpunkt der Familie, die das Haus versorgt, die Kinder zur Welt bringt, das Essen auf den Tisch stellt, auf die Bedürfnisse des Ehemanns eingeht, der gute Geist im Haus ist und mit allen Mitteln und um jeden Preis die Familie zusammenhält. Sie ist das Gefühlszentrum, das Herz der Familie, während die Männer hinausziehen, um Geld zu verdienen. An die Frau wenden sich die Kinder zuerst mit ihren Problemen, körperlichen und seelischen Wehwehchen, ihren Tränen, die sie wegküßt. Auch der Mann wendet sich an sie, wenn er Trost und Erleichterung sucht. Sie sieht sich selbst als Turm der Stärke, als Zuflucht für ihre Lieben.

Ihr Leben spiegelt Erfolg oder Versagen ihres Ehemanns und ihrer Kinder wider. Das beste Stück Fleisch bekommt der Mann, dann ihre Kinder – nicht weil sie sich minderwertig fühlt, sondern weil das einfach so ist und immer so war. Mann und Kinder brauchen das Beste. Sie kommt schon zurecht. Ihre ganze Lebensenergie drückt sich in Zärtlichkeit, Liebe und

Hingabe aus, mit der sie ihre Familie versorgt. Als Gegenleistung sieht sie ihren Stolz und ihre Befriedigung in dem Wissen, dies alles der Familie geben zu können, sie zu nähren und zu sehen, wie die Kinder heranwachsen, ihre Stärke von ihr beziehen. Das ist Erfüllung.

Manches hat sich an diesem Bild geändert. Viele Frauen sind ruhelos und ungeduldig geworden. Die Familie stellt nicht mehr für jede Frau die totale Erfüllung dar. Sie wollen mehr, wissen aber nicht genau, was sie wollen. Sie suchen nach neuen Wegen des Ausdrucks ihrer eigenen Persönlichkeit, sind auf der Suche nach neuem Verständnis und neuem Sinn. Doch befangen und gewöhnlich ohne Unterstützung ziehen sie sich in Panik auf den besagten Turm zurück. Auch wenn wir von Gleichberechtigung des Status, der Arbeit, der Bezahlung und von gleichen Rechten der Lebensbedingungen sprechen, haben wir immer noch sehr starke Bindungen, die uns emotional an das archetypische Frauenbild ketten.

Diese Bindungen sind vorhanden, ob wir ledig sind oder verheiratet, ob wir Kinder haben oder nicht. Wie sehr die Realität unseres eigenen Lebens auch vom Bild der archetypischen Urmutter entfernt sein mag, wir laufen doch ständig Gefahr, in ähnliche Fallen zu geraten, nur weil wir *Frauen* sind.

Auch ohne Familie schaffen wir es, uns selbst unentbehrlich für eine »Familie« anderer zu machen, die uns brauchen; auch ohne eigene Kinder suchen wir andere, die wir lieben, um die wir uns opferbereit und voller Hingabe kümmern können. Auch ohne Ehemann, dem wir uns beugen, stellen wir immer noch unsere Bedürfnisse und Wünsche in den Hintergrund. Mit dem festen Vorsatz, selbstlos zu sein, werden wir oft von unseren eigenen Verantwortungen überfordert und ausgelaugt – auf Kosten unseres körperlichen und geistigen Wohlbefindens.

»Aber in welcher Weise trifft dies alles auf *mich* zu?« werden Sie vielleicht fragen. Wie kann ich feststellen, daß ich in der Mitleidsfalle sitze?

Prüfen Sie beim Durchlesen folgender Fallbeispiele, ob Sie sich selbst oder eine andere Frau wiedererkennen.

Situationen mit Fremden. Die Patientin, die die überlasteten Krankenschwestern nicht behelligen will mit einer Bitte um Medikamente, um ihre eigenen Schmerzen zu lindern; die Kundin, die sieht, daß sich eine lange Schlange gebildet hat, und sich deshalb nicht die Zeit nimmt, das auszusuchen, was sie wirklich möchte, die Frau, die ein schlechtes Gewissen hat, an einem Blinden oder einem bettelnden Kind vorbeizugehen, ohne Geld zu geben, auch wenn sie es sich eigentlich nicht leisten kann; die Frau, die sich widerstrebend zu einer neuen Frisur überreden läßt, weil sie ihren enthusiastischen Friseur nicht vor den Kopf stoßen will.

Situationen mit Freunden. Die Frau, die ständig das verletzende Benehmen eines Freundes in Schutz nimmt, anstatt ihn direkt darauf anzusprechen; die Frau, die sich auf Sex mit ihrem Freund einläßt, weil ihm danach zumute ist und sie Mitleid mit ihm hat; die Frau, die es nicht wagt, einer Freundin abzusagen, die sie zu einer völlig unangebrachten Zeit besuchen will, weil diese Freundin kürzlich geschieden wurde und jemanden braucht, bei dem sie sich aussprechen kann; die Frau, die Gewissensbisse hat, wenn sie eine Freundin nicht mit dem Auto mitnimmt, denn sie ist die einzige, die einen Wagen besitzt; die Frau, die Talent hat, Autos zu reparieren oder Kleider zu nähen, die sich zwar darüber ärgert, aber unfähig ist, ständige Bitten von Bekannten abzulehnen, »schnell mal nachzusehen«, was mit ihrem Motor los ist, oder einen kaputten Reißverschluß zu reparieren; Frau X auf Nummer 5, die die alljährlich wiederkehrende Einladung von Frau Y auf Nummer 7, am Heiligen Abend zu einem Drink rüberzukommen, nicht absagen möchte, um die Nachbarin nicht zu kränken, obwohl sie schrecklich langweilig ist...; und dann natürlich Frau Y auf Nummer 7, die es nicht fertigbringt, ihre Einladung an Frau X auf Nummer 5 einzustellen, um sie nicht zu kränken, obwohl sie schrecklich langweilig ist!

Situationen zu Hause. Die Frau, die ihre Karriere geopfert hat, um ihre behinderten Eltern zu versorgen: die Frau, die ihrer Tochter ihre Ängste und Frustrationen nicht mitteilen will, weil sie das Gefühl hat, die Tochter ist zu jung, um zu verstehen und sich mit den Problemen der Mutter auseinanderzusetzen; die Ehefrau, die Schuldgefühle empfindet, ihren behinderten, arbeitsunfähigen Mann alleine zu lassen, wenn sie einen Nachmittag in der Stadt verbringen will; die Mutter, die Hilfsangebote ausschlägt, weil sie der Ansicht ist, sie sei die einzige, die sich um ihr behindertes Kind kümmern muß; die Tochter, die ihrem alten Vater nicht zu sagen wagt, er solle mit seinen schlechten Augen nicht mehr Auto fahren, weil sie weiß, er wäre darüber verärgert, als alt und gebrechlich angesehen zu werden; die Frau, die Spaß an ihrem Beruf hat und sich deshalb scheut, um Hilfe im Haushalt zu bitten; die Frau, die ihre Mieterin nicht mahnt, die ausständige Miete zu bezahlen, weil sie ihr leid tut, da sie mit ihrem Freund private Schwierigkeiten hat.

Situationen am Arbeitsplatz. Die Frau, die sich keine lukrativere und anregendere Stellung sucht, weil sie glaubt, damit ihren Chef und ihre Kollegen »im Stich zu lassen«; die Ärztin, die nicht akzeptiert, daß sie – wie jeder andere Mensch – Freizeit braucht, und ihren Patienten 365 Tage im Jahr zur Verfügung steht; die mitfühlende Frau, die sich Probleme anderer in ihrer Mittagspause und nach Feierabend anhört, weil sie den Ruf hat, eine gute Zuhörerin zu sein, und nicht ablehnen kann; die ältere Frau, die nach Dienstschluß im Büro bleibt, um die Arbeit der jüngeren Kollegen zu verbessern: Sie möchte sie nicht darauf ansprechen, weil sie jung sind und ein erfülltes Privatleben haben; die Bibliothekarin, die den Studenten nicht sagen möchte, in der Bibliothek das Rauchen einzustellen: Sie hat Verständnis dafür, daß die jungen Leute während ihres Studiums rauchen wollen, obwohl es ihre Pflicht wäre, auf das Einhalten der Regeln zu achten; die Sekretärin, die ihren Chef nicht auf seine Fehler aufmerksam macht, weil sie fürchtet, dadurch sein Ego zu verletzen.

Dies alles sollte Ihnen einige Anregungen gegeben haben! Nun wollen wir uns ansehen, wie unsere vier Frauenfiguren eine Situation handhaben, wenn sie in die Mitleidsfalle geraten.

Die Mitleidsfalle und eine passive, aggressive, indirekte und selbstbehauptende Handhabung

Doris' 19jähriger Neffe ist Student und bittet sie, ihm Geld zu leihen, damit er ins Ausland fahren kann. Das bedeutet, ihm ihre Ersparnisse für ihren eigenen Urlaub zu geben. Doch er tut ihr leid, und sie möchte nicht egoistisch erscheinen – schließlich hat sie keine Kinder –, also gibt sie ihm das Geld. Sie schluckt ihren Ärger und ihre Enttäuschung hinunter und trägt lange ein Gefühl der Verletzung mit sich herum, weil er ihr nicht einmal zum Dank geschrieben hat. Auch seine Eltern zeigen keine Anerkennung für ihre Geste!

Katrin läßt die Kränkungen aufstauen, bis sie sich in einer fürchterlichen Entladung Luft machen, anstatt von vornherein nein zu sagen. Sie nimmt sich eifrig der Sache einer Freundin an, die ihre Hilfe braucht, um sich ein eigenes Geschäft aufzubauen. Großzügig opfert Katrin Zeit und Energie, rennt herum, gibt Ratschläge, steht immer zur Verfügung, wenn die Freundin sie braucht. Irgendwie zeigt die Freundin ihr aber nicht genug Dankbarkeit, und Katrin kommt sich zusehends ausgenutzt vor. Schließlich macht sie sich in einem Wutausbruch Luft, schreit ihre Freundin an und läßt sie fallen wie eine heiße Kartoffel.

Evas Art, mit der Mitleidsfalle fertigzuwerden, gleicht der Katrins, doch ihre Strategien sind versteckter und indirekter. Ihre Nachbarin wurde von ihrem Ehemann verlassen, Eva hat großes Mitleid mit ihr, hört sich die endlosen Ehetragödien an. Doch nach ein paar Wochen geht ihr das Gejammere auf die Nerven. Eva, der es unmöglich ist, ihre Gefühle direkt auszudrücken, zieht sich aus der Affäre, indem sie vorgibt, nicht zu Hause zu sein, wenn die Nachbarin klingelt, oder sie findet einen Vorwand auszugehen, sobald die Freundin auftaucht.

Selma nimmt am letzten Vereinstreffen teil. Nach langem Überlegen hat sie sich dazu entschlossen, von ihrem Posten als Vorsitzende zurückzutreten, da sie das Gefühl hat, die Vereinsarbeit koste sie viel zu viel Zeit, sie möchte ihre Energie für Dinge verwenden, die ihr persönlich wichtiger sind. Während der Sitzung bitten die Mitglieder sie, nicht zu gehen, wenigstens noch ein paar Monate zu bleiben: Das Komitee breche auseinander; man wisse nicht, wie man es ohne sie schaffen solle. Selma spürt, wie sie schwankt, daß sie dabei ist, in die Mitleidsfalle zu geraten. Sie hat das Gefühl, bleiben zu müssen, weil sie gebraucht wird, sie hat Mitleid mit den Kollegen. Ist sie egoistisch? Vielleicht sollte sie noch ein paar Monate bleiben. Doch glücklicherweise hält sie sich aus der Falle heraus und bleibt bei ihrer Entscheidung.

Das Vorstandsgremium begreift, daß sie bei ihrem Entschluß bleibt, und respektiert ihre Entscheidung mit Bedauern. Sie geht und ist zufrieden, das Richtige für sich selbst getan zu haben.

Versuchen Sie, die Idealfrau zu sein?

Die Idealfrau ist selbstlos und hat keine eigenen Bedürfnisse.

Eine fundamentale Voraussetzung für die Mitleidsfalle ist die Ansicht, Selbstlosigkeit sei eine große Tugend. Obwohl wir dazu neigen, Aufopferung und selbstlose Hingabe zu bewundern, fühlen wir uns andererseits von Märtyrern oft abhängig und haben ihnen gegenüber ein schlechtes Gewissen. Haben Sie sich schon mal ertappt, beleidigt gewesen zu sein, weil sich jemand Ihnen gegenüber nicht genügend dankbar erwies für etwas, das Sie für ihn taten? Dann haben Sie die Rolle der Märtyrerin gespielt.

Es ist kaum denkbar, daß wir nicht *irgendeine* Form der Dankbarkeit für unsere Hingabe erwarten, wenn wir die Märtyrerin spielen. Waren Sie schon mal insgeheim verletzt oder gekränkt, weil jemand die Mühe oder den Aufwand nicht bemerkte, die Sie sich gemacht haben? Wie sehr wir uns auch dagegen wehren, es gibt kaum einen absolut altruistischen Menschen – normalerweise erwarten wir irgendeine Art von Belohnung.

Und ehrlich gesagt – die Gesellschaft einer Märtyrerin ist nicht sehr angenehm. Man weiß nie, wie oder wann sie eine Rückzahlung verlangt.

Die zweite Eigenschaft der Idealfrau ist ihre Bedürfnislosigkeit. Die Gefahren, sich für unermüdlich und ohne Bedürfnisse zu halten, werden wir in Kapitel 13 behandeln. In der Mitleidsfalle festzusitzen, ist die Unfähigkeit zu sagen, »bis hierher und nicht weiter«. Es gilt, selbstbehauptende Lösungen zu finden:

Grenzen setzen. Das heißt, halt zu sagen, *bevor* Sie vor Erschöpfung zusammenbrechen. Anstatt das bittere Ende abzuwarten, müssen Sie sich Wege überlegen, wie Sie um Hilfe, Unterstützung und Fürsorge von anderer Seite bitten. Setzen Sie Grenzen, wie Sie Ihre Zeit verbringen. Gönnen Sie sich Ruhepausen, um Ihre Energie wieder aufzubauen. Gestehen Sie sich selbst ein, daß Sie verletzlich sind – wie jeder andere auch. Ihre Bedürfnisse sind zwar nicht unbedingt wichtiger als die der anderen – sie sind aber auch nicht weniger wichtig –, sie sind *genauso* wichtig. Befreien Sie sich von dem Bild, ein Turm der Stärke zu sein, dann wird jeder erleichtert aufatmen – Sie sind ein Mensch wie jeder andere auch!

Grenzen zu setzen, bedeutet auch zu prüfen, ob Sie in Ihrer Verpflichtung nicht zu weit gehen. Es ist ein grundsätzlicher Unterschied, ob man sich der rein praktischen Bedürfnisse oder der emotionalen Bedürfnisse eines anderen annimmt. Natürlich gibt es Zeiten im Leben eines jeden, in denen er wirklich von der Fürsorge eines anderen abhängig ist. Werden die Grenzen aber nicht beachtet, gerät die Abhängigkeit in gefährliche Bahnen. Fürsorge wird durch subtile Unterdrükkung ersetzt. Unterdrückung beginnt, wenn Sie die totale Verantwortung für die emotionalen Bedürfnisse eines anderen gleichfalls übernehmen; wenn Sie Ihrem Mitmenschen gleiche Rechte zwischenmenschlicher Beziehung absprechen; wenn Sie einem anderen Entscheidungen abnehmen und sein Leben für ihn bestimmen, weil Sie der Meinung sind, der andere wird alleine nicht damit fertig.

Dabei treten zwei einander ergänzende Rollen zutage. Wenn eine Person den *Unfähigen* spielen will, kann die andere den *Mächtigen* spielen. Viele Frauen halten an dieser Machtposition fest. Das ist verständlich, wenn sie in anderen Lebensbereichen keine Macht haben.

Je mehr Macht Frauen in anderen Bereichen für sich selbst behaupten, desto eher sind sie bereit, diese starken manipulativen Einflüsse abzulegen und echte Gleichberechtigung zu fordern.

Ich möchte dieses Kapitel damit schließen, diejenigen Leserinnen zu beruhigen, die empört ihre Rolle als allgütige Mutter verteidigen. Der Mitleidsfalle auszuweichen, heißt nicht, daß Sie kein Mitgefühl für Ihre Umwelt zeigen, anderen Menschen nicht Liebe und Freude bereiten sollen. Mitgefühl ist zweifellos eine sehr schöne Eigenschaft. Doch diese Eigenschaft leidet, wenn sie zur unausweichlichen Pflicht wird – wenn Sie keine andere Wahl haben.

Ein Beispiel: Cora beklagt sich darüber, daß sie jeden Donnerstag zu ihrem alten Onkel Stan zum Tee muß. Diese Teestunde bringt ihren Tag durcheinander, meint sie, hält sie davon ab, andere Verabredungen zu treffen, kurzum, sie empfindet sie als Belastung. Statt sich weiter darüber zu beklagen, sucht sie nach Auswegen: seine Einladungen abzulehnen, die Besuche auf einen Nachmittag im Monat zu reduzieren, sich mit einer Cousine abzuwechseln ... Nach einiger Überlegung findet sie jedoch, daß sie ihren Onkel Stan wirklich sehr gern hat, daß er wohl nicht mehr lange zu leben hat, daß sie ihre Besuche eigentlich bei ihm weiterführen möchte. Es ist ihre eigene Entscheidung geworden. Die Teestunden mit seiner

Nichte bereiten dem Onkel Vergnügen und ihr bereitet es Vergnügen, ihm diese Freude zu machen.

Fühlt eine Frau sich gezwungen, die Bedürfnisse anderer über ihre eigenen zu stellen, wird das Mitgefühl zur lästigen Falle. Hat sie aber die Wahl und trifft bewußt eine Entscheidung, dann sind Lohn und Freuden reich und vielfältig.

9.
Gefühle äußern

Die meisten Menschen – Männer und Frauen gleichermaßen – glauben, ihren Gefühlen ausgeliefert zu sein. Sie begegnen ihren eigenen und den Gefühlen anderer mit einer Mischung aus Ehrfurcht und Wachsamkeit, etwa so, als säßen sie in einem kleinen Nachen, machtlos den Unbilden eines riesigen Ozeans ausgeliefert. Sie haben gelernt, gewissen Strömungen auszuweichen, bevorstehende Sturmwolken zu erkennen. Doch immer in der Gefahr unerwarteter Stürme und dramatischer Entwicklungen, sind sie stets auf der Hut und angespannt. Sie wissen, daß sie letzlich keine Kontrolle über ihr zerbrechliches, nicht seetüchtiges Schifflein namens »Emotionen« haben. Sie lenken es über das Wasser – oft wird es vollgespritzt, manchmal kentert es – und sind für jede Phase der Ruhe enorm dankbar.

Wenn Sie je Ihren Gefühlen ausgeliefert waren und sie niedergekämpft haben, werden Sie einsehen, wie wichtig es ist, richtig mit ihnen umzugehen. Die Fähigkeit, mit Gefühlen umzugehen, erfordert in erster Linie Verständnis dafür, was Gefühle eigentlich sind. Dieses Kapitel ist besonders wichtig für das Selbstbehauptungstraining. Um zu wissen, wie Sie sie mit Selbstbehauptung ausdrücken können, müssen Sie wissen, wie Sie ihre Gefühle identifizieren.

Was ruft Gefühle hervor? Im allgemeinen erwarten wir extreme Emotionen, wenn wir besonders dramatischen Situationen ausgesetzt sind – der Tod eines geliebten Menschen, sich zu verlieben, der Schock eines schweren Autounfalls, die Geburt eines Kindes. Aber wir neigen dazu, die Gefühle, die weniger gravierende Ereignisse in unserem Leben hervorrufen, zu ignorieren. Gewöhnliche Alltagssituationen zwischenmenschlicher Beziehungen – ob sie uns wichtig sind oder nicht – bieten uns reichlich Gelegenheit, Gefühle zu erleben.

Gefühle sind mit Bedürfnissen verbunden. Beginnen wir mit dem Bedürfnis, Liebe zu geben und zu erhalten. Wird dieses Bedürfnis erfüllt, so empfinden wir Nähe, Harmonie, Intimität, Zugehörigkeit, Zusammensein, Wärme und Zuneigung. Wird dieses Bedürfnis nicht erfüllt oder findet es durch irgendeinen Grund ein Ende, empfinden wir Trauer, Qual, Sehnsucht, Leere, Zurückweisung, Einsamkeit. Wir fühlen den Schmerz der Trennung. Ein zweites Bedürfnis ist, Entscheidungen zu treffen, im Leben selbstbestimmend zu sein. Verbunden mit diesem Bedürfnis sind Stärke, Begeisterung, Entscheidungskraft, Energie, Erfüllung, Befriedigung, gute Laune – wird dieses Bedürfnis nicht erfüllt, erleben wir Unzufriedenheit, Ungeduld, Hilflosigkeit, Irritation, Zorn, Empörung, Ärger. Ein drittes Bedürfnis, das es zu verstehen gilt, veranlaßt uns, Fragen zu stellen, Informationen zu bekommen, zu kommunizieren. Wird dieses Bedürfnis befriedigt, fühlen wir uns sicher, beschützt, wir haben das Gefühl der Zugehörigkeit. Wenn wir uns verstanden wissen, fühlen wir uns geschätzt, anerkannt, selbstbewußt und als die Person, die wir sind, akzeptiert. Fühlen wir uns unverstanden oder sind wir nicht fähig zu kommunizieren, fühlen wir uns unsicher, verloren, verwirrt, verschreckt, isoliert, ängstlich und furchtsam.

Die Stärke und Art unserer Gefühle ist sehr variabel. Das Ende eines wunderschönen Urlaubs macht uns traurig; das Ende einer langen Beziehung läßt uns sehr stark leiden. Ein liebevoller Brief einer Freundin läßt uns Wärme empfinden, die spontane Umarmung eines Kindes berührt eine sehr viel tiefere Seite der Liebe in uns. Wenn wir in Eile sind, und der Büchsenöffner funktioniert nicht oder die Verkehrsampel steht auf Rot, sind wir ärgerlich und ungeduldig. Wenn wir um Geld betrogen werden oder das Opfer einer bürokratischen Idiotie oder einer Rassendiskriminierung werden, geht unsere Wut tiefer. Die Befriedigung, die uns erfüllt, wenn wir eine neu erlernte Fähigkeit beherrschen, oder der Stolz, eine schwere Aufgabe gelöst zu haben, sind Anzeichen dafür, daß wir Herr der Lage sind. Die Angst, die aus Unwissenheit entsteht, kann von der Unsicherheit, sich auf Neuland zu bewegen, bis zur bangen Furcht reichen (wenn Ihr Kind längst zu Hause sein sollte) und weiter noch bis zum Entsetzen (wenn Sie einen mysteriösen Knoten in Ihrer Brust entdecken). Die Sicherheit hingegen, die Sie empfinden, wenn Sie genau wissen, was Sie tun, das Vergnügen, sich mit jemandem auf der gleichen Wellenlänge zu unterhalten, die Bedeutung einer wichtigen Einsicht, das alles sind Formen, wie wir die Freuden positiver Kommunikation erleben.

Eine einzige Begebenheit kann mehrere Gefühlsebenen gleichzeitig ansprechen. Nehmen wir das Beispiel eines Kindes, dessen Mutter stirbt. Es wird Trennungsschmerz empfinden und Trauer durch den Verlust der Mutter. Es wird Angst haben, weil es den Sinn und die Bedeutung des Todes nicht versteht und nicht weiß, was nun mit ihm geschieht; es wird vielleicht wütend auf die Mutter sein, es auf diese Weise zu verlassen, und es wird sich in der neuen Situation völlig hilflos fühlen.

Die Erforschung unserer Gefühle hilft uns, die Vielfalt dessen zu erkennen, was und weshalb wir es empfinden.

Gefühle sind körperlich. Formulierungen wie »Ich weiß nicht, was über mich gekommen ist«, »Ich war nicht mehr ich selbst« oder »Ich war vor Wut außer mir« lassen den Schluß zu, Gefühle seien etwas, das von *außerhalb* unseres Körpers kommt: das uns überfällt, uns unvermutet anspringt. Was wir als Gefühl erleben, ist aber eine Kombination von Vorgängen, die durch physiologische Veränderungen *innerhalb* unseres Körpers entstehen. Etwas geschieht, unser Gehirn wird angeregt, Signale zum Freisetzen chemischer Substanzen in besonderen Organen zu geben. Diese Substanzen verursachen eine Veränderung im Körper und bereiten ihn für sachgemäße Aktionen vor.

Dies ist eine sehr vereinfachte und unvollständige Skizzierung einer hochkomplizierten Kettenreaktion von Vorgängen. Wichtig in diesem Zusammenhang ist, daß ein Gefühl nicht etwas ist, das wir als Einbildung abtun dürfen – es ist eine reale, körperliche, innere Antwort. Jedes Gefühl äußert sich durch eine physische Wahrnehmung in unserem Körper. Trotz individueller Unterschiede lassen sich diese Wahrnehmungen in grobe Kategorien einteilen.

Körperliche Empfindungen, die mit Lieben und Geliebtwerden zusammenhängen, äußern sich in einer Wärmewelle, überströmendem Herzen, der Lust zu singen, zu tanzen, in überschäumenden Glücksgefühlen – Lebensfreude und Energie von Kopf bis Fuß, Leichtigkeit, einem warmen Glühen, dem Gefühl, vor Gesundheit zu strotzen, sexy zu sein, zu strahlen. Bei Trennung empfinden wir Apathie, Lustlosigkeit, innere Leere, sind den Tränen nahe oder schluchzen vor uns hin – würden uns am liebsten verkriechen, Herz und Kehle schmerzen, wir fühlen uns bleischwer.

Sind wir unsicher und ängstlich, äußert sich das in Nervosität, Schwitzen, »Schmetterlinge« flattern im Magen, wir bekommen Gänsehaut, der Magen verkrampft sich, die Schultern sind verspannt, wir haben Herzklopfen, feuchte Hände, Übelkeitsgefühl, Durchfall, Zittern, Taubheit, sind wie gelähmt, unbeweglich und von Müdigkeit übermannt.

Gefühle selbst lassen sich kaum bewußt beherrschen, wir können lediglich beeinflussen, wie wir aufgrund dieser Gefühle *handeln*. Die Gefühle als solche kann man niemandem vorwerfen oder ihn dafür kritisieren.

Aber Gefühle stehen in keinem guten Ansehen; sie werden als kindisch, lächerlich, weit hergeholt, beschämend, unangebracht oder als verrückt abgestempelt. Äußern sie sich ungezügelt, bezeichnet man sie als ungehöriges und würdeloses Benehmen; die Gesellschaft begegnet ihnen mit Mißtrauen und Abscheu; und was am Sträflichsten ist, Gefühle werden als *unvernünftig* betrachtet. Aus diesen Gründen versuchen wir sie möglichst zu verbergen, sogar vor uns selbst.

Haben Sie jemals ein Gefühl verleugnet, weil es – oberflächlich betrachtet – unlogisch erschien? Haben Sie sich Selbstvorwürfe gemacht oder Schuld empfunden, sich geschämt oder sind sich dumm vorgekommen, gewisse Gefühle zu haben?

Haben Sie beispielsweise versucht, eine Zurückweisung, die Sie durch Kritik von außen empfanden, mit der Begründung abzutun, daß derjenige, der Sie kritisiert hat, Ihnen nichts bedeutet? Haben Sie schon mal Ihre Eifersucht überspielt, wenn Ihr Partner sich zu einer anderen Frau hingezogen fühlte, weil Sie emanzipiert sein und über der Situation stehen wollten? Haben Sie versucht, Ihre Unzufriedenheit zu beschwichtigen, indem Sie sich die Vorteile einer Sache ausgerechnet haben? Waren Sie schon mal beschämt darüber, daß Sie ein Kind schlagen wollten, weil Sie so frustriert waren? Verdrängen Sie Empfindungen der Kränkung mit der Erklärung, daß Sie überempfindlich sind? Ist es Ihnen peinlich zuzugeben, Angst zu haben oder sich einsam zu fühlen? Genieren Sie sich, um Hilfe und Unterstützung zu bitten?

Wenn Sie eine dieser Fragen mit Ja beantworten, sollten Sie sich bewußt machen, daß es nicht nur sinnlos ist, Gefühle zu verleugnen, es ist auch wesentlich schwieriger, sie in den Griff zu bekommen, wenn Sie sie verdrängen. Gefühle stauen sich auf und werden zunehmend unkontrollierbarer. Sobald Sie die Existenz Ihrer Gefühle akzeptieren – auch wenn sie unvernünftig erscheinen –, sich dazu bekennen, etwas zu fühlen, das Sie lieber verdrängen würden, dann lernen Sie das, was Sie fühlen, zu identifizieren, Ihrer eigenen Wahrnehmung zu vertrauen und folglich Ihre Gefühle mit Selbstbehauptung auszudrücken.

Drei Ebenen der Ausdrucksform

Gefühle auszudrücken, kann in drei verschiedenen Ebenen stattfinden. Zuerst ist es nur wichtig, daß Sie für sich selbst anerkennen, was in Ihnen vorgeht. Niemand sonst muß Ihre Gefühle bemerken. Dieses Anerkennen für sich selbst kann Ihnen helfen, Ihre Verhaltensweise entsprechend zu verändern. Vorläufig genügt es, wenn Sie aus dem Zimmer gehen, das Thema wechseln, tief durchatmen, sich entspannen oder ähnliches.

Die zweite Ebene ist die verbale Ausdrucksform. Eine einfache Bemerkung genügt: »Ich fühle mich von dem, was du sagst, verletzt«, »Das macht mich sehr wütend«, »Ich fühle mich unter Druck gesetzt«, »Ich fühle mich anerkannt«, »Ich fühle mich eingeschüchtert«, »Ich empfinde große Wärme für dich«.

Die dritte Ebene ist eine körperliche Befreiung der Gefühle – durch Tränen, Schreien, körperliche Betätigung, etc.

Es ist wichtig zu wissen, daß Gefühle nicht einfach verschwinden, wie sehr wir dies auch wünschen, wie sehr wir sie ignorieren, unterdrücken, verleugnen, verbergen, verdrängen: *Irgendwie* verschaffen sie sich Ausdruck. Tief Luft holen und bis zehn zählen, ist nur eine vorübergehende Erleichterung. Es gibt viele Methoden der Streßreduzierung, die Entspannung, Meditation und Übungen anbieten, um mit Ängsten und Frustrationen fertigzuwerden. Aber es ist kaum denkbar, daß wir *alle* Gefühle der Anspannung auf diese Weise ausschalten können. Ich bin überzeugt, alle unausgedrückten Emotionen schaffen sich durch andere Ventile Luft. Physische und psychische Symptome treten auf – Energielosigkeit, Müdigkeit, Depressionen, Zurückziehen von denen, die wir lieben, Kopfschmerzen, Infektionen der Vagina, Rückenschmerzen, Hautunreinheiten sind Beispiele für diese Symptome.

Warum scheuen wir vor dieser dritten Ausdrucksebene zurück? In erster Linie aus Angst, da es für Erwachsene als kindisch, unbeherrscht und beschämend gilt, Gefühle offen zu zeigen. Diese Angst wird durch die Reaktionen unserer Mitmenschen verstärkt – Tränen von Erwachsenen rufen kein Mitgefühl, sondern Bestürzung und Verlegenheit hervor. Anstatt mit Respekt und Verständnis begegnen wir ihnen mit Bedauern oder Mißtrauen. Als kleine Kinder durften wir unsere Emotionen spontan, offen und ohne Scham zeigen. Unsere Gefühle beherrschen zu lernen, gehörte zum Erwachsenwerden, aber die meisten von uns lernten sie so stark zu unterdrücken, daß ihnen als Erwachsene Gefühle nicht einmal mehr bewußt sind, noch weniger können sie sie identifizieren und ausdrücken.

Das Wiedererlernen, unsere Gefühle auszudrücken, ist ein wichtiger Schritt. Wir müssen auch lernen, Zugang zu verdrängten, vergangenen Gefühlen zu finden und sie freilassen. Viele von uns stauen eine Menge unausgedrückter Emotionen auf, seien es jüngst vergangene oder solche, die mit Ereignissen in der Kindheit verbunden sind. Diese Gefühle können unsere Beziehungen zu anderen Menschen stören, ohne daß uns dies bewußt ist. Vergangene unausgedrückte Gefühle freizusetzen, kann uns helfen, zu einem besseren Verständnis unseres Selbst zu finden und gleichzeitig die Tür zur eigenen Persönlichkeit und damit zur Erfüllung zu öffnen.

Die Erforschung der Wechselwirkung von Vergangenheitserlebnissen und gegenwärtigem Verhalten geht weit über das Thema Selbstbehauptungstraining hinaus. Aber es ist sehr wichtig zu wissen, wie unsere Gefühle unser Verhalten beeinflussen: Wenn wir sie nicht für uns selbst anerkennen oder sie verbal einer anderen Person gegenüber zum Ausdruck bringen, stören sie unsere Kommunikationsfähigkeit und unser Verhalten.

Diese Störung tritt häufig im Zusammenhang mit Ängsten auf. Wenn wir lernen, nein zu sagen oder schwierige Forderungen auszusprechen, fühlen wir uns verständlicherweise beklommen, sind verlegen oder nervös. Diese Gefühle können uns vor Angst lähmen, was viele zu verbergen versuchen. Daraus resultieren unbefriedigende zwischenmenschliche Interaktionen. Unausgesprochene Ängste zeigen sich auf verschiedene Weise – Arroganz, gestelzte Sprache, herablassender Ton, abgehackte Bewegung, um nur einige Beispiele zu nennen.

Offenes Eingeständnis. Die beste Art, mit dieser Angst fertigzuwerden, ist, sie in einer verbalen Bemerkung einzugestehen: »Es macht mich nervös, mit Ihnen über Geld zu sprechen, aber ich möchte Sie um Gehaltserhöhung bitten«, »Es fällt mir schwer, dich zu bitten, mir bei diesem Problem zu helfen«, »Ich habe ein schlechtes Gewissen, dies sagen zu müssen, aber ich muß ablehnen.«

Die *sofortige* Wirkung solcher Eingeständnisse ist, daß Ihre Ängste sich verringern. Dadurch entspannen Sie sich und fühlen sich sicher. Diese Sicherheit wiederum gibt Ihnen ein allgemeines Gefühl der Gelöstheit. Alles im Körper fängt wieder an, harmonisch zu fließen – Sie fühlen sich locker und stark, automatisch vertieft sich dabei die Atmung; das wiederum wirkt sich auf Ihre Stimme aus; zusammen mit Ihrer Gestik entsteht ein Bild der *völligen* Selbstbehauptung. Die Wichtigkeit und der Nutzen gerade dieser Technik kann nicht oft genug betont werden.

Lisa wollte üben, ihre beiden Freundinnen zu bitten, nicht in ihrem Wohnzimmer zu rauchen. Sie fragten zwar, ob es ihr etwas ausmache, aber Lisa wußte nie, wie sie sich verhalten sollte. Als sie es zum erstenmal im Rollenspiel übte, schaffte sie es, nein zu sagen, doch es klang unnatürlich, gestelzt und hart. Das zweite Mal fing sie so an: »Wißt ihr, ich komme mir ziemlich blöd vor, es zu sagen, aber es wäre mir wirklich lieber, Ihr würdet hier nicht rauchen. Ich kann es einfach nicht ausstehen.« Sobald sie sich eingestanden hatte, was sie fühlte, fiel es ihr leichter, die Situation in den Griff zu bekommen, und ihre Spannung und Unnatürlichkeit wichen.

Dieses Prinzip läßt sich auf jede Situation anwenden – gestehen Sie sich Ihre Gefühle ein und erklären sie in ähnlich einfacher Form.

Auch Wut teilt unser Körper uns mit. Wir fühlen uns erhitzt, werden rot im Gesicht, wollen mit dem Fuß aufstampfen oder haben das Bedürfnis, auf etwas herumtrampeln zu müssen. Unzufriedenheit erleben wir mit dem Gefühl der Hilflosigkeit – sie äußert sich als Schwerfälligkeit, Beklemmung, Steifheit, wir fühlen uns eingeengt, bedrückt, träge, leer. Gefühle der Trauer, Enttäuschung, Zurücksetzung äußern sich wieder in anderer Form. Lernen Sie erkennen, was in Ihrem Körper vorgeht. Wenn Sie einmal das Körpergefühl entdeckt haben, können Sie Ihre Empfindungen identifizieren und entsprechend handeln. Das mag bedeuten, daß Sie einem Menschen sagen, was Sie fühlen, oder tief durchatmen, um sich zu beruhigen, daß Sie laut schreien müssen, um Ihre Verkrampfung zu lösen, oder still dasitzen, bis Sie an einem sicheren Ort sind, an dem Sie Ihrem Gefühl freien Lauf lassen können. Natürlich können Sie sich nicht einfach gehenlassen, wenn Ihnen danach zumute ist, doch mit dem Wissen, was in Ihnen vorgeht, können Sie entscheiden, was in der jeweiligen Situation zu tun ist. Die bloße Unterdrückung Ihres Gefühls macht Ihnen nur das Leben schwer.

Meist überschätzen wir unsere Fähigkeit, andere Menschen darüber zu täuschen, was in uns vorgeht. Auch wenn wir glauben, unsere Mimik und Stimme genügend unter Kontrolle zu haben, gibt es kleine Zeichen, die uns verraten: ein unpassendes Lächeln, das Wut oder Angst verbergen soll, winzige Augenbewegungen, kleine Gesten, aufeinandergepreßte Kiefer und vor allen Dingen der Tonfall unserer Stimme. Sie alle sind Verräter der wahren Gefühle, auch wenn man sich selbst dieser Signale gar nicht bewußt ist.

Im Rollenspiel erfährt manche Frau durch Beobachtung anderer, daß ihr Körper alle möglichen kleinen Signale ihrer wahren Gefühle aussendet, die sie sich kaum selbst eingesteht! Denken Sie daran, niemand macht Ihnen einen Vorwurf für Ihre Gefühle. Sie sind wichtig, so lächerlich, grundlos und irrational sie scheinen mögen. Und sie sind eine Realität.

Die Fähigkeit, ein Gefühl zu identifizieren, bringt uns zu einem weiteren Problem. Bei vielen Frauen vergeht eine gewisse Zeit zwischen dem *Erleben* eines Gefühls und seinem Erkennen. Wir haben zu einem bestimmten *Zeitpunkt* ein blitzartiges Gefühl, doch es kann Stunden, Tage, ja sogar Monate dauern, bis wir es ganz erkennen. Dann bleibt uns meist nichts anderes mehr übrig als zu seufzen, »Hätte ich damals nur das gesagt, was ich fühlte«, oder »Wäre ich nur meinem Impuls gefolgt«, »Hätte ich damals nur die Antwort gegeben, die ich geben wollte«. Und wir quälen uns damit, vergeuden eine Menge Zeit, eine Szene in unseren Gedanken immer wieder ablaufen zu lassen, bis wir unsere Rolle perfekt beherrschen – wobei wir dem Gegenspieler gehörig die Meinung sagen, ihn beeindrucken, einschüchtern, bis er völlig zerknirscht ist! Mit etwas Übung verringert sich der Abstand zwischen Empfindung und Erkennen immer mehr, bis wir in der Lage sind, unsere Gefühle sofort zu erkennen. So erreichen wir spontaneren Zugang zu ihnen, ob es Verletzung oder Zuneigung, Verwirrung oder Freude ist, wir können sie ausdrücken – und danach handeln, wenn wir uns dafür entscheiden.

Der Wert unserer Gefühle. Wenn wir lernen, unsere Gefühle zu identifizieren, lernen wir, ihren Wert zu schätzen. Gefühle können Mittel zum Verständnis der Wahrheit dessen sein, was wirklich in einer Situation geschieht, auch wenn unser Verstand vielleicht etwas anderes sagt. Wir neigen dazu, über das, was wir fühlen, hinwegzugehen, weil wir keine stichhaltigen Beweise dafür haben.

Vielleicht haben Sie schon einmal einen Menschen kennengelernt, dem Sie sofort und mit absoluter Sicherheit Vertrauen schenkten. Andererseits waren Sie auch schon mißtrauisch, oder es war Ihnen im Umgang mit einem anderen Menschen unbehaglich zumute, ohne daß Sie genau sagen konnten, warum. Vielleicht haben Sie in Ihrem Leben eine Entscheidung getroffen, weil Sie wußten, sie war für Sie richtig, auch wenn Sie keine plausible Erklärung hätten geben können, warum – vielleicht nicht einmal sich selbst.

In keiner dieser Situationen gibt es belegbare Beweise. Sie wissen, daß das, was Sie fühlen, richtig ist – Sie spüren es einfach. Gefühle dieser Art nennen wir Intuition. Intuition kann Erkenntnisse, die wir durch Vernunft und Logik gewinnen, ergänzen.

Eine der Schwierigkeiten, dem Wert emotionaler Intelligenz Geltung zu verschaffen, ist die, daß unsere Gesellschaft dem, was wir durch Emotionen erkennen, weniger Bedeutung beimißt als dem, was wir durch unsere physischen Sinne erkennen. Da wir Gefühle nicht ebenso leicht sehen, berühren und messen können, wie wir materielle Dinge sehen, berühren und messen können, reicht unsere Sprache nicht aus, um Erfahrung mit Emotionen und Intuition in gleicher Weise zu beschreiben, wie wir die körperliche Erfahrung einer kalten Dusche oder des Hebens eines schweren Gegenstands beschreiben können. Wissenschaftlich belegbare Werte genießen den Vorrang vor den Werten der Intuition, die als trivial, oberflächlich, als Ausflucht oder Auswuchs der Phantasie abgetan wird, weil wir keinen *Beweis* dafür erbringen können – zumindest nicht die Art von Beweis, die die Menschen brauchen, um zu begreifen, daß das, wovon wir sprechen, *real* ist.

Bereiche der Emotion und Intuition sind überdies traditionell weibliche Domänen, die, wie die Schönheit und Macht der Kindesgeburt, eine soziale Abwertung erlitten haben. Die Wichtigkeit der Erziehung und des Trainings zur Gefühlsfähigkeit hin wurde auf die unterste Stufe erstrebenswerter menschlicher Werte und Wünsche verbannt. Intellektuelle Fähigkeiten haben emotionale Fähigkeiten verdrängt: Die Beherrschung von Worten und Gedanken, Zahlen und Objekten verdient Anerkennung – die Fähigkeit, Gefühle auszudrükken und damit in zwischenmenschlicher Beziehung umzugehen, ist unerheblich geworden. Da Gefühle mächtig sind, haben die Menschen Angst vor ihnen, und wie alles, das sich letzter Kontrolle entzieht, versuchen wir sie zu verleugnen, versuchen ihnen zu entkommen, ihre Macht einzuschränken. Verschließen wir uns aber vor unseren Gefühlen, so verwehren wir uns damit gleichzeitig den Zugang zu unserer emotionalen Intelligenz, der wichtigen Quelle persönlicher Einsicht und Führung.

Mit den Erkenntnissen aus diesem Kapitel und mit etwas Übung in den einzelnen Ausdrucksformen können wir lernen, unseren Körpersignalen und Gefühlen zu vertrauen, sie zu erkennen und sie als wertvolle, verläßliche Informations- und Erfahrungsquelle zu gebrauchen und Nutzen daraus zu ziehen. Anstatt daran festzuhalten, daß der Kopf das Herz regiert, sollten wir meiner Meinung nach eine Zusammenarbeit zwischen beiden anstreben. Ihre Gefühle erkennen zu lernen und sie selbstbewußt auszudrücken, ist ein entscheidender Teil dieses Prozesses.

10.
Die zwei Gesichter des Zorns

Von all unseren komplexen und starken Emotionen wird der Zorn am häufigsten mißverstanden. Liebe sehen wir als schön und erstrebenswert an, Zorn oder Wut sind dagegen häßlich und entwürdigend. Wir assoziieren Zorn mit den niederen Instinkten der menschlichen Natur. Er gehört den düsteren und bedrohlichen Seiten in uns an, die wir lieber nicht sehen, über die wir nicht sprechen. Wir verschließen die Augen vor ihm, verdrängen ihn und schlucken ihn hinunter. Gefühle des Zorns in jeder Form müssen, so gut es geht, beherrscht werden, lehrt man uns von Kindheit an. Da wir unseren Zorn weder akzeptieren noch verstehen, bleibt er für viele Menschen das am schwierigsten zu meisternde Gefühl.

Im vorigen Kapitel sahen wir, daß eine Reihe von Gefühlen, die mit Frustration und Zorn zu tun haben, mit dem Bedürfnis nach Selbstausdruck und Selbstbestimmung verbunden sind. Dabei sind zwei Aspekte zu betrachten: Zorn besteht aus einer tiefen Schicht, die eine mächtige Energiequelle darstellt, und einer oberen Schicht vergangener und gegenwärtiger Verletzungen und Frustrationen. Zorn ist eine Triebkraft, die uns drängt, unseren Weg durch den Irrgarten des Lebens zu suchen. Ohne sie würden wir aufgeben, uns hinlegen und sterben. Mit ihr verspüren wir den Wunsch zu überleben, nach vorn zu streben, uns zu entwickeln, zu verändern, Schwierigkeiten zu meistern, zu entdecken, durchzukommen. Diese Vorwärtsbewegung wird von einer tiefen, fundamentalen Energie gespeist.

Sie mögen sich dieser Kraft in Ihrem Inneren nicht bewußt sein, aber Sie spüren ihre Wirkungen. Sie liefert den Ansporn, neue Fähigkeiten zu erlernen – ein kompliziertes Kochrezept auszuprobieren; die Fahrprüfung zu bestehen; eine Fremdsprache zu lernen; sie regt Sie dazu an, sich im Schreiben, Singen oder Malen auszudrücken; sie kann Ihnen zu einer Karriere verhelfen oder zu jedem andern Ziel, das Sie als Erfüllung betrachten. Durch diese Kraft sind Sie in der Lage, Krisen, Katastrophen und Krankheiten zu überwinden; sich zu entscheiden, dieses Buch zu lesen; eine Beziehung aufzugeben; Ihren Körper zu pflegen; ein Geschäft aufzubauen; Ihr Haar zu färben; ein Gedicht zu schreiben; einen Fortbildungskurs zu belegen; zu sich selbst nein oder ja zu sagen. Dieser Zorn, den ich als *Kernwut* bezeichne, hat seinen Ursprung in Ihrem *Selbst,* der Person unter all den Rollen und Verpflichtungen, die Sie in Ihrem Leben übernehmen.

Unser Lebensweg ist einem Irrgarten zu vergleichen, in dem wir Konflikten und Verwirrungen begegnen. Wir schlagen den Weg ein, den unsere Mütter oder andere Frauen bereits gegangen sind, oder wählen völlig gegensätzliche Richtungen, das hängt ganz von eigenen Vorstellungen und Erfahrungen ab. Oft aber stellen die gewählten Wege in sich selbst eine Grenze dar. Manche Frau mag glauben, Ehe und Mutterschaft sei der richtige Weg für sie, um ein paar Jahre später festzustellen, daß sie in einer Sackgasse gelandet ist. Eine andere, die sich für eine Karriere oder einen intellektuellen Status entschieden hat, trifft auf andere unüberwindliche Blockaden. Manche entscheiden sich, mehr als eine Richtung einzuschlagen, oder gehen den Weg der liebenden Tochter oder der selbstlosen Ehefrau. Andere, die auf ihrem Weg Beifall und Erfolg ernten – sei es als Idealfrau oder Covergirl –, stellen *trotzdem* fest, daß sie an einem toten Punkt angelangt sind.

Ein zusätzliches Problem im Irrgarten des Lebens stellt die fehlende Perspektive dar. Wir sind sozusagen von hohen Mauern umgeben: fühlen uns blockiert, festgefahren und allein gelassen.

Innerhalb dieser Mauern begegnen wir der Quelle der zweiten Form des Zorns. Diese Art des Zorns läßt sich wiederum in zwei Grundformen teilen: Die eine ist der Wunsch, die Mauern einzureißen; die zweite ist die Verzweiflung darüber, daß die

Mauern unverrückbar sind. Die eine stärkt, die andere schwächt uns. Wir fallen von einem Extrem ins andere. Wir wollen das, was die Mauern in unserem Leben repräsentieren, mit Fäusten bearbeiten: die Gesellschaft, Eltern, Kinder, alle Männer, unseren Chef, wen immer wir dafür verantwortlich machen, daß unser Weg blockiert ist, unser Fortschritt gehemmt, unsere Freiheit beschnitten, wir davon abgehalten werden, das zu tun, was wir möchten. Wir wollen die Mauern niederreißen, sie zerstören, sie so sehr verletzen, wie sie uns verletzt haben, auf ihnen herumtrampeln, sie zerbrechen, vernichten.

Wenn wir das schaffen (was kaum denkbar ist), türmen sich weitere Mauern vor uns auf, oder wir haben große Schuldgefühle wegen des Schadens, den wir angerichtet haben. Oder wir werden einfach müde, gegen diese Mauern anzurennen, und fühlen uns wegen der Sinnlosigkeit des Unterfangens sehr einsam und hilflos; wir verlieren den Mut, hören auf zu kämpfen, werden tatenlos und apathisch und versinken in Verzweiflung und Resignation.

Viele von uns schwanken zwischen diesen beiden Extremen – Aggression und Passivität. Keine dieser Verhaltensweisen hat irgendeine positive Wirkung. Problematisch dabei ist, daß einige dieser Aggressionen aus unserer Kernwut erwachsen. Einige Streßsituationen *befähigen* uns, vorwärtszukommen – motivieren uns, unser Leben zu verändern, und diese Fähigkeit dürfen wir nicht verlieren. Aber wir haben ein derart aufgestautes Verlangen, zum Rundumschlag auszuholen, Schuldige zu suchen, uns zu rächen, daß wir aus Angst vor Gewalt alles unterdrücken. Die generellen Tabus unserer Gesellschaft, Zorn auszudrücken, verstärkt durch weitere Tabus, als Frau diese Seiten in uns zu offenbaren, haben dazu geführt, daß wir nicht nur den Kontakt zu unserer Zerstörungswut, sondern auch zur positiven Kernwut, dem Ursprung von Energie und Zielstrebigkeit, verloren haben. Es ist also kaum erstaunlich, daß wir viel von unserer Stärke in uns verdrängt haben, zumal wir ständig dazu ermahnt wurden, liebevoll, mitfühlend und fürsorglich zu sein, anstatt direkt, stark, entschlossen, ehrlich, furchtlos und kreativ. Frauen werden von frühester Kindheit an davon abgehalten, Zorn oder Wut direkt auszudrücken. Hier einige Beispiele ermahnender Redensarten, die unsere Kindheit begleiteten:

Zähle bis zwanzig, ehe du etwas sagst.

Es ist nicht mädchenhaft, laut zu werden.

Du kannst nur gewinnen, wenn du die Selbstbeherrschung nicht verlierst.

Du bist häßlich, wenn du zornig wirst.

Geh in dein Zimmer, bis deine schlechte Laune vorüber ist.

Du klingst wie ein Fischweib.

Du bist hysterisch.

Glauben Sie, es ist anmaßend, unwürdig oder unweiblich, Zorn auszudrücken? Fürchten Sie, einen glühenden, alles zerstörenden Lavastrom auszuspucken, wenn Sie die Selbstbeherrschung verlieren? Haben Sie Angst, eine wütende Antwort beim anderen zu provozieren? Haben Sie je das Gefühl gehabt, aus der Haut fahren zu müssen, sich aber beherrscht, um nicht hart, lieblos, bissig, herrschsüchtig, bedrohlich, aggressiv oder unweiblich zu erscheinen?

Wenn ja, dann wird es Sie interessieren, daß es eine selbstbehauptende Form gibt, Zorn auszudrücken. Sie können lernen, Ihren Zorn klar und direkt auszudrücken, ohne dabei sich selbst oder einen anderen zu zerstören. Dabei entdecken Sie eine starke Quelle der Vitalität, ein Gefühl Ihrer eigenen Stärke, Energie und Identität.

Frustrationen und Zorn sind unvermeidliche Lebenserfahrungen. Diese Gefühle lediglich zu verdrängen oder die Augen davor zu verschließen, vertreibt sie keineswegs. Auch wenn Sie versuchen, »über der Sache zu stehen«, werden Sie das nur vorübergehend zustande bringen und in einem unerwarteten Augenblick zusammenbrechen. Ihrem Zorn ins Auge zu blikken, sich seiner anzunehmen, zu lernen, ihn klar auszudrükken, ohne ihn anderen Menschen ins Gesicht zu schleudern, ist ganz gewiß eine schwere Aufgabe. Der erste Schritt ist, wie so oft, der schwierigste.

Ausdrucksformen des Zorns

Sehen wir uns an, in welcher Form Katrin, Doris und Eva mit ihrem Zorn und ihrer Frustration umgehen.

Katrin. Sie drückt ihren Zorn mit aggressiven Taktiken aus. Die Wirkung beim Empfänger ist etwa so, als würde er von einem Schwergewichtsboxer mit Faustschlägen bombardiert. Man zuckt förmlich unter ihrer Wucht zusammen, versucht einzulenken und zu protestieren, oder man zieht sich zurück, um sich vor weiterem Schaden zu bewahren. Katrin gerät schnell in Rage – ihr Zorn brodelt direkt an der Oberfläche. Die leiseste Provokation kann einen fürchterlichen Ausbruch zur Folge haben, da sich Verletzung und Frustration bei ihr aufgestaut haben. Wenn jemand nicht genau das tut, was sie erwartet, eine falsche Bemerkung oder einen dummen Fehler macht, oder ihr nur ein Blick des anderen nicht paßt, greift sie vorbeugend an, ehe sie verletzt werden kann. Oft schießt sie über das Ziel hinaus und hat hinterher Gewissensbisse, wenn der Schaden angerichtet ist: Jetzt fühlt sie sich hilflos, wütend, verletzt und schuldig und weiß außerdem, daß der andere nicht wirklich begriffen haben kann, was sie sagen wollte, also nagt der Groll weiter an ihr. Dadurch verfällt sie vorübergehend in eine ähnliche Stimmung wie Doris; sie ist verzweifelt und hoffnungslos.

Doris. Doris fragt sich, was das Ganze eigentlich soll. Sie hat den Überblick über ihre Frustrationen verloren, hat keine Energie mehr, sich darüber aufzuregen. Sie beklagt sich, leidet und jammert zwar, daß sie ungerecht behandelt wird, wendet sich aber nie direkt an den Menschen, den es betrifft. Doris' Zorn liegt begraben wie eine Winterlandschaft unter einer tiefen Schneedecke. Hin und wieder schlägt sie um sich wie Katrin, bekommt sofort Schuldgefühle, die ihre Überzeugung verstärken, daß es sinnlos ist, sich gegen ihr Schicksal aufzulehnen. Ihr unausgedrückter Zorn wird eine Last für sie selbst und für ihre Umwelt. Sie schleppt ihn wie eine Sträflingskette hinter sich her, klammert sich an andere Menschen und hemmt auch deren Fortschritt. Ihr Zorn drückt sich in Schweigen aus, sie schließt sich oft von körperlicher Zuwendung ab und meidet sexuellen Kontakt.

Eva. Je größer ihr Zorn wird, desto fester zieht Eva die Zügel der Kontrolle über sich und andere an. Ihr unausgedrückter Zorn äußert sich in Form von unsichtbaren Giftpfeilen – blitzschnell, aus heiterem Himmel, schwer zu parieren und sehr schmerzhaft. Er äußert sich in Form von Demütigungen, »Blicken, die töten könnten«, oder fühlt sich wie eine schallende Ohrfeige an. Sie bestraft, indem sie beispielsweise vergißt, was jemandem wichtig ist; nicht zu einem vereinbarten Treffen erscheint; sie begeht einen Vertrauensbruch; macht Sie vor anderen lächerlich; oder läßt Sie wissen, daß Sie ein Versager oder eine Enttäuschung sind.

In den fehlgeleiteten Ausdrucksformen unseres Zorns schwanken wir oft von Katrin- zu Doris-Stimmungen und wenden zahlreiche Taktiken und Strategien an, mit denen wir unsere Wut und Frustration indirekt freisetzen. Die folgenden vier Charkterisierungen zeigen Verhaltensmuster auf, deren sich Männer wie Frauen gleichermaßen bedienen, die – aus welchem Grund auch immer – unfähig sind, ihre Gefühle direkt auszudrücken.

Der Zersetzer. Dem Zersetzer geht es darum, Unheil anzurichten; wo immer Menschen zusammen sind, kann er sich an die Arbeit machen. Er läßt eine scheinbar harmlose Bemerkung fallen, stellt eine naive Frage oder gibt »zufällig« eine winzige Information preis, und der Same des Zweifels und der Verunsicherung ist sehr subtil in die Zuhörerschaft gesät. Konflikt liegt in der Luft; das Gefieder sträubt sich; Streit bricht aus; die Zersetzung folgt. Das Resultat ist mit einer Stinkbombe zu vergleichen. Der Zersetzer läßt sie unbemerkt fallen und zieht sich zurück, wenn der unsichtbare Gestank sich ausbreitet. Er spielt den Unbeteiligten, doch der Geruch bleibt noch lange, nachdem er sich zurückgezogen hat, in der Runde hängen.

Die Spielverderberin. Irgendwie schafft es die Spielverderberin immer, im falschen Augenblick die falsche Frage zu stellen. Sie machen es sich gerade bequem, um Ihre Lieblingssendung im Fernsehen zu sehen; oder sind eben in einen Lehnstuhl gesunken und freuen sich auf ein wenig Entspannung; oder Sie erwarten ungeduldig die Abreise in den heißersehnten Urlaub; oder Sie wollen ausgehen ... da betritt die Spielverderberin die Bühne. Unvermittelt kündigt sie die Ankunft von Gästen an, die Sie am allerwenigsten sehen möchten; oder sie braucht dringend Ihre Aufmerksamkeit für ein dringendes Problem oder Ihre Hilfe bei einer unaufschiebbaren Aufgabe. Wann immer Sie etwas planen, sabotiert sie es auf subtile Weise – mit einer wichtigen Verabredung, mit Zuspätkommen, Kopfschmerzen, einer Fehlbuchung beim Reisebüro. Sie begeistern sich für etwas oder sind in einem interessanten Gespräch mit einer Freundin – schon bringt sie ein völlig anderes Thema zur Sprache. Durch ihre eigenen Frustrationen und Spannungen ist sie nicht fähig zuzuhören, und ohne zu wissen, was sie tut, findet sie Wege, anderen den Spaß zu verderben.

Der Miesmacher. Wenn Sie die ganze Welt umarmen möchten, können Sie sicher sein, daß der Miesmacher Ihnen die Stimmung verdirbt. Ihre Begeisterung zerplatzt an seiner spitzen Zunge wie eine bunte Seifenblase. Sie sind stolz darauf, eine Aufgabe erfüllt zu haben, mit der Sie wirklich zufrieden sein können – da läßt er die Bemerkung fallen »Mach nicht solchen Wind. *So* schwierig war's doch auch nicht.« Sie erzählen begeistert von einer neuen Anschaffung, und er sagt: »Kannst du dir das eigentlich leisten? Ich dachte, du bist pleite!« Sie haben ein gutes Geschäft gemacht oder etwas Glück gehabt, dann verpaßt er Ihnen einen wohlgezielten Dämpfer mit einer Bemerkung, wie »Die dümmsten Bauern ernten die größten Kartoffeln«. Sie zeigen ihm ein neues Kleid, und er gibt folgenden Kommentar: »Damit läuft doch schon jede Verkäuferin rum.« Auch der Miesmacher drückt seine Gefühle von Ungerechtigkeit und Kränkung indirekt aus.

Die Hetzerin. Die Hetzerin findet ein Ventil für ihre Frustration, indem sie ihre Umwelt die Wände hochjagt. Sie beklagt sich endlos über ihre Probleme und Sorgen, über das Unglück ihrer Existenz, hört mit scheinbarem Interesse Vorschläge an, lehnt jedoch alle Hilfsangebote ab. Irgendwie hält sie ihre Freunde auf Trab, erinnert unablässig an ihre erlebten Leiden und Irritationen und schürt die Abneigung ihrer Freunde für einen anderen Menschen, nur um zu sehen, daß Sie in Wut geraten. Sie spielt die hilflose Märtyrerin, bis ihre Zuhörer vor Wut und Ohnmacht außer sich sind. Ob der Ausbruch dann gegen sie selbst oder gegen ein anderes passendes Objekt gerichtet ist, spielt nicht immer eine Rolle. Das Ziel dieser Strategie ist der Wutausbruch in Vertretung. Ein anderer wird an ihrer Stelle wütend, solange sie das Feuer schürt – viele Katrin-Typen gehen aus diesem Grund Beziehungen mit Doris-Typen ein.

Wir erkennen diese Charakterisierungen wieder und können uns mit den Verhaltensmustern identifizieren. Wir haben sie schon selbst angewandt und sind ihnen auch zum Opfer gefallen. Sie in unserem eigenen Verhalten einzugestehen, macht es uns leichter zu begreifen, was geschieht, wenn wir selbst der Empfänger ähnlich indirekter Ausdrucksformen aggressiver Gefühle sind.

Ihre eigene Erfahrung, mit Zorn umzugehen

Wer oder was macht Sie wütend? Ungerechtigkeit? Dummheit? Unvermögen? Gefühllosigkeit? Lügen? Bürokratie? Snobismus? Unordnung? Vorurteile? Verschwendung? Grausamkeit? Heuchelei? Etwas als selbstverständlich anzunehmen? Ignoriert zu werden? Ausgeschlossen zu werden? Wenn Ihnen niemand zuhört? Fühlen Sie sich am stärksten betroffen bei Menschen, die Ihnen nahestehen? Menschen in Ihrer engsten Familie? Freunden? Eltern? Verwandten? Menschen, die Ihnen nicht nahestehen? Amtspersonen? Besonders im Berufsleben?

Welche Signale sendet Ihr Körper, wenn Sie wütend sind? Fühlen Sie sich erhitzt? Schlägt Ihr Herz schneller? Schwitzen Sie? Verspannen sich Ihre Kiefer oder Schultern? Würden Sie am liebsten zupacken oder etwas zertrümmern? Fühlen Sie sich stark? Haben Sie Angst? Wollen Sie mit dem Fuß aufstampfen (oder jemanden treten)? Sind Ihre Fäuste geballt? Fühlen Sie sich körperlich einem Ausbruch nahe? Brauchen Sie frische Luft oder mehr Raum? Spüren Sie einen Adrenalinstoß?

Wann und mit wem fällt es Ihnen leicht, Zorngefühle auszudrücken? Allein, weit weg von allen anderen? Bei Ihrer Familie? Bei einer guten Freundin? Mit Ihrem Freund oder Ihrem Ehemann? Mit Männern überhaupt? Frauen? Ihrer Katze? Mit niemandem? Wenn Sie viel Alkohol getrunken haben? In einem Brief? Nie?

Wie drücken Sie Ihre Gefühle aus? Das führt uns zu zwei getrennten Bedürfnissen – einmal, physisch Energie abzulassen und die Spannung im Körper abzubauen; zweitens, sich mit der Ursache der Wut auseinanderzusetzen.

Das zweite Bedürfnis hat wiederum zwei Aspekte: Erstens spürt man manchmal den Drang, eine sofortige Auseinandersetzung herbeizuführen. Das erfordert Geübtheit und innere

Gewißheit und wirksame Beherrschung der Körpersprache. Zweitens die Notwendigkeit, sich mit der Ursache Ihres Zorns und Ihrer Frustration aus einer langfristigen Perspektive auseinanderzusetzen. Dabei müssen wir eine Situation oder Beziehung genau untersuchen, um aktive Schritte unternehmen zu können, um die Ursache der Spannung einer Situation auszuschalten oder zu vermindern. Dieser Vorgang erfordert Verständnis, Überlegung, Sorgfalt und Erfahrung und hat nichts damit zu tun, Ihren Gefühlen in der Hitze des Gefechts Luft zu machen. Techniken der Auseinandersetzung werden in Kapitel 12 erläutert. Den Rest dieses Kapitels widme ich dem Umgang mit *spontanen* Zorngefühlen – Ihren eigenen und denen anderer Menschen.

Körperliche Erleichterung. Denken Sie daran, der Abbau Ihrer Frustration setzt die positive Kernwut in Ihrem Innern frei, und Sie werden erkennen, wie wichtig es ist, sich diese Erleichterung zu verschaffen. Das ist in dem Augenblick, in dem der Zorn auftritt, natürlich nicht möglich. Wahrscheinlich wollen Sie nicht in einer wichtigen Besprechung explodieren, Ihren Chef anbrüllen, Ihre Kinder verprügeln oder im Supermarkt einen Wutanfall bekommen. Wichtig ist, daran zu denken, daß Ihr Körper das Bedürfnis hat, sich zu befreien, auch wenn Sie sich im Augenblick zurückhalten, eine abgeschwächte Ausdrucksform wählen, etwa tief Luft holen, einen kurzen Spaziergang machen oder bis zehn zählen. Es ist wichtig, daß Sie sich möglichst bald eine uneingeschränkte »Erleichterung« verschaffen.

Folgende Formen »sich gehenzulassen« wurden von Kursteilnehmerinnen vorgeschlagen: Autofahren mit geschlossenen Fenstern und aus Leibeskräften schreien; Fußboden putzen; Brotteig kneten; Türen schlagen; Laufen; Kissen mit Fäusten bearbeiten; mit den Füßen aufstampfen oder auf und ab trampeln; ein Handtuch wringen; so fest Sie können in ein Handtuch beißen und so laut wie möglich schreien; die Wand mit einem alten Tennisschläger bearbeiten; schnell Auto fahren (Vorsicht!). Sie haben vielleicht Ihre eigene

Methode, Dampf abzulassen – tun Sie, was Ihnen am besten gefällt.

Je öfter Sie sich diesen Freiraum schaffen, wenn Sie ihn brauchen, desto weniger stauen Sie Spannung und Zorn auf. Je mehr Sie sich angewöhnen, mit den Geschehnissen umzugehen, sobald sie passieren, desto geringer ist Ihr innerer Druck. Ein weiterer Vorteil ist, daß es Ihnen immer leichter fällt, sich auf der Stelle einzugestehen, daß Sie wütend sind, ohne eine Lawine aufgestauter Spannungen auszulösen.

Wie teilen Sie mit, daß Sie wütend sind? Fangen Sie mit einer einfachen Feststellung an, wie »Ich bin wütend«. Dieser Satz, selbstbewußt ausgesprochen, kann ausreichen, damit Ihre Botschaft ankommt. Wenn nicht, gehen Sie einen Schritt weiter. Vielleicht müssen Sie Ihren Worten mehr Nachdruck verleihen. Wichtig ist aber Ihre eigene Überzeugung, daß Sie genug haben, daß Ihre Grenzen erreicht sind, daß Ihnen das, was geschieht, nicht paßt, daß Sie wütend sind. Haben Sie einmal diese innere Gewißheit, *finden Sie auch den richtigen Ton.*

Wütende Frauen knirschen oft mit den Zähnen, schlucken ihren Ärger hinunter und weinen, anstatt wütend zu werden. Um die Sache noch schlimmer zu machen, lächeln wir auch noch – ein Lächeln, das aus Nervosität und dem Wunsch entsteht, abzuwiegeln, versöhnlich zu stimmen. Das verwirrt unseren Gegenspieler wegen der Doppeldeutigkeit der Botschaft. Wenn Sie Ihren Zorn mit Überzeugung mitteilen wollen, müssen Sie sich erst einmal Ihres Lächelns bewußt werden. Denken Sie daran, erst wenn Ihre Stimme und Ihr Körper dem Inhalt Ihrer Worte entsprechen, machen Sie einen eindeutigen, klaren Eindruck. Vielleicht erfordert es einige Übung, Ihre Stimme zu erheben. Wir sind so aus der Übung, unsere Stimme richtig einzusetzen, daß es anfangs körperlich unmöglich ist, laut zu sprechen. Wir müssen uns aber einen beherrschten und überzeugenden Tonfall angewöhnen. Kraft und Überzeugung haben jedoch *nichts* mit Sarkasmus zu tun – in diesem Punkt müssen Sie sehr vorsichtig sein. Ein leichter Anflug von Verachtung oder Hohn wird die Überzeugungskraft Ihres Ausdrucks unterminieren. Sobald dies in Feindseligkeit übergeht, wirken Sie eher aggressiv als überzeugend. Den richtigen Ton zu treffen, hat viel mit Entspannung zu tun. In einer Auseinandersetzung sind wir oft aus Angst wie gelähmt. Angst behindert unsere Atmung: Die Kehle verengt sich, und unsere Versuche, laut zu sprechen, enden damit, daß wir gepreßt und schrill keifen! Üben Sie, Ihr Stimmvolumen zu verstärken, und lernen Sie trotzdem mit beherrschter Stimme zu sprechen. Atmen Sie tiefer, dann vertieft sich auch der Klang Ihrer Stimme und Ihr Tonfall gewinnt an Wirkung.

Steigern Sie sich, wenn die Umstände es erfordern. Manche Situationen erfordern eine Steigerungstechnik, um mit der anderen Person gleichzuziehen. Ich möchte es »Gangschaltungssystem« nennen. Sie beginnen mit einem niederen Gang, macht es die Situation jedoch notwendig, müssen Sie in einen höheren Gang schalten. Stellen Sie sich eine Situation vor, in der Sie mit etwas konfrontiert sind, das als unerhebliche Irritation beginnt, sich aber steigert, bis es zum ausgesprochenen Ärgernis wird.

Nehmen wir an, Sie sitzen im Kino und hinter Ihnen belästigt Sie ein Kind, das mit den Füßen gegen Ihre Rückenlehne trommelt. Sie werden sich umdrehen und sagen: »Hör bitte auf, mit deinen Füßen gegen meine Lehne zu trommeln. Es stört mich, ich möchte den Film ansehen« *(erster Gang).* Das Kind hat das vielleicht gedankenlos getan. In diesem Fall wäre es übertrieben, sich umzudrehen und das Kind anzublaffen. Das Kind hat Sie gehört, doch nach dreißig Sekunden fängt das Trommeln wieder an. Diesmal drehen Sie sich um und sagen mit etwas lauterer und festerer Stimme: »Würdest du *bitte* aufhören, gegen meine Lehne zu trommeln. Es stört mich, ich möchte den Film ansehen« *(zweiter Gang).* Nach einer weiteren Minute fängt die Belästigung wieder an. Sie haben das Kind oft genug aufmerksam gemacht, es gibt keinen Zweifel mehr daran, daß das Kind Sie ärgern will. Also drehen Sie sich um und sagen mit sehr lauter Stimme: »Hör auf, meine Lehne mit den Füßen zu bearbeiten, sonst hol' ich den Platzanweiser«

(dritter Gang). Das Kind gibt vielleicht eine schnippische Antwort oder murmelt einen Fluch, aber es wird aufhören, Sie zu belästigen, und Sie können in Ruhe den Film ansehen. Hört das Kind an diesem Punkt nicht auf, dann müssen Sie den *vierten Gang* einlegen und tatsächlich den Platzanweiser holen.

Zorn bei anderen entschärfen. Viele Teilnehmerinnen an meinen Kursen sprachen von Ihrer Angst, mit dem Zorn anderer umzugehen.

Wenn Sie einen wütenden Wortschwall oder andere Verhaltensformen des Zorns unterbrechen wollen, so versuchen Sie zuerst, die Aufmerksamkeit des Wütenden auf sich zu lenken. Das erreichen Sie, wenn Sie ein Wort oder einen kurzen Satz, wie »Hör mir zu«, oder »Hör auf damit«, oder seinen Namen ständig wiederholen. Wiederholen Sie Ihre Worte mit lauter Stimme, bis er Sie hört. Der nächste Schritt ist der Augenkontakt. Ihre Stimme und die Wiederholungen werden ihn dazu bringen, Sie anzusehen, vielleicht nur einen kurzen Moment, doch das genügt, um seine Aufmerksamkeit zu erringen. Fügen Sie *sofort* einen kurzen Satz hinzu, was immer Sie sagen wollen, etwa »Ich weiß, daß du wütend bist. Beruhige dich, dann sprechen wir darüber«, »Ich weiß, du bist wütend, aber ich bekomme Angst, wenn du dich so benimmst«.

Wenn Sie dieses oder ähnliche Worte sofort hinzufügen, wird der Wütende auf Sie hören, und Sie haben eine Chance, sich mit ihm zu verständigen.

Wenn Sie diese Situation im Rollenspiel üben (und es ist wichtig, sie vorher zu üben!), werden Sie feststellen, daß Sie mit der Kraft Ihrer eigenen Stimme nicht vertraut sind und ziemlich erschrocken darauf reagieren, wenn Sie den Wütenden zum Aufhören bringen. Möglicherweise schrecken Sie sogar sprachlich zurück. Übung wird Ihnen helfen, in diesem wichtigen Augenblick weiterzumachen. Ein letzter Punkt: Wenn Ihre Versuche, den anderen zu beruhigen, vergeblich sind, Sie seinem Zorn nicht Einhalt gebieten können, dann haben Sie immer noch die Wahl zu gehen.

Wir haben festgestellt, daß Angst und Befangenheit uns beim Neinsagen wie angewurzelt stehenbleiben lassen. In ähnlicher Weise fühlen wir uns oft gezwungen, die Person ausreden zu lassen, Beleidigungen bis zum bitteren Ende anzuhören, obwohl die selbstbehauptende Haltung wäre, den Wütenden einfach stehenzulassen.

Mit dem Zorn anderer Menschen umzugehen, bedarf großer Sorgfalt und Erfahrung. Vorrangig ist jedoch, wie Sie mit Ihren eigenen Zorngefühlen umgehen. Sie können mit den Zornausbrüchen anderer automatisch sicherer umgehen, wenn Sie weniger Angst haben, Ihrem eigenen Zorn freien Lauf zu lassen.

11.
Wie man mit Kritik umgeht

Kritik hört niemand gern. Trifft sie uns unerwartet, sind wir verletzt; erwarten wir sie, gehen wir ängstlich in die Defensive. Unsere Haltung gegenüber Kritik beruht auf entsprechenden vergangenen Erlebnissen, die vielleicht eine Woche, ein Jahr oder auch dreißig Jahre zurückliegen.

Kritikerfahrungen der Kindheit geben in jeder Hinsicht wichtige Aufschlüsse für den selbstbehauptenden Umgang mit Kritik: Wie Sie der Kritik anderer begegnen, und wie Sie andere kritisieren. Das Thema ist sehr heikel, und meinen Kursteilnehmerinnen fällt es oft schwer, sich damit auseinanderzusetzen. Denn dabei berühren wir wunde Punkte in uns, die wir lieber ruhen lassen. Jeglicher Kritik aus dem Wege zu gehen, erachten die meisten Menschen als die beste Lösung. Wir sagen und tun nicht, was wir wollen, wir leben nicht, wir wir leben wollen, verhalten uns nicht, wie wir uns verhalten wollen... nur um Kritik und Mißbilligung zu vermeiden.

Warum trifft uns Kritik so hart? Warum hat das Wort »Kritik« bereits einen negativen Beigeschmack? Denken Sie ein wenig nach und erforschen Sie vergangene Kritikerlebnisse, besonders die Ihrer Kindheit, und prüfen Sie, ob Sie irgendeine der folgenden Situationen wiedererkennen: lächerlich gemacht werden, wenn man einen Fehler begangen hat; die verhängnisvolle Eintragung im Klassenbuch, faul gewesen zu sein oder Mitschüler zu schlechtem Betragen angestiftet zu haben; ausgeschimpft werden, weil man sich schmutzig gemacht oder nachgemault hat; bestraft werden, weil man neidisch oder gehässig war; wegen schlechter Noten verhöhnt werden; ausgelacht werden, daß man sich kindisch benimmt, weil man Angst im Dunkeln hat und nicht allein sein will.

Das erste, beinahe universelle Element in unserer Erfahrung mit Kritik sind Etiketten. Wenige Eltern achten darauf, das Verhalten zu kritisieren und nicht das Kind. Was die meisten von uns in der Kindheit als Kritik erlebt haben, waren Etiketten: »Du bist dumm«, »Du bist ungeschickt«, »Du bist lästig«, »Du bist eine Angeberin«, »Du bist falsch«, »Du wirst nie so gut sein wie deine Schwester«, »Du bist selbstsüchtig«, »Du bist deiner Mutter eine Last«. Es handelte sich nicht einfach darum, etwas Dummes getan oder etwas Unfreundliches gesagt zu haben, es hieß, daß man wirklich dumm und schlecht war!

Das zweite Element der Kritik, die wir aus unserer Kindheit kennen, und wie sie uns heute noch entgegengebracht wird, ist die *Zurückweisung*. Wenn uns jemand kritisiert, empfinden wir dies nicht als gutgemeinten Rat, sondern als Ablehnung, Strafe, Liebesentzug – manchmal als völlige Vernichtung. Und wir haben fast immer *recht*, Kritik als negativ und lieblos aufzufassen, denn genau das ist sie. Unsere Erwartungshaltung gegenüber Kritik stammt aus unseren Kindheitserfahrungen und wird durch gegenwärtige Erfahrungen ähnlicher Art verstärkt.

Beides, Kritik entgegenzunehmen und auszusprechen, wird meist schlecht gehandhabt. Um eine bessere Vorstellung davon zu bekommen, wie unsere Kindheitserfahrungen mit Kritik unsere Reaktion auf sie als Erwachsene geprägt haben, versuchen Sie in die Rolle eines sechsjährigen Kindes zu schlüpfen und achten Sie darauf, ob Sie sich mit den Gedanken und Empfindungen der folgenden drei Mädchentypen identifizieren können.

»Wart's nur ab!« ... eine kleine Katrin: »Wie kannst du es wagen, mich dumm zu nennen. Ich bin nicht dumm. Du bist dumm. Was ist überhaupt falsch dran? Au! Immer schlägst du mich. Das tut weh. Wart nur, wenn ich groß bin. Dann schlag' ich dich. Dann tu' ich dir noch mehr weh. Dann wird's dir leid tun. Du wirst schon sehen. Nur weil du erwachsen bist... Wart's nur ab!«

»Das ist ungerecht« ... eine kleine Eva: »Es war nicht meine Schuld. Er hat damit angefangen. Immer hackst du auf mir herum. Immer muß *ich* es sein. Nie kann ich was recht machen. Was heißt, ich soll kein solches Gesicht machen? Ich hasse dich! Freilich sollte ich lieber so tun, als täte es mir leid. Aber es tut mir nicht leid. Es ist einfach nicht gerecht ...«

»Ich kann einfach nicht anders« ... eine angehende Doris: »Immer mache ich Fehler. Immer muß ich mich ungeschickt anstellen. Woher sollte ich denn wissen, daß es so wichtig ist. Nie mach' ich was richtig. Immer gehst du auf mich los. Du wärst froh, wenn es mich nicht gäbe. Du magst mich nicht mehr. Warum muß ich immer alles falsch machen? Es war nicht wirklich mein Fehler. Ich kann einfach nichts dafür.«

Vielleicht erkennen Sie sich in allen drei Figuren wieder. Einige Gedanken und Empfindungen der kleinen Katrin, Eva und Doris schleichen sich in unsere Verhaltensweisen als Erwachsene. Meist schaffen wir es als intelligente Erwachsene irgendwie, mit Kritik umzugehen, doch tief in uns sitzen Gefühle und Haltungen, die eher einem sechsjährigen Kind entsprechen. Die erwachsene Katrin wird behaupten, gegen Kritik gefeit zu sein. Sie setzt Kritik mit Angriff gleich, und da sie ihr lange Zeit machtlos ausgeliefert war, muß sie jetzt gewinnen. Also rächt sie sich sofort mit »Wie kannst du es wagen?!« oder »Du bist schuld!« Sie will nichts davon hören, selbst einen Fehler gemacht zu haben. Ihre ganze Hilflosigkeit wallt in ihr hoch, und sie muß sich selbst immer wieder als Siegerin bestätigen.

Die erwachsene Eva weigert sich ebenfalls, die Wahrheit der Kritik an sich heranzulassen, denn ihr Gefühl, ungerecht behandelt worden zu sein, wird durch Kritik wieder aufgewühlt. Sie setzt zwar eine passende Reuemiene auf, »erduldet« die Beschuldigung still, wird sich aber später unerwartet mit einem gezielten Seitenhieb rächen.

Und Doris? Auch sie erträgt keine Kritik, bricht unter ihr zusammen. Sofort gibt sie zu, ein schlechter Mensch zu sein, nichts zu taugen, ein Versager zu sein, und versinkt im allgemeinen Sumpf ihres Selbstmitleids und ihrer Selbstvorwürfe.

Wir haben gelernt, Menschen zu mißtrauen, die uns kritisieren. Wir erwarten einen Angriff: Wir glauben uns verteidigen zu müssen. Deshalb krümmen wir psychologisch gesehen unseren Rücken, sobald wir Kritik erwarten. Schon bei der geringsten Gefahr, ein anderer könnte versuchen, sich in irgendeiner Form über uns zu erheben, reagieren wir äußerst mißtrauisch. Gestehen wir die Wahrheit dessen ein, was der andere sagt, haben wir das Gefühl, »verloren« zu haben, und der andere hat »gewonnen«. Deshalb ist Kritik ein so heikles Thema – ein wahres Minenfeld. Die Art, wie Erwachsene einander kritisieren, verstärkt die Schwierigkeiten noch. Die meisten – unsere Freunde, Geliebten, Ehemänner, Arbeitgeber – wenden immer noch die Etikettierung an und halten sich oft für die selbsternannten Richter über unser Verhalten. Auch wenn Sie von anderen nicht erwarten können, daß sie mit Kritik geschickt und richtig umgehen, können Sie ja lernen, selbst positiv und selbstbehauptend mit Kritik umzugehen.

Eine selbstbewußte Kritikhaltung

Der erste Schritt ist die Unterscheidung zwischen gültiger Kritik, ungültiger Kritik und Kritik, die nichts anderes ist als schlecht getarnte Demütigung.

Gültige Kritik ist Kritik, von der Sie wissen, daß sie gerechtfertigt ist. Sie *haben* die Arbeit verdorben; Sie *sind* oft zu spät gekommen; Sie *haben* einen wichtigen Brief vergessen; Sie *ändern* Ihre Meinung häufig; Sie *nehmen zu;* Sie *sind* umständlich ... Was immer es ist, Sie wissen, die Kritik stimmt und trifft auf Sie zu.

Mit dieser Art der Kritik umzugehen, erfordert die Technik *negativer Feststellung*. Negative Feststellung hilft Ihnen, entweder feindliche, das heißt schlecht ausgedrückte Kritik zu handhaben oder konstruktive Kritik, das heißt Kritik eines Menschen, dem Ihre Interessen am Herzen liegen und der es nicht darauf abgesehen hat, Sie zu verletzen. Mit negativer Feststellung lernen Sie, einer Kritik beizupflichten, die auf Sie zutrifft und die Sie als gerechtfertigt anerkennen. Zum Beispiel: »Ja, ich bin unordentlich«, »Ja, ich gebe zu, ich habe diese Arbeit schlecht gemacht.« Sie sollen deshalb aber nicht in einer Flut von Selbstvorwürfen und Entschuldigungen versinken; ebensowenig wie Sie mit erhobenem Haupt sagen sollen »Wie kannst du es wagen!«. Bestätigen Sie einfach die Wahrheit dessen, was Ihre Kritiker sagen. So begeben Sie sich weniger in Abwehrposition und behalten Ihre Selbstachtung. Manchmal rate ich Kursteilnehmerinnen, eine positive Bemerkung hinzuzufügen. Kritisiert Sie jemand beispielsweise, inkonsequent zu sein, Sie aber mögen diesen Zug an Ihrer Persönlichkeit, dann wäre es sinnlos zu sagen: »Ja, du hast recht, es tut mir schrecklich leid«, sondern ehrlich einzugestehen: »Ja, ich bin inkonsequent, aber ich finde nichts dran, ich halte es für kreativ.« Kritisiert Sie andererseits jemand wegen einer Unart, die Sie bereits zu verbessern versuchen, bringen Sie das ebenfalls zur Sprache. Sagen Sie beispielsweise, »Ja, ich bin aggressiv, du hast recht. Es fällt mir oft schwer, mich auf andere Weise durchzusetzen. Aber ich arbeite daran und mache schon Fortschritte!«

Ungültige Kritik. Diese Form der Kritik besteht aus Unterstellungen oder Anschuldigungen, von denen Sie wissen, daß sie schlichtweg unrichtig sind. Doch anstatt sie geradeheraus abzulehnen, ist Ihre erste Reaktion vielleicht, sie als gerechtfertigt in Erwägung zu ziehen, nur weil jemand sie aussprach. Wenn jemand Sie beispielsweise »geizig« nennt, und Geiz nicht zu Ihren »Lastern« gehört, schwanken Sie, anstatt den Vorwurf überzeugend zu widerlegen. Sie denken an die beiden Male, in denen Sie geizig *waren,* und nehmen die Kritik als gültig hin, obwohl Sie sie als ungerecht empfinden. Wenn etwas nicht auf Sie zutrifft, müssen Sie nicht um jeden Preis die

Schuld auf sich nehmen! Versuchen Sie etwas zu sagen, wie »Das ist nicht wahr! Im Gegenteil...«, »Das akzeptiere ich keineswegs!« Sagen Sie es mit Überzeugung, nicht entschuldigend. Vergewissern Sie sich, daß Ihre Körpersprache Sicherheit ausdrückt und nicht Zweifel.

Kränkungen. »Das Problem mit dir ist, daß du keinen Sinn für Humor hast!« Kränkungen sind außerordentlich gefährlich. Der Zeitraum zwischen Reaktion und Erwiderung, von dem wir gesprochen haben, spielt eine wichtige Rolle, wenn uns eine Kränkung widerfährt. Vielleicht registrieren Sie sie momentan gar nicht, wachen aber mitten in der Nacht auf mit dem Gedanken: »Was zum Teufel hat sie damit gemeint?« Und *wenn* Sie registrieren, daß Sie durch eine Bemerkung verärgert oder verletzt sind, und dies zur Sprache bringen, stoßen Sie vielleicht auf Entgegnungen, wie »Das bildest du dir ein – es war doch nur ein Scherz«, oder »Warum mußt du immer alles so ernst/persönlich nehmen?«

In Wirklichkeit ist das dann eine doppelte Kränkung. Sie hakt sich an Ihrer geheimen Furcht fest, daß Sie tatsächlich überempfindlich sind, daß Ihre Gefühle verdreht oder Sie nicht klug genug sind, richtig hinzuhören oder hinzusehen. In der Gruppe fordere ich meine Teilnehmerinnen oft auf, gemeinsam an Kränkungen zu üben. Diese Übung dient dazu, die Frauen zu überzeugen, daß sie sich *nicht* Dinge einbilden; sie erhalten Bestätigung und Unterstützung aus Erfahrungen anderer, daß sie sich Kränkungen nicht einfach aus den Fingern saugen oder paranoid sind.

Es besteht vielfach die Ansicht, die beste Art, mit Kränkungen umzugehen, sei eine kluge, bissige Retourkutsche, die den Sprecher auf der Stelle zum Schweigen bringt. Ich teile diese Ansicht nicht. Natürlich gibt es brillante und witzige Entgegnungen, die gerne in Gesellschaft zitiert werden; aber nicht jeder hat das Talent zur Schlagfertigkeit. Im übrigen glaube ich, den Frauen zu raten, eine Kränkung mit einer noch giftigeren zu übertrumpfen, hat eher etwas mit Wettkampf zu tun als mit Selbstbehauptung. Ich schlage folgendes Verhalten vor:

Wenn Sie das Gefühl haben, man will Sie absichtlich kränken, dann behaupten Sie ihren Standpunkt, so gut Sie können, und drücken Sie Ihre Reaktion mit Selbstbehauptung aus. Benützen Sie dabei, wenn nötig, das Gangschaltungssystem. Schaffen Sie das nicht, so ist das keine schlimme Panne, machen Sie sich deswegen keine allzugroßen Selbstvorwürfe. Sie können die Person auch später damit konfrontieren, sobald Sie sich Ihrer Gefühle sicher sind, und ihr mit Selbstbehauptung sagen, wie Sie sich fühlten.

Ob Kritik gültig, ungültig oder nur eine Kränkung ist, Sie werden vermutlich feststellen, daß Sie mit einigen Bereichen sehr viel schwieriger fertigwerden als mit anderen. Es gibt Gebiete, die wir am liebsten gar nicht berühren. Das sind unsere *wunden Punkte,* Schwachstellen in unserem Verteidigungspanzer, wo wir am verletzlichsten sind. Wir alle haben wunde Punkte. Worte oder Sätze, auf die wir hochsensibel reagieren, daß die bloße Erwähnung uns innerlich zusammenbrechen läßt – wir fühlen uns vollkommen am Boden zerstört, tief verletzt oder brausen sofort auf. Diese Gefühle können von einer Bemerkung über unsere Erscheinung oder unser Auftreten herrühren: unsere Hautfarbe, unser Gewicht, Modestil, Brustumfang, Akzent. Oder es ist eine Bemerkung über unsere soziale Herkunft: Klasse, Rasse, Erziehung, unsere Erfahrungen, Qualifikationen. Oder eine Bemerkung über einen Aspekt unserer Fähigkeiten: als Mutter, als Geliebte, als Köchin, Intellektuelle, Autofahrerin. Es kann ein einziges Wort sein: egoistisch, arrogant, hart, dumm, aggressiv, geizig.

Welches Wort oder welcher Satz es auch ist, Sie erkennen seine Wirkung. Es ändert auch nichts daran, ob dieses Wort oder dieser Satz einen anderen vollkommen unberührt läßt. Am besten schreiben Sie das Gesagte auf. Denn eine Möglichkeit, mit wunden Punkten fertigzuwerden, ist, sie zu desensibilisieren. Eine der Übungen im Selbstbehauptungstraining ist speziell darauf ausgerichtet, die Empfindlichkeit zu reduzieren. Probieren Sie diese Übung zu Hause gemeinsam mit einer Freundin aus.

Fertigen Sie zuerst zwei Listen an: a) eine mit gültiger Kritik, d. h. Punkten, von denen Sie wissen, sie treffen auf Sie zu – und b) eine Liste ungültiger Kritik, also Etiketten oder Attribute, die nicht auf Sie zutreffen. Denken Sie daran, daß man leicht in Versuchung gerät, das Körnchen Wahrheit zu finden! Gerade das hindert Sie nämlich bei der Erstellung Ihrer Liste. Vielleicht entscheiden Sie, daß es eigentlich nichts gibt, das nicht zu *irgendeinem* Zeitpunkt zutrifft. Bleiben Sie beharrlich und schreiben Sie auch Worte auf wie »unehrlich«, »unmoralisch«, »schmutzig«, oder völlig unzutreffende Attribute wie »herrschsüchtig«, wenn Sie wissen, daß Sie schüchtern sind, oder »faul«, wenn Sie wissen, Sie arbeiten sehr fleißig.

Haben Sie Ihre *zwei* Listen geschrieben – jede umfaßt bis zu zehn Worten –, so suchen Sie Ihre wunden Punkte heraus. Auch Ihre Freundin hat zwei Listen fertiggestellt, die Sie nun gegen Ihre austauschen. Dann setzen Sie sich einander gegenüber und gehen wie folgt vor (ich nenne die beiden Frauen »Mary« und »Jane«): Mary nennt abwechselnd gültige und ungültige Kritik aus Janes Liste.

Mary: Jane, du bist so egoistisch.
Jane: Ja, ich bin egoistisch. Ich halte es für richtig, auch meine eigenen Bedürfnisse geltend zu machen.

Es ist wichtig, das entsprechende Wort zu gebrauchen – zu sagen »Ja, ich bin *egoistisch*«, nicht nur »Ja, ich weiß«. Auf diese Weise setzen Sie die Empfindlichkeitsschwelle diesem Wort gegenüber herab.

Mary achtet auf Janes Gesten, ihr Augenspiel, ihre Stimme, ihren Tonfall. Jane soll weder Entschuldigung noch Abwehr vermitteln. Der Satz wird so lange wiederholt, bis Mary und Jane der Überzeugung sind, daß Janes Antwort und ihr Verhalten wirklich selbstsicher sind.

Dann nehmen sie sich einen Punkt auf der Liste ungültiger Kritik vor.

Mary: Jane, ich finde, du bist gefühllos.
Jane: Das ist nicht wahr. Im Gegenteil, ich bin ein ausgesprochen sensibler Mensch.

Wichtig ist, daß Janes Stimme Überzeugung ausdrückt und daß sie Mary direkt ansieht, wenn sie ungültige Kritik ablehnt. Es ist falsch, die Worte entschuldigend oder mit einem Lächeln vorzubringen. Mary liest dann wieder ein Wort von Janes Liste mit gültiger Kritik vor usw., bis sie mit den beiden Listen am Ende sind. Danach tauschen Mary und Jane die Rollen und wiederholen den Vorgang, nun ist Mary auf der »Anklagebank«.

Insgesamt dauert die Übung etwa dreißig Minuten, wenn sie wirkungsvoll sein soll (etwa fünfzehn Minuten für jede Person, vielleicht auch länger). Sie ist eine wertvolle Hilfe, um Reaktionen auf Kritik deutlich zu machen, und gleichzeitig, um der Ursache von Ressentiments und Hilflosigkeit auf die Spur zu kommen, die manche dieser Attribute hervorrufen.

Ob Kritik als offene Attacke auf Sie zukommt oder versteckt als Kränkung, Sie finden vielleicht, daß ein Körnchen Wahrheit dahintersteckt. Und wahrscheinlich möchten Sie auch erfahren, was die andere Person Ihnen damit wirklich sagen will. Dann wenden Sie eine Technik an, die wir *negative Fragestellung* nennen. Dabei ergreifen Sie die Initiative und hinterfragen, ob der andere Kritik an Ihnen üben möchte.

Die negative Fragestellung hilft Ihnen, Kritik aufzugreifen, um entweder die Information für sich zu nutzen, wenn sich herausstellt, daß es sich um konstruktive Kritik handelt, oder sie als manipulativ oder böswillig zu entlarven. Im Falle konstruktiver Kritik geben Sie dem anderen Gelegenheit, ein ehrliches negatives Gefühl auszudrücken, dadurch verbessert sich die Kommunikation zwischen Ihnen. Sie sind aus einer Position der Stärke fähig, Kritik zu fordern und sie entgegenzunehmen. Hier einige Beispiele:

Habe ich mich deiner Meinung nach gefühllos verhalten?
Sind Sie mit der Qualität meiner Arbeit unzufrieden?

Fühlst du dich durch mich eingeschüchtert?
Glaubst du, ich hätte dich mehr unterstützen müssen?
Nimmst du mir übel, daß ich erfolgreich bin?
Fühlst du dich durch meine Absage zurückgewiesen?
Bist du enttäuscht darüber, wie die Dinge sich zwischen uns entwickelt haben?
Hältst du mich manchmal für eigensinnig?
Fühlst du dich durch mich gezwungen, Dinge zu tun, die du eigentlich nicht tun möchtest?
Bist du verärgert, weil ich zu spät komme?
Befürchtest du, daß ich dich im Stich lasse?

Sie können auch negative Feststellung und negative Fragestellung verbinden, ein wirksames Mittel, jemandem genug Sicherheit zu geben, seine negativen Empfindungen Ihnen gegenüber auszudrücken. Gleichzeitig fühlen auch Sie sich sicherer und eher dazu bereit, dem zuzuhören, was Ihnen Ihr Gesprächspartner sagt. Deshalb muß Ihnen das Gehörte nicht gefallen: Aber es kann wenigstens ausgesprochen werden, und es eröffnet sich vielleicht die Möglichkeit zu einem freien, aufrichtigen Austausch Ihrer gegenseitigen Gefühle. Hier einige Beispiele, wie sich beide Techniken miteinander verknüpfen lassen:

Es fällt mir schwer, die Frage nach Geld zu stellen. *(Negative Feststellung)* Finden Sie, ich bin in diesem Punkt zu aggressiv? *(Negative Frage)*
Ich war in letzter Zeit ziemlich stark mit anderen Dingen beschäftigt. *(Negative Feststellung)* Findest du das frustrierend? *(Negative Frage)*
Ich habe keine große sexuelle Erfahrung. *(Negative Feststellung)* Findest du mich als Geliebte unbefriedigend? *(Negative Frage – Achtung: Heben Sie sich dies für einen Moment auf, in dem Sie sich wirklich sicher fühlen!)*
Ich war in letzter Zeit sehr gereizt und habe dich oft angeschrien. *(Negative Feststellung)* Bist du mir böse, weil ich dir keine liebevollere Mutter bin? *(Negative Frage)*

Ich rede viel, wenn ich unsicher bin. *(Negative Feststellung)* Irritiert dich das? *(Negative Frage)*
Ich weiß, ich bin unkonsequent. *(Negative Feststellung)* Bringt dich das auf die Palme? *(Negative Frage)*
Ich bin sehr neugierig. *(Negative Feststellung)* Stört es dich, wenn ich so viele Fragen stelle? *(Negative Frage)*

Wenn Sie beide Techniken anwenden, werden Sie feststellen, daß Ihre Mitmenschen nicht etwa auf Sie herabsehen, weil Sie Ihre Fehler und Schwächen eingestehen. Im Gegenteil, dieses Verhalten schafft Erleichterung um Sie herum. Weil Sie bereit sind, zu Kritik *aufzufordern*, versetzt Sie das in eine stärkere Position, sie entgegenzunehmen. Sie wählen den Zeitpunkt selbst und werden nicht von Kritik überfallen. Anstatt in Panik zu geraten und defensiv zu reagieren, können Sie tief Luft holen und entspannt zuhören.

Wählen Sie den Zeitpunkt geschickt, wenn Sie zu Kritik auffordern. Sie können keine vernünftige Antwort erwarten, wenn Ihr Gesprächspartner eben zur Tür hereinkommt und Sie stürzen sich auf ihn, oder er im Augenblick mit einer ganz anderen Sache beschäftigt ist oder gerade eine Flut von Beschimpfungen und Anschuldigungen gegen Sie losläßt.

Je öfter Sie es schaffen, sich etwas über Ihre Person anzuhören, das Ihnen nicht paßt, desto leichter fällt es Ihnen, mit unerwarteter Kritik – gültig und ungültig – umzugehen. Die Kraft Ihrer Selbstachtung gibt Ihnen die Fähigkeit, diese Techniken anzuwenden. Mit einiger Übung können Sie Kritik anhören, ohne in die Rolle von Doris zu schlüpfen: »Ich armes Ding«, oder loszulegen wie Katrin: »Wer? Ich?!«

Ihre Reaktion auf Kritik hat viel damit zu tun, wie Sie mit Ihrer eigenen, inneren Kritik umgehen. Viele von uns leiden unter endlosen, kritischen Vorwürfen einer inneren Stimme, die sehr viel vernichtender sind als alles, was uns von außen trifft. Mit oder ohne Bekräftigung von außen kann unsere innere Kritik uns zwingen, uns in »psychische Ecken« zu verkriechen, wo wir passiv abwarten, bis man uns mit faulen Eiern und Tomaten bewirft. Irgendwie fühlen wir, daß wir es nicht besser verdienen, fühlen uns schuldig für das, was wir getan haben, dafür, wer wir sind, und bleiben tatenlos in unserer Ecke hocken, anstatt als freie Menschen unseren psychischen Kerker zu verlassen.

Aus Kritik können wir Lehren ziehen – wenn wir zuhören und das, was man uns sagt, abwägen. Keineswegs muß man nun verzweifelt versuchen, sich in einen neuen, fehlerlosen Menschen zu verwandeln. Falsch ist es aber auch, die Ohren völlig zu verschließen. Aus den Beobachtungen unserer Mitmenschen können wir eine Menge lernen, in welcher Beziehung wir auch zu ihnen stehen.

Zu Beginn dieses Kapitels untersuchten wir das allgemeine Erlebnis von Kritik als Zurückweisung. Kritisiert zu werden, bedeutet dabei, schlecht und ungeliebt zu sein: Wir fühlen uns ihr gegenüber hilflos. Anstatt sich hilflos zu fühlen, kann Kritik Sie auch stärken, sobald Sie begreifen, daß nicht Ihr fundamentales *Selbst* es ist, das unrecht hat. Kritik offen anzunehmen, kann eine starke und bereichernde Erfahrung sein. In diesem Sinn kann Kritik ein *Geschenk* sein.

Sie sollten sich nicht ungeliebt fühlen und Kritik als Attacke betrachten, sondern als Geste der Achtung. Begreifen Sie Kritik nicht als Geringschätzung Ihrer Person – sondern als Ausdruck von Respekt und Zuneigung, als Wunsch, die Hand auszustrecken und Kontakt aufzunehmen, als Wunsch, die Kommunikation zu verbessern und das Verständnis zu vertiefen. Kritik kann der Beweis eines Menschen für seine große und liebevolle Wertschätzung Ihnen gegenüber als eigenständiger Persönlichkeit sein.

Übungen

1. Erstellen Sie eine Liste Ihrer eigenen wunden Punkte und probieren Sie die mit Mary und Jane beschriebene Übung aus.
2. Konzentrieren Sie sich allgemein zu sehr auf die negative Seite des Lebens, so geben Sie sich selbst Auftrieb: Schreiben Sie eine Liste Ihrer zehn positiven Eigenschaften. Worte wie »gut« sind zu vermeiden, drücken Sie sich präzise aus. Anstatt eine »gute« Mutter zu sein, nehmen Sie also z. B. ein treffenderes Wort wie »liebend«, »geduldig« oder »fürsorglich und zärtlich«; statt »gute« Lehrerin wählen Sie »tüchtig« oder »verständnisvoll«; und statt »gute« Freundin sagen Sie »treu«, »humorvoll« oder »verläßlich«.
3. Denken Sie darüber nach, ob Sie etwas getan oder gesagt haben, das eine andere Person gekränkt haben könnte. Gibt es in Ihrem Verhalten einen Aspekt, von dem Sie annehmen, er irritiert, enttäuscht oder verärgert andere? Schreiben Sie diese Verhaltensweise auf und, wer davon betroffen ist. Notieren Sie auch, was Sie dieser Person sagen würden, wenn Sie die Techniken negativer Feststellung und negativer Fragestellung anwendeten.

12.
Konfrontation und Komplimente

Zu lernen, wie Sie mit Kritik an Ihnen umgehen, kann Ihre Fähigkeit verbessern, auch Kritik an anderen zu üben. Dieses Kapitel widmet sich dem Ausdruck negativer Gefühle anderen gegenüber, in einer Form, durch die der andere Ihnen zuhört, ohne sich angegriffen oder zurückgewiesen zu fühlen.

Wie teilen Sie berechtigten Ärger mit oder ein Problem, das Sie mit jemandem haben? Wie drücken Sie Ärger, Verletzung oder Enttäuschung aus? Was tun Sie, wenn Sie einen anderen kritisieren? Meiden Sie, wie Doris, direkte Konfrontation gänzlich und beklagen sich statt dessen *über* den Betreffenden? Tun Sie es wie Katrin mit dem Holzhammer, so daß der andere aus der Flut der Beschuldigungen das, was Sie eigentlich sagen wollen, gar nicht mehr »heraushören« kann? Oder wie Eva, die ihren Ärger indirekt, in Form von bissigen Bemerkungen mitteilt, so daß der andere sich gekränkt fühlt, ein unbestimmtes Schuldgefühl hat, ohne genau zu wissen, was Sie eigentlich von ihm wollen? Diese Verhaltensweisen haben eines gemeinsam: Die Botschaft wird nicht verstanden, entweder weil Sie sie nicht ausgesprochen haben, oder weil sie in einer Art herauskommt, die den anderen zum Gegner macht oder ihn verwirrt.

Sehen wir uns einmal an, wie Eva, Doris oder Katrin sich verhalten.

Eva ist beruflich überlastet und hat Schwierigkeiten, mit der Hausarbeit fertig zu werden. Sie möchte ihren Sohn bitten, ihr zu helfen, die Küche sauberzumachen.

Eva betritt die Küche.
Eva vorwurfsvoll: Sieh dir nur dieses Chaos an.
Sohn abwehrend: Hör um Himmels willen auf zu jammern.
Eva klingt gequält: Immer bleibt das Saubermachen an mir hängen.
Sohn: Seufz, stöhn.
Eva: Werd bloß nicht frech. Wärst du rücksichtsvoller, müßte ich dich nicht zurechtweisen.
Sohn steht auf und geht zur Tür.
Eva: Wo willst du hin?
Sohn: Raus. Ich halt's hier nicht mehr aus.
Er geht hinaus und knallt die Tür zu.
Eva fühlt sich besiegt, verärgert und bricht in Tränen aus.

Doris ist eine nervöse Beifahrerin, ihr Ehemann ein schneller Fahrer und außerdem stolz auf seine Fahrkünste. Jedesmal, wenn sie Auto fahren, hält Doris sich fest, ist verkrampft und fühlt sich unbehaglich.
Doris: Warum fährst du nicht ein bißchen langsamer?
Ehemann: Keine Sorge. Ich hab' den Wagen vollkommen unter Kontrolle.
Doris: Müssen wir so schnell fahren?
Ehemann: Es kann nichts passieren. Mach dir keine Sorgen.
Doris: Warum fährst du nicht etwas langsamer?
Ehemann: Es ist alles in Ordnung. *(Ungeduldig)* Ich weiß, was ich tue, kapier das doch. *(Gibt Gas)*
Doris: Ja, aber...
Ehemann: Hör zu, mach die Augen zu oder tu irgendwas anderes, aber überlasse das Fahren mir.
Er gibt wieder Gas; Doris ist so verängstigt, daß sie nichts mehr sagt.

Katrin will ihren Abteilungsleiter bitten, ihr am nächsten Tag ein paar Stunden freizugeben. Sie spricht mit einer Kollegin darüber, und ein männlicher Mitarbeiter sagt: »Wenn du ein bißchen mit deinem Busen wackelst, ist die Sache doch schon gelaufen!«

Katrin (wütend): Ihr Männer seid doch alle gleich! Ihr könnt auch immer nur an eines denken.
Kollege: Kann ich doch nichts dafür, wenn du einen Riesenbusen hast, oder?
Katrin: Hau doch ab!
Kollege: Wieso gehst du denn gleich in die Luft? Verstehst wohl überhaupt keinen Spaß.
Katrin: Du ekelst mich an.
Sie geht hinaus, fühlt sich verletzt, gedemütigt und wütend.

Teil der Schwierigkeit ist, daß wir unseren negativen Gefühlen Zeit geben, ihre volle Intensität zu entwickeln. Statt in dem Augenblick, in dem wir verletzt oder verärgert werden, etwas zu sagen, finden wir tausend plausible Entschuldigungsgründe, es nicht zu tun. Erkennen Sie einen der folgenden »guten Gründe« für Ihre Zurückhaltung wieder?

Jetzt ist nicht der richtige Moment? »Wir sitzen so nett beieinander... schließlich ist Weihnachten / bin ich in einer fremden Wohnung / sind wir gerade beim Abendessen / kann ich keine Szene vor all den Leuten machen.«
Es ist nicht ihr Fehler? »Er ist nur schlecht gelaunt. Sie ist übermüdet / zu empfindlich oder krank oder alt. Sie wußte nicht, was sie tat. Er kann nichts dafür. Sie hat es nicht bemerkt. Er hat heute seinen schlechten Tag.«
Es ist nicht wichtig? »Es ist zu trivial. Ich bin überempfindlich. Die Sache ist es nicht wert, sich darüber aufzuregen. Ich habe auch meine Fehler.«
Angst, einen schlechten Eindruck zu machen? »Wenn ich unrecht habe, hält man mich für dumm. Ich möchte mich nicht lächerlich machen. Ich möchte nicht kleinlich / unvernünftig / undankbar erscheinen.«
Das Bedürfnis, einen anderen zu schützen? »Er kann keine Kritik vertragen – es würde ihn nur verärgern. Sie wäre schrecklich beleidigt, wenn ich ihr sagte, wie ich darüber denke.«
Angst vor Konsequenzen? »Vielleicht verurteilt er *mich* / ver-

liert sie die Beherrschung. Wie werden sie reagieren, wenn ich *jetzt* etwas sage, nach so langer Zeit?«

Wir sitzen in der Mitleidsfalle. Wir scheuen uns, etwas zu sagen, weil wir nicht nörgeln oder kritisieren oder jemandem ein schlechtes Gefühl geben wollen. Aber wie wir ja wissen, stauen sich Ressentiment, Ärger und Verletzung auf – anstatt gleich etwas zu sagen, solange das Problem noch klein ist, lagern wir es ein, bis der Druck steigt und wir explodieren, oft einem Menschen gegenüber, den wir gern haben und der dann mehr als seinen gerechten Anteil an Kritik abbekommt.

Und plötzlich wird es »lebenswichtig«, ob Ihnen jemand eine Tasse Tee aufbrüht oder nicht. Ein Kratzer im Lack, die offen gelassene Zahnpastatube, Ihr Stuhl, der nicht am gewohnten Platz steht, eine schnippische Bemerkung, die letzte Briefmarke, die ohne zu fragen genommen wurde, irgendein lächerlicher Vorfall kann zur riesigen Katastrophe werden.

Aufgestauter Ärger verzerrt das, was wir fühlen und sagen. Wir wollen eine einfache Bemerkung machen oder eine Bitte aussprechen, aber in der Aufregung gerät uns die Sache außer Kontrolle, wir verlieren den Halt und greifen nach jeder Möglichkeit, wieder Herr der Situation zu werden. Eine kleine Bemerkung eskaliert zum handfesten Streit, die Szene verwandelt sich in eine *Kampfarena.* Hier das Beispiel eines Dialogs, wie man ihn in dieser Arena oft zu hören bekommt:

A: Es war dumm von uns, hinzugehen.
B: Es war doch deine Idee.
A: Ich habe den Vorschlag nur gemacht, weil dir wie üblich nichts einfällt.
B: Aha. Das letzte Mal, als ich einen Vorschlag gemacht habe, hast du den ganzen Abend herumgestänkert.
A: Ich und stänkern? Du hast doch letzte Woche im Theater den ganzen Abend gestänkert, es sei zu voll und überhaupt. Ständig nörgelst du herum und beschwerst dich über alles. Du hängst mir zum Hals heraus.
B: Na, du bist auch nicht gerade ein Honiglecken. Das Leben

mit dir ist ungefähr so aufregend wie der Abwasch von gestern.
A: Aha? Die gnädige Frau findet das Leben mit mir also langweilig. Ich will dir mal was sagen, Schatz, ohne dich hätte ich aus meinem Leben was Besseres gemacht...

Eine Arena ist ein Kampfplatz – der Partner wird zum Gegner. Einer muß gewinnen. Wettkämpfe können anregend und stimulierend sein, aber auch ermüdend und reine Zeitverschwendung. Die intensiven Gefühle verzerren die Fähigkeit des Zuhörers, das zu *hören,* was Sie sagen. Er konzentriert sich auf seine Abwehr oder rüstet sich zum Gegenschlag. In Wahrheit sagt keiner von beiden etwas Sachbezogenes – spuckt nur eine Menge genereller Rachegedanken aus. Bruchstücke früherer Verletzungen und Frustrationen fliegen durch die Gegend – leichte Waffen –, aber die Klarheit bleibt dabei auf der Strecke. Wenn Sie klare Kommunikation wünschen, einen Dialog, wenn Sie wollen, daß der andere Ihnen zuhört und Sie versteht, dann müssen Sie die kultivierte Atmosphäre eines *Forums* herstellen. In einem Forum herrscht das Klima gegenseitigen Respekts, in dem Sie Ihre Sache vorbringen und auch der anderen Person zuhören können, mit dem Ziel einer klaren und effektiven Kommunikation.

Wie stellen Sie ein Forum her, in dem Sie Ihre negativen Gefühle positiv ausdrücken? Wenn Sie mit Ihrer Kritik erreichen wollen, daß Ihr Gesprächspartner zuhört, was Sie sagen, und Sie nicht Pluspunkte sammeln oder sich als Richter aufspielen wollen, dann helfen Ihnen vielleicht folgende Richtlinien:

1. Wählen Sie Zeit und Ort klug aus. Dann sind Sie in einer sehr viel besseren Ausgangsposition, sich klar verständlich zu machen. Wenn Sie eine Konfrontation herbeiführen wollen, warten Sie nicht, bis etwas wieder geschieht; trösten Sie sich nicht damit, daß Sie beim *nächsten* Mal ganz bestimmt sagen werden, was Sie sagen möchten. Beim nächsten Mal sind Ihre Gefühle nämlich ebenso negativ und Sie riskieren, wieder alles falsch zu machen. Sind Sie bei einer Auseinandersetzung unsicher, so erleichtern Sie sich den Anfang, indem Sie den Zeitpunkt vorher bestimmen. Eine einfache Aussage: »Ich möchte mit dir eine Zeit festlegen, weil wir über etwas Wichtiges sprechen müssen« – fünf Minuten, eine Stunde, was Sie wollen. Der Gesprächspartner ist vorbereitet, und Sie haben die Möglichkeit, das Klima eines Forums zu schaffen.

2. *Beschreiben Sie das Verhalten, stempeln Sie die Person nicht ab.* Vergleichen Sie folgende zwei Bemerkungen: »Du bist so gemein. Immer versuchst du mich vor anderen bloßzustellen« und »Ich fühle mich vor den anderen bloßgestellt, wenn du mich unterbrichst, kritisierst und mir vorwirfst, ich wisse nicht, wovon ich spreche.« Die erste Bemerkung drückt einen Stempel auf und unterstellt, daß die Wirkung beabsichtigt war. Die zweite Bemerkung drückt nur aus, was Sie aufgrund eines Verhaltens *fühlen* und welche Wirkung dieses Verhalten auf Sie hat. Sie ist die korrekte Form einer selbstsicheren Konfrontation.

3. *Drücken Sie Ihre Gefühle über ein Verhalten aus.* Dieser Schritt ermöglicht es Ihnen, Gefühle zu äußern, ohne sich selbst als zweifelhafte Autorität aufzuspielen. Niemand von uns hört es gern, wenn man ihn als unreif, faul, verworren oder egoistisch bezeichnet. Das nagt. Es erinnert uns an frühere Kritikerlebnisse. Die spontane Reaktion darauf ist Abwehr. Drücken Sie aus, wie Sie sich *fühlen.* Sie haben gelernt, Ihre Gefühle selbstsicher auszudrücken, und erinnern sich, daß niemand Ihnen einen Vorwurf aus Ihren Emotionen machen wird. Die offene Benennung eines Gefühls hört sich nicht überheblich an, deshalb hört der andere auch eher zu, was Sie sagen.

Die Versuchung, zu etikettieren, ist groß, ebenso wie die Versuchung, dem anderen Schuld zuzuweisen. Mag es Sie auch vorübergehend erleichtern, sich etwas von der Seele geredet zu haben und den anderen unter Ihrer Beschuldigung zusammenzucken zu sehen, denken Sie stets daran: letztlich riskieren Sie damit den Abbruch jeglicher Kommunikation.

Oft glauben wir die Absichten anderer genau zu kennen, weil wir unsere Motivation für gleiche Handlungen auf die anderen übertragen. Wir sagen zum Beispiel: »Wie konnte sie das tun. Sie muß doch wissen, daß es mich aufregt.« Oder: »Er kennt meine Gefühle. Also muß er es absichtlich getan haben, um mich zu ärgern.« Vielleicht haben Sie recht, es besteht aber immer die Möglichkeit, daß Sie nicht recht haben, wenn Sie Ihr eigenes Verhalten zugrunde legen, um Handlungen und Absichten anderer zu interpretieren. Es ist ebensogut möglich, daß der andere Sie unabsichtlich verletzt oder angegriffen hat.

Andere Menschen wissen nicht immer, wie tief eine Bemerkung Sie verletzen oder beleidigen kann, wie wichtig etwas für Sie ist oder welche Bedürfnisse Sie haben – vielleicht haben Sie sich nicht deutlich genug ausgedrückt. Gelang es Ihnen bisher, Ihre Gefühle zu verbergen, dann kann es für Ihre Mitmenschen ein ziemlicher Schock sein zu erfahren, was Sie wirklich empfinden. Geben Sie ihnen eine Chance, anstatt sie gleich mit Vorwürfen zu überhäufen. Erst wenn Sie klar zu verstehen gegeben haben, was Sie beleidigt oder verwundet, und sie dann keine Rücksicht darauf nehmen und wie vorher handeln, ist die Situation anders. Aber zuerst sagen Sie, wie Sie das Verhalten eines Mitmenschen empfinden, und lassen Sie ihn *aufrichtig* wissen, wie es Sie trifft.

4. Seien Sie präzise. Fordern Sie eine bestimmte Veränderung. Die konstruktive Kritik im Sinne der Selbstbehauptung unterscheidet sich völlig von einer allgemeinen Definition von »richtig« und »falsch«: Einfach zu sagen, »Du bist langweilig«, »unreif«, »dumm« oder »egoistisch«, führt zu nichts. Auch vage Andeutungen, daß Sie gern größere Aufmerksamkeit hätten oder Hilfe im Haushalt, genügen nicht.

Der Nachteil vager Andeutungen ist zweifach. Erstens: Wenn Sie nicht präzise aussprechen, was Sie wollen, wird der andere es nicht wissen. Wie kann er sich bereit erklären zu tun, worum Sie ihn bitten, wenn ihm nicht klar ist, wozu er sich eigentlich bereit erklären soll? Die Sache wird auch nicht leichter für Sie, wenn Sie sich drei Wochen später beschweren, »Ich habe dich doch gebeten, mir etwas mehr im Haushalt zu helfen«, und Sie die prompte Antwort erhalten »Gestern habe ich doch die Tassen gespült«. Was sollen Sie darauf sagen? *Sie* wissen, daß Sie mehr wollten, als einmal Tassen spülen; aber wenn Sie es nicht ausdrücklich gesagt haben, können Sie sich auf nichts beziehen. Genauigkeit ist auch ein Punkt, wie sich konstruktive Kritik von Angriff oder Vorwurf unterscheidet. Übernehmen Sie klar und direkt die Verantwortung, das zu sagen, was Sie wollen. Da Ihr Mitmensch nicht in Ihrem Kopf sitzt, kann er es nicht automatisch wissen. Denken Sie daran: Konstruktive Kritik ist eine gleichberechtigte Interaktion, also müssen Sie so klar wie möglich sein. Menschen reagieren zumeist bereitwillig, wenn sie detaillierte Anweisungen erhalten.

Achten Sie darauf, daß Ihre Versuche konstruktiver Kritik nicht in ungebetene Ratschläge ausarten, wie ein anderer Mensch sich zu verhalten hat. Sätze wie »Du solltest mehr Verständnis aufbringen«, »Sei nicht so empfindlich«, »Du müßtest geselliger sein«, »Du solltest ehrgeiziger sein« stellen sich als Angriffe auf die Persönlichkeit eines anderen Menschen dar. Ihr Ziel soll aber nicht sein, allgemeine Urteile über den anderen abzugeben – so wohlmeinend sie auch sein mögen –, sondern Ihr Ziel ist auszudrücken, wie Sie einen Aspekt seines Verhaltens empfinden, der sich ändern läßt.

Denken Sie darüber nach, wie Eva, Doris und Katrin ihre vorher angeführten Situationen nach diesen Richtlinien gehandhabt hätten:

Eva: Ich möchte mit dir über deine Mithilfe im Haushalt sprechen.
Sohn: O nein, nicht schon wieder.
Eva bestimmt: Ich weiß, wir haben schon darüber gesprochen, aber ich habe mich nicht klar ausgedrückt. Nun möchte ich in Ruhe mit dir darüber sprechen.
Sohn: Was willst du denn? *(Mürrisch, aber er hört zu.)*
Eva: Ich bin in letzter Zeit beruflich sehr angespannt und schaffe die Hausarbeit alleine nicht mehr. Ich ärgere mich darüber *(Gefühl)*, wenn du mir die ganze Arbeit überläßt. *(Verhalten des Sohnes)* Ich möchte, daß du die Küche einmal am Tag aufräumst. *(Präzise Veränderung)*
Sohn: Das ist nicht mein Job.
Eva: Ich weiß, es ist nicht gerade deine Lieblingsbeschäfti-

gung. Aber ich brauche deine Hilfe und möchte, daß du die Küche einmal am Tag aufräumst.

Doris spricht zu Hause mit ihrem Mann, nicht während der Fahrt.
Doris: Ich möchte, daß du mir zuhörst. Ich habe wirklich schreckliche Angst, wenn du so schnell fährst, und am Ende der Fahrt bin ich jedesmal völlig erledigt. Ich möchte, daß du langsamer fährst, wenn ich neben dir sitze. *(Präzise Veränderung)*
Ehemann: Aber ich bin ein ausgezeichneter Fahrer.
Doris: Das weiß ich. Aber das schnelle Fahren macht mir Angst.
Ehemann: Ich wußte nicht, daß du solche Angst hast.
Doris: Ich habe es nie klar ausgesprochen, aber ich halte es einfach nicht aus. Ich weiß, es klingt lächerlich, aber Tatsache ist, daß ich Angst habe.

Katrin bittet ihren Kollegen, ein paar Minuten mit ihm alleine sprechen zu können. Sie möchte das Thema nicht vor allen anderen diskutieren, weil sie spürt, unter vier Augen eine bessere Chance zu haben, sich verständlich zu machen.
Katrin: Ich möchte, daß du mir genau zuhörst. Wenn du Sprüche über Frauen losläßt, insbesondere über meinen Körper, fühle ich mich verletzt und wütend. Ich empfinde sie als sehr beleidigend. Ich weiß nicht, ob dir bewußt ist, wie stark ich darüber empfinde.
Kollege: Das ist eben meine Art von Humor.
Katrin: Für dich mag das lustig sein. Aber ich finde diese Bemerkungen extrem verletzend und möchte, daß du damit aufhörst. *(Präzise Veränderung)*

Alle Frauen haben ihre Gefühle ausgesprochen, das Verhalten beschrieben und eine präzise Veränderung gefordert. Die Überzeugung, mit der Sie sich ausdrücken, hängt vielleicht vom nächsten Punkt ab.

5. *Machen Sie Konsequenzen klar.* Das hat nichts mit einer Drohgebärde zu tun »entweder–oder...«. Sie müssen diese

Konsequenzen nicht in große Worte fassen, aber es ist sehr wichtig, daß Sie *für sich selbst* die Konsequenzen überlegen. Sie können positiver oder negativer Natur sein. Einfacher ist es, positive Folgen zu nennen – was geschieht, wenn der andere auf Ihre Wünsche eingeht. In Evas Fall ist die positive Konsequenz die, daß sie sich dank der Hilfe ihres Sohnes weniger gestreßt fühlt und freundlicher zu ihm sein wird. Dadurch verbessert sich die Atmosphäre in der Familie. Doris könnte sagen, daß sie als Folge weniger strapaziert und reizbar ist, daß sie die gemeinsamen Stunden mit ihrem Mann lockerer genießen kann. Katrin sagt vielleicht, die Zusammenarbeit mit ihrem Kollegen würde ihr größeren Spaß machen, wenn er seine persönlichen Bemerkungen unterließe.

Die negativen Konsequenzen sind problematischer. Sie können geringfügiger oder bedeutender sein: die Entscheidung, das Geschäft zu wechseln, wenn die Bedienung nicht zufriedenstellend ist; oder den Arzt zu wechseln, wenn Sie mit der Behandlung nicht zufrieden sind; es kann aber auch bedeuten, eine Beziehung zu beenden. Dieser Schritt ist ein wichtiger Punkt in der Konfrontation mit sich selbst. Wenn Ihnen Ihr Selbst und die Beziehung wichtig sind, wird Ihnen daran gelegen sein, zu einer Lösung zu kommen. Andernfalls erhebt sich die Frage, warum Sie überhaupt Kritik üben. Um Veränderung im Verhalten eines Menschen zu bitten und dann die Tatsache zu ignorieren, daß nichts dabei herauskommt, wirkt sich nur negativ aus. Niemand wird Sie ernst nehmen, am wenigsten Sie selbst. Dieser Schritt hilft Ihnen, darüber nachzudenken, ob Sie bereit sind, sich mit einem Problem endlos auseinanderzusetzen.

Wenn Ihre Nachbarin nicht aufhört, Sie zu belästigen, bleibt Ihnen vielleicht nichts anderes übrig, als sich eine andere Wohnung zu suchen; wenn Ihr Partner nicht aufhört zu trinken, müssen Sie ihn vielleicht verlassen; wenn Ihre Freundin nicht aufhört, Sie zu belügen, müssen Sie die Freundschaft möglicherweise beenden; wenn Ihr Chef Ihnen nicht mehr Geld gibt, müssen Sie eventuell die Stelle wechseln. Das sind bedeutende Schritte, vor denen wir zurückschrecken. Aber sie zumindest in Erwägung zu ziehen, verhilft Ihnen vielleicht zu einer vorübergehenden Lösung. Anstatt Ihr Leben in einem Zustand ständiger Aufregung und Unruhe zu verbringen, können Sie Ihre Energie auf andere Dinge konzentrieren. Wenn Sie sich die Mühe gemacht haben, der betreffenden Person gegenüber *genau* auszudrücken, wie stark Ihre Gefühle sind, fühlen Sie sich immer noch besser, als wenn Sie Ihren Ärger in sich hineinfressen. Diese Entscheidung ist natürlich eine sehr persönliche. Jeder Mensch hat seine Grenzen, jeder sieht die Situation eines anderen nur als Außenstehender, und auch wenn wir sagen »Ich weiß nicht, wie du das aushältst, ich wäre schon längst weggelaufen«, wird jeder Mensch das auf sich nehmen, was er möchte, und seine eigenen Grenzen selbst bestimmen. Wir verändern uns, wenn und wann wir dazu bereit sind.

Seien Sie gütig zu sich und anderen: Da wir in unserer Gesellschaftsstruktur so schlecht mit Kritik umgehen, seien Sie mit dieser Art der Konfrontation vorsichtig. Ihr Mitmensch empfindet sie vielleicht als Schlag ins Gesicht und ist von Ihrem Verhalten ziemlich schockiert. Sie kann also mißverstanden werden, auch wenn Sie selbstsicher handeln und *nicht* aggressiv.

Nehmen wir ein Beispiel: Nicole und Dina sind Freundinnen. Nicole freut sich, Dina als Gast bei sich zu haben, trotzdem hat sich bei ihr einiger Ärger aufgestaut, weil Dina nichts zum Lebensunterhalt beiträgt. In den Wochen hätte sie es gern gesehen, wenn Dina auch einmal Lebensmittel eingekauft, sie mal zum Essen eingeladen oder angeboten hätte, irgend etwas zu bezahlen, vielleicht nur ein paar Flaschen Wein mitgebracht hätte. Sie hat aber noch nicht wirklich darüber *gesprochen.*

Nicole: Dina, ich möchte es dir schon seit einer ganzen Weile sagen, ich nehme dir übel, daß du in der Zeit, in der du bei mir wohnst, noch nie etwas bezahlt hast.
Dina (schockiert): Du hast nie von Geld gesprochen. Ich dachte, ich bin dein Gast.

Nicole: Natürlich bist du mein Gast, aber du hättest irgendwann mal Wein kaufen oder etwas bezahlen können. (1)
Dina (verletzt und sich zur Wehr setzend): Du unterstellst mir also, ich bin geizig, oder? Wenn du bei *mir* wohnen würdest...
Nicole: Ich sage nicht, daß du geizig bist. Und es ist meine Schuld, mich nicht von Anfang an klar ausgedrückt zu haben. Ich hätte nachdenken und direkt sein müssen, aber das war ich nicht. Bist du jetzt wütend auf mich? *(Negative Frage. 2)*
Dina: Ja, ich bin verärgert und bin dir böse, daß du nie etwas gesagt hast. Es kann nicht weit her sein mit unserer Freundschaft, wenn du zu mir nicht ehrlich bist.
Nicole: Du hast recht. Ich akzeptiere das. Es tut mir leid.
Dina: Ich kann mich umsehen und woanders wohnen.
Nicole: Von mir aus mußt du das nicht. Ich habe dich gern bei mir. Du bist eine gute Gesellschafterin und hast mir in vielen Dingen geholfen. Ich will nur, daß wir zu einem Arrangement kommen, mit dem wir beide zufrieden sind.

Der Schlüssel liegt in den Bemerkungen 1 und 2. Nummer 1 ist ein Vorwurf. Nicole übernimmt die Verantwortung für ihren eigenen Mangel an Selbstsicherheit in der Vergangenheit nicht, sondern macht Dina statt dessen Vorwürfe. Nummer 2 trifft den Punkt und ist *gleichberechtigt.* Sie übernimmt die Verantwortung und fordert Kritik an ihrer Person heraus. Das ist der Unterschied zwischen positiver Kritik und einseitiger oder destruktiver Kritik. Das Prinzip der Gleichheit bleibt während der Interaktion erhalten – auch wenn Sie die Initiative der Konfrontation übernehmen, betrachten Sie die andere Person als gleichgestellt. Greifen Sie auf dieses Modell zurück bei Auseinandersetzungen, anstatt Ihren Vers aufzusagen und wegzulaufen.

Eine andere Gefahr, die es zu beachten gilt, ist das *Museum.* Jede lang andauernde zwischenmenschliche Beziehung ist mit einer Geschichte verbunden. Dieses psychologische Museum ist voller Relikte aus der Vergangenheit – jede Abteilung dieses Museums beherbergt eine andere Periode mit anderen Beziehungen unseres Lebens. Mit bemerkenswerter Genauigkeit katalogisieren wir jede Begebenheit und bewahren unsere unausgesprochenen und halbausgesprochenen Ressentiments, unsere ungeschlagenen Schlachten, unverziehene Taten und verletzende Bemerkungen wie Sammlerstücke auf. Sie werden als Munition hervorgeholt, um unseren Groll und Ärger zu schüren. Ein kleiner Vorfall kann ein ganzes Waffenarsenal von Ressentiments öffnen.

Es ist sehr wichtig, sich davon fernzuhalten. Sie können Ihre Gefühle in einer wichtigen Beziehung auch ohne das Gefühlsmuseum handhaben, aber entscheiden Sie sich für *eins nach dem anderen.* Eine Beziehung als Ganzes verändern zu wollen, ist zu komplex. Beginnen Sie mit kleinen Dingen, die Sie in den Griff bekommen können.

Ein letzter Vorschlag ist, die Auseinandersetzung *mit einer positiven Bemerkung zu beenden.* Das bedeutet keineswegs, sich bei der anderen Person einzuschmeicheln: »Weißt du, ich hab' dich wirklich gern/vergiß, was ich eben gesagt habe/es hat wirklich keine Bedeutung/es ist nicht so wichtig.« Es handelt sich vielmehr um eine positive, ehrliche Aussage, wie Sie sich fühlen, zum Beispiel:

»Ich bin froh, Gelegenheit gehabt zu haben, mit dir darüber zu sprechen.«

»Ich bin erleichtert, das Problem vom Herzen zu haben.«

»Ich bin dir dankbar, daß du mir zugehört hast.«

»Ich bin glücklich, daß ich in der Lage war, mit dir über diese Dinge zu sprechen.«

Gegebenenfalls können Sie eine positive Äußerung über ihren Gesprächspartner hinzufügen. Wie Nicole, die ihre Freundin lobt. Sie finden sicher eine Bemerkung, um die Wechselwirkung auszugleichen, eine kleine positive Anmerkung, die zeigt, daß Sie die andere Person wirklich schätzen und nicht nur negative Seiten in ihr sehen.

Dies führt uns zu einer weiteren, ebenso wichtigen Fähigkeit.

Komplimente machen und entgegennehmen

Im Umgang mit positiven und anerkennenden Äußerungen haben wir seltsamerweise ähnliche Probleme. Wir stellen positive Dinge an anderen Leuten fest, halten uns aber zurück, etwas darüber zu sagen, weil wir uns ungeschickt und albern vorkommen und nicht wissen, wie wir vorgehen sollen. Und wenn wir schon mal einen Versuch starten, stoßen wir oft auf Verlegenheit und peinliche Reaktion und ziehen uns hastig wieder zurück, überzeugt, daß es die Mühe nicht lohnt.

Wie gehen Sie vor, wenn Sie einer anderen Person Ihre Anerkennung ausdrücken wollen? Sagen Sie gar nichts? Ist es Ihnen peinlich, ein Kompliment zu machen, murmeln Sie statt dessen etwas Unverständliches in sich hinein oder sagen etwas sehr Allgemeines, wie »Du bist großartig / wunderbar / phantastisch / toll«, um so den Anfang für eine positive Äußerung zu machen, erreichen aber nichts damit, weil diese Allgemeinplätze den anderen im unklaren lassen, was Sie eigentlich meinen?

Ihre eigene Verlegenheit zu meistern, kann die erste Hürde sein:

Rita, eine ehrliche, offene Frau, die keine Probleme kannte, Ihre Gefühle in anderen Bereichen auszudrücken, wußte nicht, wie sie ihrer 16jährigen Tochter sagen sollte, wie beeindruckt sie von ihrem Fleiß und ihren guten Leistungen in der Schule war. Sie übte es im Rollenspiel und schließlich konnte sie ihrer Tochter gegenüber nicht nur ihren Stolz und ihre Anerkennung ausdrücken, sondern auch ihre Gefühle der Verlegenheit eingestehen.

Eine selbstbewußte Form der Anerkennung bedarf einiger Geschliffenheit und Feinheit im Sprachgebrauch. Statt vage Vokabeln wie »toll« oder »prima« zu verwenden, sollten Sie genauer sein, zum Beispiel:

»Das war eine sehr schwierige Situation – du bist mit großem Einfühlungsvermögen damit fertig geworden.«
»Ich bin beeindruckt von deiner Standhaftigkeit unter diesen schwierigen Umständen.«
»Ich schätze die Zeit und Mühe, die du dir machst, damit ich mich wohl fühle.«
»Ich bewundere deine Aufrichtigkeit, obwohl sie ein Risiko war.«
»Du siehst fabelhaft aus in diesem Kleid.«

Wie verhält man sich als Empfänger? Unsere Verlegenheit läßt uns gewöhnlich abwehrend antworten. Wir tun das, was die andere Person sagt, auf verschiedene Weise ab. Erkennen Sie folgende Situationen wieder? Jemand macht Ihnen ein Kompliment über Ihr Kleid, und Sie wehren die Begeisterung mit der Entgegnung ab: »Was? *Der* alte Fetzen?«, oder Sie sehen ihn ungläubig an: »Was soll das heißen, ich sehe in diesem Kleid elegant aus? Das hab' ich vor zehn Jahren für ein paar Pfennige gekauft!« Wenn jemand Sie für eine gute Arbeit lobt, nimmt Ihre Bescheidenheit übertriebene Ausmaße an, und Sie lehnen jede Anerkennung ab: »Nicht doch, ist ja nicht der Rede wert«, oder sogar: »Mach kein solches Theater draus!«

Völlig unbeabsichtigt schaffen wir es, daß die andere Person sich lächerlich vorkommt. Unsere Abwehrreaktionen lassen im besten Fall die Geste des anderen unpassend erscheinen und im schlimmsten Fall recht dämlich. Denken Sie an Ihre eigene Erfahrung: Derjenige, der sich die Mühe *macht*, Ihnen ein aufrichtiges Kompliment zu erteilen, ist verletzlich. Eine andere Abwehrreaktion, die es zu vermeiden gilt, ist die automatische Antwort: Sobald einer anderen Person ein Kompliment über die Lippen kommt, geben Sie es prompt – oft unaufrichtig – zurück: »Oh, aber *dein* Kleid ist auch schön«, oder: »*Eben* habe ich das gleiche von dir gedacht!« Auch diese Reaktion entspringt der Unsicherheit und macht das, was die andere Person gesagt hat, unwirksam.

Erkennen Sie den Unterschied? Haben Sie sich schon mal bei dem Gedanken erwischt: »*Was* steckt da wohl dahinter?«, wenn Ihnen jemand ein Kompliment macht? Vermutlich sind Sie mißtrauisch, das Kompliment könne nur eine plumpe Schmeichelei sein, um Sie irgendwie zu manipulieren. Und oft ist Ihr Mißtrauen berechtigt!

»Aber du hast es so *gut* gemacht«, hören Sie, wenn man versucht, Sie rumzukriegen, eine Sache noch einmal zu machen! Oder »Wir hatten immer das Gefühl, Sie sind die richtige Person dafür«, sagt man, wenn man versucht, Sie zu einer Aufgabe zu überreden, vor der sich alle anderen drücken wollen! Oder »Du warst immer *so* großzügig«, wenn man versucht, Sie um Ihren gerechten Anteil zu bringen. Oder »Du bist stark wie ein Felsen«, sagt einer und klopft Ihnen dabei auf die Schulter, wenn er nicht zugeben will, daß Sie verletzlich und angreifbar sind. Und »Ich bewundere emanzipierte Frauen!«, während die Hand sich Ihren Schenkel entlangtastet!

Natürlich werden Komplimente manipulativ eingesetzt, doch in unserer Abwehrhaltung werfen wir alle ungesehen in einen Topf und mißtrauen *allen* Komplimenten. Zuerst gilt es, Schmeicheleien zu erkennen und sie wie Kränkungen (Kapitel 11) zu behandeln. Der zweite Schritt ist zu lernen, ehrlich gemeinte Komplimente selbstbewußt anzunehmen.

Wenn Sie im Zweifel sind, bitten Sie die Person, sich klarer auszudrücken. Wenn Sie sicher sind, daß ein Kompliment aufrichtig gemeint ist, geben Sie eine einfache Bestätigung – ein Lächeln oder ein »Danke« reichen aus – und der andere weiß, sein Kompliment ist angekommen –, es wurde weder abgetan noch zurückgewiesen.

Wenn Sie keinen Zweifel an der guten Absicht haben, Ihnen aber nur nicht klar ist, was die Person mit »erstaunlich« oder »unglaublich« ausdrücken will, dann *fragen* Sie nach. Eine sanfte Aufforderung hilft dem anderen, sich größere Mühe zu geben, ein treffenderes Wort zu finden. Diese Mühe lohnt sich für beide.

Sie können auch weiter gehen und dem Kompliment zustimmen. Das heißt *nicht* ein arrogantes »Ja, ich weiß«, das unterstellt, der Sprecher sage etwas *so* Offensichtliches, daß er es gar nicht hätte zu erwähnen brauchen. Es bedeutet vielmehr, das, was der andere sagt, zu bestätigen:

»Danke. Ich mag diese Farbe auch sehr gern.«
»Es freut mich, daß es dir gefällt. Ich finde, so kleidet es mich besser.«
»Es beruhigt mich, daß du so denkst, ich war mir nicht sicher, ob ich es richtig gemacht habe.«
»Es freut mich, daß dir das auffällt. Ich bin selbst recht stolz darauf!«

Jede Bemerkung, die Ihnen natürlich über die Lippen kommt und die zeigt, daß Sie hören, was der andere sagte, und daß Sie darüber erfreut sind, ist angebracht.

Klein und einfach, spontan und präzise. Die Gefahr bei diesem Umgang mit Komplimenten ist, daß Sie sich vielleicht noch verlegener und gehemmter vorkommen als sonst. Übung ist hier sehr wichtig, denn dadurch gewinnen Sie größere Sicherheit und können spontaner sein.

Ein Unterschied im Umgang mit Kritik und Komplimenten ist der, daß die starken negativen Gefühle gewöhnlich irgendwie zutage treten – aggressiv oder indirekt – und die positiven Gefühle nur allzuoft überlagern. Wir vergessen, den Menschen, die wir lieben zu sagen, daß wir sie lieben. Wir kaufen teure Postkarten mit blumigen Glückwünschen, anstatt unsere Gefühle mit wenigen, einfachen Worten zu sagen. Wir bedanken uns für aufwendige Weihnachtsgeschenke, aber die kleinen, zahlreichen Aufmerksamkeiten, die sehr wohl Dankesworte verdienen würden, sind uns zur Selbstverständlichkeit geworden.

Ein letzter Punkt: Mit wachsender Übung verlieren Sie Ihre Furcht, frei zu sprechen, und werden bald in der Lage sein, Ihre Anerkennung auszudrücken, einfach, weil Ihnen danach zumute ist. Mit der Zeit fällt es Ihnen leichter, spontan auf

Menschen einzugehen. Wir sind in den Normen unserer Leistungsgesellschaft so festgefahren, daß wir vergessen haben, wie man mit einem einfachen Wort, einer kleinen Geste der Liebe, des Lobes oder der Anerkennung Freude bereiten kann. Ein Geschenk, das aufrichtig von Herzen kommt und nichts kostet.

13.
Selbstbewußte Beziehung zu Arbeit und Geld

Die meisten Frauen arbeiten. Dieses Kapitel wendet sich nicht nur an Frauen, die in einer bezahlten Anstellung sind, sondern auch an jene, die ihre Zeit mit Kochen und Putzen verbringen, sich um den Ehemann und die Familie kümmern. Hausarbeit und Kindererziehung sind eine oft anstrengende und aufopfernde Tätigkeit, auch wenn sie nicht als offizieller Beruf anerkannt werden.

Ob ledig oder verheiratet, mit oder ohne Familie, ob wir arbeiten, um unseren eigenen Lebensunterhalt zu verdienen, damit die Familienkasse stimmt, um eine gewisse Unabhängigkeit zu bewahren, ob wir bestrebt sind, Karriere zu machen, oder ob Frauen, nachdem die Kinder erwachsen sind, in den Arbeitsprozeß zurückkehren, es scheint allgemeingültige Schwierigkeiten zu geben, mit denen wir als arbeitende Frauen fertigwerden müssen.

Ein Haupthindernis, sich in der Arbeit zu behaupten, ist das Problem, die Grenzen der Aufgabe und des Kompetenzbereichs abzustecken. Was erwartet man von Ihnen? Haben Sie das Gefühl, die Anforderungen, die an Sie gestellt werden, übersteigen Ihr Gehalt? Welche Forderungen stellen Sie an sich selbst? Die meisten von uns nehmen sich nicht die Zeit, sich diese Fragen zu stellen; die Folge davon ist, daß wir es uns zur Gewohnheit machen, mehr Aufgaben zu übernehmen, als wir eigentlich wollen, und so bald die Grenzen unserer Belastbarkeit erreichen.

Ilse, eine Ärztin Mitte Vierzig, war in einer vielbesuchten Gemeinschaftspraxis tätig. Sie übernahm auch alle Arbeiten im Haushalt. Ihren Mann konnte sie nicht um Unterstützung bitten, weil er krank gewesen war; ihre heranwachsenden

Kinder wollte sie nicht um Unterstützung bitten, da sie der Ansicht war, sie sollten ihr eigenes Leben leben. Ihr alter Vater, der bei ihnen lebte, brauchte besondere Fürsorge. Da er *ihr* Vater war, hielt sie sich alleine für verantwortlich für ihn. Und dann wurde auch noch die Katze krank! Sie hetzte von einem Termin zum anderen, nie fähig, Patienten, Kollegen, dem Ehemann, den Kindern, dem Vater oder der Katze eine Bitte abzuschlagen. In der Gruppe fragten wir sie: »Warum bittest du nicht X oder Y, dies oder jenes zu tun?« Doch sie bestand darauf, selbst *ihre* Aufgaben erfüllen zu müssen. Sie schaffte auch alles – oberflächlich gesehen –, doch kleine Familienkrisen arteten schnell in größere Katastrophen aus. Sie schrie die Kinder an, zog sich sexuell von ihrem Mann zurück, da sie zu erschöpft war; aber jeden Morgen begab sie sich erneut in die Tretmühle ihrer Aufgaben.

Ilse ist ein spezielles Fallbeispiel, aber viele Frauen gehen ähnliche Wege, da es uns schwerfällt, unsere Grenzen zu setzen. Vielleicht kennen Sie eine Frau wie Ilse. Oder erkennen Sie sich selbst in ihr wieder? Ilse zeigt sehr deutlich, was geschieht, wenn wir uns für unermüdlich halten.

»Ich beweise, daß ich es schaffe und immer so weitermachen kann.« Sind Sie eine Anhängerin dieses Irrglaubens, so haben Sie den einen oder anderen der folgenden Gedanken wohl selbst: »Müdigkeit, zumindest einzugestehen, daß ich müde bin, ist ein Zeichen von Schwäche«, »Ich muß dieses letzte bißchen Energie noch aus mir herausholen«, »Ich muß bis zum bitteren Ende durchhalten«. Solche Gedanken führen letztlich nur dazu, daß wir überlastet und deprimiert sind, manchmal sogar körperlich krank. Wir verhalten uns, als besäßen wir einen unerschöpflichen Vorrat an Liebe und Fürsorge für die anderen, als seien unsere Energie, unsere Zeit und unsere Kräfte unbegrenzt!

Es fällt oft schwer, sich daran zu erinnern, daß wir das Recht haben, unsere eigenen Bedürfnisse nach Fürsorge anzumelden. Es geht uns gegen den Strich, offen einzugestehen, daß wir Ruhe brauchen, um unsere Kräfte aufzutanken. Der Zwang, sich selbst als unermüdliche Idealfrau zu beweisen, treibt uns dazu, immer mehr Aufgaben zu übernehmen, bis spät in den Abend hinein zu arbeiten, am Wochenende Arbeit mit nach Hause zu nehmen, stets für Kunden, Patienten und die Familie dazusein, jede Krise in unserer Umgebung zu meistern, die Bedürfnisse aller anderen zu erfüllen, den Kopf mit hundert Problemen gleichzeitig voll zu haben. Dieser Druck fordert irgendwann seinen Preis – körperlich, geistig oder beides.

Wie äußert sich diese Erschöpfung? Doris ist immer müde. Ihre Schultern sind gebeugt, ihre Füße bewegen sich schleppend. Sie straft ihren Körper, indem sie ihn überfordert. Ihr Rücken schmerzt. Vielleicht geht sie zum Arzt und bittet um ein Medikament, um weitermachen zu können. Hin und wieder weint sie vor Erschöpfung. Ihre Umgebung merkt vielleicht, daß irgend etwas mit ihr nicht stimmt, man bittet sie sogar, sich auszuruhen, aber sie will nichts davon hören.

Auch Katrin verlangt sich viel ab. Sie rennt herum, ungeduldig mit allen, die ihr dabei im Wege stehen oder nicht das tun, was sie von ihnen erwartet. Sie hetzt sich ab, arbeitet die Nächte durch, brüllt ihre Mitmenschen an, fährt sie ärgerlich an, ihre Zeit zu vergeuden und nichts zu tun.

Eva drückt – wie zu erwarten – ihre Gefühle indirekt aus. Sie nimmt es übel, daß man ihr zu viel aufbürdet, tut dies aber in Schuldzuweisungen kund. Sie gibt sich sogar besondere Mühe und läßt ihrer Umgebung unverlangte Aufmerksamkeit zukommen. Vergebens protestiert man dagegen – man weiß nicht, soll man sich dankbar oder schuldig fühlen, jedenfalls fühlt man sich nicht wohl dabei.

Selbstbewußtes Verhalten beginnt mit dem Verstehen, wie schwer es ist, diese Gewohnheiten abzulegen, diesen Teufelskreis zu durchbrechen: Je müder Sie werden, desto weniger selbstsicher fühlen Sie sich, folglich auch unfähiger, Grenzen zu ziehen und zu sagen: »Jetzt reicht es.« Anstatt aufzuhören, wenn es dringend notwendig wäre, glauben Sie, daß nur noch ein bißchen mehr keinen *so* großen Unterschied ausmachte.

Bei vielen Frauen wird diese Einstellung geradezu eine Sucht: Es liegt viel Freude und Befriedigung darin, fünfzig

Dinge auf einmal zu schaffen, wenn andere höchstens zehn schaffen. Und wir empfinden einen sonderbaren Stolz, das zu schaffen, was andere nicht für möglich halten.

Dieses Verhaltensmuster zu ändern, muß ganz allmählich geschehen. Selma entschloß sich, mit kleinen Schritten zu beginnen. Täglich eine halbe Stunde das zu tun, wozu sie Lust hatte, war der Anfang – sich hinlegen, nur dasitzen, spazierengehen, ausrasten, irgend etwas. Das erfordert große Willenskraft, denn sie findet immer dreißig andere Dinge, die sie tun »müßte«, aber sie schafft es, ihren Schuldgefühlen nicht nachzugeben. Wenn die Kinder an ihrer Tür klopfen, erinnert sie sie daran, daß es *ihre* halbe Stunde ist. Sie braucht diese Zeit, um nachzudenken, wie sie es anstellen kann, ihre anderen Aktivitäten »zu beschneiden«: wo sie anfangen kann zu reduzieren, wo sie um Hilfe bitten kann, und wie sie zu weiterer Arbeit nein sagen kann.

Das war auch in Dortes Fall nötig. Sie arbeitete als Nachtschwester in einem Krankenhaus: Haushalt und Kindererziehung bestimmten ihren Tagesablauf – das ließ ihr buchstäblich keine Ruhepause und wenig Schlaf. Sie wußte, das konnte auf die Dauer nicht gutgehen. Als erstes mußte sie sich zu ihrem *Bedürfnis* bekennen und dann nachdenken, in welcher Form sie Hilfe bekommen konnte. Sie bat ihren Mann, einige Einkäufe zu erledigen, und ihre Schwester, die Kinder von der Schule abzuholen. Einen Anfang hatte sie also gemacht.

Der erste Schritt ist schwierig. Oft gibt man vor, es schon noch zu schaffen, und gesteht sich nicht ein, daß einem die Dinge über den Kopf gewachsen sind. Das kann ein schleichendes Übel sein! Gabi arbeitete seit zwei Jahren als Sekretärin und Assistentin für einen vielbeschäftigten Manager. Beinahe unmerklich nahm ihr Job, der als Acht-Stunden-Tag begonnen hatte, ihre Abende in Anspruch und bald auch den größten Teil ihrer Wochenenden. Je tüchtiger sie war, desto mehr verlangte ihr Chef von ihr, in der Annahme, sie würde es schon schaffen, und das tat sie auch. Nicht einmal sagte sie nein, ließ sich immer mehr aufhalsen, bis ihr überhaupt keine Zeit mehr für ihr Privatleben blieb. Als sie darüber nachdachte, warum sie sich so viel Arbeit aufbürden ließ, stellte sie fest, daß sie nicht nein sagen wollte, weil sie fürchtete, als unwillig, nicht einsatzbereit und schlechte Mitarbeiterin zu gelten. Deshalb hatte sie auch ihrem Chef gegenüber keine klaren Grenzen gesetzt. Sie mußte eine Lösung finden, die ihr mehr Freizeit zusicherte, gleichzeitig aber gewährleistete, daß ihre Arbeit nicht darunter litt. Das hieß freilich, die Situation mit ihrem Chef zu besprechen und zu untersuchen.

Sandras Fall lag ähnlich. Sie arbeitete als Redakteurin bei einer Zeitschrift und wurde immer gebeten, Manuskripte übers Wochenende mit nach Hause zu nehmen. Sie wollte nein sagen, andererseits aber gefällig sein. Sie übte, nein zu sagen und einen Kompromiß auszuhandeln, und fand so einen Ausweg aus dem Problem.

Pflichtbewußtsein, Freundlichkeit, Einsatzbereitschaft und vor allen Dingen Hilfsbereitschaft sind wichtige Teilaspekte des Eindrucks, den Sie auf andere machen wollen. Aber manchmal werden diese Anforderungen zur Falle. Man kennt Sie als hilfsbereit und verläßt sich darauf, daß Sie gefällig sind. Man kann immer damit rechnen, daß Sie ja sagen, wenn andere ablehnen. Das macht es zunehmend schwieriger, Ihr Verhaltensmuster zu verändern. Wenn Sie das erste Mal nein sagen, wird man über Ihre ungewohnte Antwort vermutlich bestürzt sein. Und das ist oft der wunde Punkt: »Aber sonst sind Sie doch/Sie haben doch bisher/wir haben uns immer auf Sie verlassen können...«, werden Sie zu hören bekommen. Haben Sie diese Hürde einmal überwunden, wird es schon einfacher. Es ist von Nutzen, das Neinsagen zuerst im Rollenspiel zu üben. Dabei gewinnen Sie größere Sicherheit, ehe Sie sich entscheiden, es in einer realen Situation anzuwenden. Schon die Fähigkeit, *einmal* etwas anderes zu machen als gewöhnlich, ist ein großer Schritt nach vorn.

Judith ging es ähnlich. Als ledige Lehrerin bürdete man ihr ständig Verpflichtungen nach der Schule oder an Samstagen auf. Das ging sogar so weit, die Kinder in die Ferien zu begleiten. Die Lehrerkollegen setzten voraus, daß sie sich gefällig erweisen würde, was sie natürlich auch tat. Sie meinte, nicht das Recht zu haben, etwas abzulehnen, da sie keine Familienverpflichtungen wie die anderen hatte. Sobald Judith sich eingestand, daß sie die zusätzliche Arbeit nicht übernehmen wollte, gelang es ihr, etwas Zurückhaltung von seiten der Kollegen zu erreichen. Sie lernte, daß sie nicht nur ihren Kollegen, sondern auch sich selbst verpflichtet ist, und von dieser Position aus konnte sie die Wahl treffen, *etwas* Zeit nach den Schulstunden zu opfern, aber nicht ihre gesamte Freizeit.

Die Grenzen zwischen Privat- und Berufsleben verwischen sich noch in anderer Hinsicht. Zuweilen werden unsere Rechte auf Privatsphäre einfach übersehen.

Eines Abends kam Lucy völlig verzweifelt zum Unterricht. Nach zehnjähriger Unterbrechung ihres Berufslebens – sie hatte eine Familie zu versorgen – bekam sie den Posten einer Versicherungsangestellten. Der Personalleiter hatte sie zu sich gerufen und ihr eröffnet, daß er sich mit ihrem Hausarzt in Verbindung setzen wollte, um Einzelheiten aus ihrer Krankheitsgeschichte zu erfahren. Sie war so verblüfft, daß sie nichts erwidern konnte. Sie wollte aber nicht, daß die Personalabteilung in ihrer Vergangenheit herumschnüffelte – sie hatte zwei Krankenhausaufenthalte wegen Depressionen hinter sich und fürchtete, dies könnte gegen sie verwendet werden. Mit der Unterstützung und Ermutigung der Gruppe ging sie am nächsten Tag zur Arbeit und ließ sich einen Termin beim Personalchef geben. Selbstbewußt sagte sie ihm, daß sie nicht möchte, daß die Firma sich mit ihrem Arzt in Verbindung setze, da sie dies als Einbruch in ihre Intimsphäre empfinde. Sie wußte, daß sie damit riskierte, den Job zu verlieren. Doch ihre Wünsche wurden ohne negative Folgen respektiert.

Gisela war sehr unglücklich über zwei Frauen in der Fabrik, in der sie arbeitete, denn sie fragten sie ständig über ihr Privatleben aus: Wo sie am Abend hinginge, was sie am Wochenende getan habe, mit wem sie sich träfe, wer der Mann wäre, der sie letzte Woche von der Arbeit abgeholt hatte. Sie wußte nicht, wie sie damit fertigwerden sollte. Beim Rollenspiel in der Gruppe stellte sie fest, daß einige andere Frauen ebenfalls Schwierigkeiten hatten, ähnlich direkte Fragen abzulehnen.

Nach einiger Übung war Gisela schließlich in der Lage, die Frauen ohne Feindseligkeit davon zu überzeugen, daß sie ihre Fragen nicht beantworten wollte.

Barbara stand vor einem anderen Problem. Sie konnte keine klaren Grenzen zwischen Privat- und Berufsleben ziehen. Sie arbeitete als Studentenberaterin: Ihre Fähigkeit zuzuhören und ihre einfühlsame Art waren sehr beliebt. Ihr Problem war, daß einige ihrer Freundinnen ebenfalls fanden, sie sei eine gute Zuhörerin, und so hörte sie sich auch abends noch die Kümmernisse und Leiden anderer an. Es fiel ihr schwer, sich ihren Ärger darüber einzugestehen, und dann ihren Freundinnen direkt zu sagen, daß sie in ihrer Freizeit sie selbst sein und auch mal über ihr eigenes Leben sprechen wolle.

Als Frau in einer Männerwelt zu arbeiten, wirft wieder andere Komplikationen auf. Alice war Vertreterin und die einzige Frau in einem Bezirk, in dem alle anderen sieben Vertreter Männer waren. Einmal im Monat traf man sich zu einer Bezirkskonferenz, während der am Nachmittag Tee gereicht wurde. Jeden Monat wurde das Tablett zu Alice hinübergeschoben, die Tee ausschenkte, die Tassen herumreichte und innerlich dabei kochte! Was hätte Doris in dieser Situation getan? Sie hätte vermutlich weiterhin Tee serviert und sich resigniert mit dem, was sie als ihre Rolle erachtete, abgefunden. Was war schon dabei, ein paar Tassen Tee einzuschenken? Männer sind eben Kinder. Immer brauchen sie jemanden, der sie bemuttert.

Katrin hätte den Tee eine Weile serviert und wäre eines Tages, ohne Vorwarnung, brüsk aufgestanden und hätte gezischt: »Wofür zum Teufel haltet ihr mich eigentlich? Ich bin nicht hier, um euch zu bedienen. Schenkt euch euren verdammten Tee doch selbst ein!« Die folgende peinliche Stille und allgemeine Verlegenheit hätten wenig Raum für Verständigung gelassen.

Eva hätte ihre Aggression kaschiert. Irgendwann hätte sie ostentativ nur sich selbst Tee eingeschenkt und die Blicke der anderen vermieden, während sie ihren Tee trank. Sie wäre stumm geblieben, in der ihr üblichen Weise, hätte die anderen ihren Ärger wissen lassen, ohne ein Wort zu sagen.

Alice übte in der Gruppe, die Aufmerksamkeit der Kollegen selbstbewußt auf sich zu lenken und sie mit folgendem zu konfrontieren: Monat für Monat habe man es ihr überlassen, den Tee auszuschenken. Es sei jedoch eine irrige Annahme, ihr als einziger anwesenden Frau komme diese Rolle zu. Sie sei bereit, diesmal wieder den Tee zu servieren unter der Voraussetzung, daß jeder Anwesende einmal im Monat drankomme. Auf diese Weise würde sie in acht Monaten wieder Tee servieren. Nach einiger Übung war sie fähig, das alles zu sagen, ohne daß aufgestauter Ärger ihre Gesten und ihre Stimme negativ beeinflußten. Sie versuchte es bei der nächsten Besprechung in die reale Situation zu übertragen und war mit dem Resultat zufrieden.

Sexuelle Belästigung

Eine andere Art, in der viele Frauen erfahren, wie die Grenzen zwischen persönlichen und beruflichen Bereichen verletzt werden, ist die sexuelle Belästigung, die manchmal völlig ungeniert praktiziert wird. Ruth arbeitete als Kellnerin in einem gut besuchten Restaurant. Ein regelmäßiger Stammgast kniff sie jedesmal im Vorbeigehen in den Schenkel oder den Po, wenn er eine Bestellung aufgeben wollte. Das machte sie immer wütender, bis ihr eines Tages der Kragen platzte und sie ihn wütend anschrie. Ruth verlor ihre Stellung.

Die Belästigung kann in subtilerer, gönnerhafter Form geschehen. Rosie wurde wegen des Monatsberichts ihrer Abteilung zu ihrem Chef gerufen. Er sagte ihr, sie müsse mehr Material erbringen, ihre Arbeit sei zwar gut, sie müsse sich aber noch mehr Mühe geben. Diese Kritik war ihr zwar nicht angenehm, aber sie akzeptierte sie als gerechtfertigt. Kurz vor Arbeitsschluß desselben Tages kam der Chef in ihr Büro und verkündete plötzlich, er sei wohl ein wenig zu hart mit ihr gewesen und wolle es wiedergutmachen und sie zum Abendessen einladen. Sie war erschrocken und entsetzt. Plötzlich fühlte sie, daß sie nicht mehr als Angestellte behandelt wurde, die fähig war, Kritik einzustecken, sondern als potentielles Sexobjekt. Sie nahm die Einladung nicht an, schluckte ihren Ärger und ihre Demütigung hinunter, weil sie nicht wußte, wie sie darauf reagieren sollte.

Elena, eine Lesbierin, die an ihrem Arbeitsplatz keinen Hehl daraus machte, wurde von einem männlichen Kollegen ständig mit abfälligen Bemerkungen über ihr Sexualleben gehänselt. Wehrte sie sich dagegen, sagte er, sie sei aggressiv und männerfeindlich. Nach einiger Übung konnte sie ihm selbstbewußt gegenübertreten und ihm zu verstehen geben, wie sehr sein Benehmen sie verletze.

Sexueller Belästigung kann man immer wieder begegnen. Es ist leicht, wie Doris oder Katrin darauf zu reagieren, doch weder das eine noch das andere Verhalten macht deutlich, wie außerordentlich verletzend solches Benehmen sein kann. Frauen empfinden dabei oft Demütigung und Wut und wissen nicht genau, wie sie mit beidem umzugehen haben.

Die vorangegangenen Richtlinien über das Äußern von Gefühlen (siehe Kapitel 9, Seite 99 ff.) lassen sich hier hilfreich anwenden:

1. Vertrauen Sie Ihrer Wahrnehmung. Die erste und in gewisser Hinsicht schlimmste Hürde ist der Augenblick, in dem Sie merken, daß es tatsächlich *Ihnen* passiert. In diesem Augenblick empfinden Sie vielleicht Ekel, Wut und Verständnislosigkeit. Gefühle, die durch ähnliche Erfahrungen in der Vergangenheit, besonders der Kindheit, verstärkt werden. Gleichzeitig sind Sie vor Panik wie gelähmt. Und gewöhnlich hält uns diese Panik, gemischt mit Schamgefühl davor zurück, sofort zu handeln.

Wenn Sie sich nicht eingestehen, was Sie fühlen, ersetzen Sie das vielleicht durch eine Art Rationalisierung: »Es muß ein Versehen sein: Ich bilde es mir nur ein. Seine Hand muß ausgerutscht sein. Schließlich ist der Zug *sehr* voll.« Wir entschuldigen den Mitmenschen und unternehmen nichts, beruhigen uns damit, daß etwas nicht absichtlich geschehen ist. Unseren spontanen Wahrnehmungen vertrauen zu lernen, wurde als wichtiger Aspekt in vielen Teilbereichen selbstbehauptender Verhaltensweisen diskutiert – in diesem Kontext ist es von entscheidender Wichtigkeit.

2. Haben Sie das geschafft, hängt der nächste Schritt von verschiedenen Faktoren ab. In der Öffentlichkeit, zum Beispiel in einem überfüllten Zug oder Bus, im Kino oder im Park sind Sie gut beraten, eine starke verbale Abfuhr zu erteilen. Etwas Einfaches und Treffendes, etwa »Lassen Sie das!« Vor allem, wenn es sich um eine körperliche Belästigung handelt. Es erfordert etwas Übung, den richtigen Ton zu finden (siehe Kapitel 10). Eine zweite Möglichkeit ist ein kurzer, harter Schlag auf den Oberschenkel, wenn der Mann, der Sie angefaßt hat, neben Ihnen sitzt. Auch damit erzielen Sie eine sofortige Wirkung.

3. Ist die Belästigung subtilerer Natur oder geschieht sie bei der Arbeit, müssen Sie sich anders verhalten. Die Haupthindernisse selbstbewußter Konfrontation in diesen Situationen sind eine Kombination aus Selbstzweifel und berechtigter Angst vor Konsequenzen, die Stellung zu verlieren, keinen Rückhalt bei Arbeitskollegen zu finden, oder von ihnen verachtet zu werden. Sie müssen sich möglicherweise Verstärkung suchen. Prüfen Sie, ob es an Ihrem Arbeitsplatz vertrauenswürdige Kolleginnen gibt, die Ihnen helfen. Die in Kapitel 12 erörterten Methoden der Konfrontation lassen sich hier anwenden. Es ist auch sinnvoll, sie vorher mit einer Freundin zu Hause zu üben, da Sie aussprechen müssen, wie Sie sich fühlen, und dem Betreffenden klarmachen müssen, wie sehr sein Verhalten oder seine Einstellung Sie kränken. Schaffen Sie es einmal, eine selbstbewußte Konfrontation herbeizuführen, so steigert sich Ihr Selbstvertrauen und Sie werden feststellen, daß Sie mit Belästigungen dieser Art, denen wir Frauen nur allzu oft ausgesetzt sind, leichter fertigwerden.

Geld

Manchmal erfahren wir Frauen Belästigungen in Form sexistischer Demütigungen. Seit jedoch ein männlicher Klient auf meine Honorarforderung ganz ernst meinte: »Sie verlangen aber viel für eine Frau«, habe ich lange über die komplexen Probleme, die Frauen und Geld betreffen, nachgedacht. Auch wenn nicht alle von uns für Geld arbeiten, ist es unmöglich, dieses Thema völlig außer acht zu lassen. Da unsere Gefühle und Haltungen in Geldfragen unserem Selbstbewußtsein oft entgegenstehen, halte ich es für angebracht, einige Probleme in diesem Kapitel zu beleuchten.

Geld ist mächtig. Wirtschaftliche Ungleichheit zwischen Männern und Frauen ist ein Hauptfaktor für das Verhältnis, das Frauen zu Geld haben. Viele Frauen sind unzufrieden mit der Finanzstruktur des Wohlstands und der Chancenungleichheit, die immer noch Männern den Vorrang über Frauen gibt und Männern größere finanzielle Macht zugesteht. Einige Frauen betrachten Geld als Werkzeug eines kapitalistischen, von Männern regierten Systems, dem man besser aus dem Weg geht. Diese Frauen sind auch der Ansicht, keine Frau soll von einer anderen für irgend etwas Geld verlangen, da dies nur die Ausbeutung der Frau fortsetze. Andere Frauen wollen eigenes Geld besitzen, um in unserem System mehr Unabhängigkeit zu haben, deshalb ergreifen sie einen Beruf. Geld verspricht Freiheit, vielleicht Freiheit von der häuslichen Situation, in der sie sich durch Kinder und durch das Geld, das der Ehemann nach Hause bringt, gebunden fühlen. Viele Frauen haben das Gefühl, ohne eigenes Geld keinen eigenen Schritt tun zu dürfen.

Die Ansicht, es sei unweiblich, über Geldfragen Bescheid zu wissen, über Geld zu reden oder darüber zu streiten, hemmt uns – das Rudiment eines Traditionsbewußtseins, daß Geld zu verdienen und auszugeben Männersache sei. Auch wenn der Anteil an Frauen im Bank- und Börsenwesen steigt, sind sie immer noch in der Minderzahl. An der Wurzel dieses schwach ausgeprägten Selbstbehauptungsverhaltens sitzt immer noch der Glaube, es »schicke sich nicht«, es sei peinlich und unangenehm, über Geld zu sprechen und nachzudenken. Diese Ansicht spiegelt sich in vielen geldbezogenen Situationen wider.

Melanie fiel es schwer, Rechnungen anzuzweifeln. Es war ihr jedes Mal peinlich, wenn sie den Verdacht hatte, in einem Geschäft oder einem Restaurant werde ihr zu viel berechnet. Auch wenn sie im Bus zuwenig Wechselgeld herausbekam, sagte sie nichts, weil sie sich genierte.

Jenny hatte vor, mit Viola zwei Wochen in Urlaub zu fahren. Als sich der Reisetermin näherte, stellte sie fest, daß Viola, die eine gutbezahlte Stellung hatte, sehr viel mehr Geld zur Verfügung hatte als sie. Jenny wollte vor der Reise keine schlechte Stimmung zwischen ihnen aufkommen lassen, andererseits wollte sie sich in ihren Ferien nicht mit Geldproblemen herumschlagen.

Lilo hätte etwas finanzielle Unterstützung gut gebrauchen können. Ihre Pension war nicht sehr hoch. Sie wußte, daß ihre Tochter dazu in der Lage wäre und ihr bestimmt gerne geholfen hätte, aber sie fand es unter ihrer Würde, über solche Dinge zu sprechen.

Marga fiel es ausgesprochen schwer, zehn Mark zurückzuverlangen, die sie ihrer Nachbarin geliehen hatte. Jedesmal, wenn ihr die Frau begegnete, mußte sie daran denken, aber es war ihr unangenehm, sie direkt darauf anzusprechen. Sie redete sich ein, daß sie kleinlich sei und zehn Mark ja schließlich verschmerzen könne, hoffte aber dennoch, die Nachbarin würde sich daran erinnern und ihr das Geld irgendwann zurückgeben. Nach einiger Übung in der Gruppe sprach sie die Nachbarin darauf an. Die Frau hatte den Betrag vollkommen vergessen und zahlte ihn sofort zurück.

Wieviel sind Sie wert? Das unangenehme Gefühl, über Geld zu reden, verbunden mit einem Mangel an Selbstachtung und Selbstvertrauen, konfrontiert Frauen im Beruf mit vielen Schwierigkeiten bei Verhandlungen über Gehaltsforderungen.

Wenn Sie Ihre Arbeit in Rechnung stellen müssen, wie setzen Sie den Preis fest? Holen Sie irgendeine Zahl aus dem Hut? Setzen Sie einen Preis fest, von dem Sie wissen, er ist angemessen, verlangen dann aber weniger, bekommen auch weniger und schimpfen dann über die Leute, die mehr als Sie verlangen und damit auch durchkommen? Wenn Sie aus irgendeinem Grund kein Geld verlangen wollen, macht es Ihnen nichts aus, Ihre Zeit und Ihr Talent umsonst zur Verfügung zu stellen, oder fühlen Sie sich zu kurz gekommen?

Petra stand vor einem Dilemma – vor ihrer Ehe war sie Friseuse gewesen und schnitt den Frauen aus der Nachbarschaft gern die Haare. Mit allen war sie befreundet, und keine hatte viel Geld. Sie handelte einen selbstbewußten Kompromiß aus: Haareschneiden gegen Babysitten. Alle Beteiligten waren mit der Lösung zufrieden. Petra freute sich, daß ihre Zeit und ihr Talent honoriert wurden, und ihre Kundinnen, die sich keine Barzahlung leisten konnten, waren froh, sich mit ihrer Dienstleistung erkenntlich zu zeigen.

Linda verdiente als freiberufliche Schneiderin ihren Lebensunterhalt. Sie brachte es nicht fertig, angemessene Preise zu verlangen, auch wenn sie für Modehäuser arbeitete, die es sich leisten konnten, mehr zu bezahlen, als sie verlangte. Als sie im Rollenspiel übte, ein Honorar anzugeben, trat ihre Verlegenheit zutage, einen festen Preis direkt zu nennen. Sie mußte immer wieder üben und aussprechen, welche Summe sie in der Stunde verlangte. Die Erwartung eines Mißfallens kommt von innen, und es ist wichtig, sich Zeit zu lassen, bis man das Unbehagen verliert, einen festen Preis zu nennen und dabei zu bleiben, ohne eventuellen Einwänden zum Opfer zu fallen (Kapitel 4).

Eine andere Falle, in die wir immer wieder unbewußt stolpern, ist die Überzeugung, daß Freundschaft und Geldforderungen unvereinbar sind: Mit anderen Worten, wenn Sie jemanden mögen, können Sie für eine Dienstleistung kein Geld verlangen. Dieser Gedanke ist weitverbreitet.

Das Unbehagen, von Geld zu sprechen, weckt Angst in

Geschäftsbesprechungen und läßt uns das heikle Thema nur am Rande berühren, so daß der Eindruck entsteht, es ginge uns nicht vordergründig um Geld. Lorna hatte ein wichtiges Vorstellungsgespräch vor sich und war besonders unsicher, wie sie ihr Gehalt zur Sprache bringen sollte. Wir übten das Vorstellungsgespräch in der Gruppe, und es zeigte sich, daß sie sich unbedingt Informationen auf dem Arbeitsmarkt beschaffen mußte. Sie erkundigte sich, was andere in vergleichbaren Stellungen verdienten, und was sie als Minimum und als Maximum erwarten konnte. So vorbereitet begegnete Lorna diesen Fragen im Vorstellungsgespräch mit wesentlich mehr Selbstvertrauen.

Sich vorzubereiten, ist eine wichtige Strategie für selbstsicheres Verhalten in Geldangelegenheiten. Informationen über Ihre Rechte in Steuerfragen und bei Sparplänen können entscheidend sein. Auch vom wöchentlichen Haushaltsgeld etwas beiseite zu legen, ist für viele Frauen eine Möglichkeit, sich kleine Ersparnisse anzulegen, wie eine Finanzberaterin mir sagte.

Maria mußte sich in diesem Punkt Rat holen. Sie war eine ledige Mutter und hatte große finanzielle Schwierigkeiten. Die Sorge machte sie krank, trotzdem wollte sie den Vater des Kindes nicht darauf ansprechen, weil sie nichts mehr mit ihm zu tun haben wollte. Bevor sie üben konnte, ihm selbstsicher gegenüberzutreten, mußte sie sich über ihre finanziellen Rechte beraten lassen.

Die Hilfe und den Rat von Spezialisten einzuholen in Bereichen, in denen Sie sich unzulänglich informiert fühlen, ist ein wichtiger Gesichtspunkt der Selbstbehauptung. Auch Kenntnisse, die für Ihren Arbeitsbereich wichtig sind, fallen in diese Kategorie. Es gibt Kurse, die Frauen helfen, ihre Berufschancen zu verbessern: Selbstbehauptungs-Techniken bezogen auf spezielle Führungsqualitäten. Frauen haben den Wunsch, ihre Fähigkeiten wirkungsvoller einzusetzen, Konflikte und Verhandlungen zu bewältigen, bessere Zusammenarbeit zu erreichen und sich erfolgreicher zu präsentieren.

Doch auch Ihre beruflichen Aspekte sind persönlicher

Natur – wichtig ist, sich selbst zu kennen und zu behaupten; klare Grenzen zu ziehen, was Ihre Zeit und Energie betrifft; den Mut zu haben, Ihre Prioritäten und Werte zu verteidigen – und vor allem auf die Person, die Sie sind, stolz zu sein.

Übungen

1. Wenn Sie sich auf Stellungssuche befinden und ein Vorstellungsgespräch vor sich haben, bereiten Sie ein Rollenspiel vor. Geben Sie dem »Interviewer« einige Tips, welche Fragen er/sie stellen soll.
2. Eine Freundin übernimmt die Rolle einer neugierigen Kollegin. Sie üben zu sagen: »Ich möchte Ihre Fragen nicht beantworten.«
3. Sprechen Sie mit Ihrem Partner über ein Geldproblem.
4. Bringen Sie ein persönliches Bewerbungsschreiben zu Papier: eine Arbeitsbeschreibung, in der Sie Ihre Fähigkeiten und Talente anbieten. Setzen Sie eine Gehaltsforderung fest und sprechen Sie hinterher mit jemandem darüber, der Erfahrung auf diesem Sektor hat.
5. Stellen Sie sich folgende Situationen vor und üben Sie, einen Preis auszuhandeln, der Ihnen weder Schuldgefühle gibt noch das Gefühl, zu kurz gekommen zu sein.
   a) Während der vergangenen zwei Monate haben Sie eine Kollegin mit zur Arbeit genommen. Sie mußten zwar keinen Umweg machen, haben auch nichts gegen ihre Gesellschaft, trotzdem wollen Sie eine Beteiligung am Benzingeld erreichen.
   b) Ihre Freunde wissen, daß Sie eine gute Köchin sind. Man bittet Sie, eine große Party vorzubereiten. Sie kochen zwar gerne, wissen aber auch, wieviel Arbeit damit verbunden ist. Sie wollen dafür bezahlt werden, zusätzlich zur Erstattung der Kosten für die Lebensmittel.

c) Sie sind Berufszeichnerin und ein Freund bittet Sie, ihm eine hübsche Geburtstagskarte zu zeichnen. Er erwartet, daß Sie ihm den Gefallen umsonst tun, da es nicht viel Arbeit ist. Sie wollen eine Bezahlung aushandeln.

6. Schreiben Sie eine Liste Ihrer Verpflichtungen, die jeweils mit »Ich muß ...« beginnt. Danach schreiben Sie dieselbe Liste noch einmal mit »Ich möchte gern ...«. Prüfen Sie, ob es etwas gibt, wofür Sie sich verantwortlich fühlen, das Sie aber jemand anderem übertragen könnten.
7. Erstellen Sie eine Liste Ihrer positiven Eigenschaften, die Sie in Ihre Arbeit einbringen. Frauen neigen dazu, ihre Qualifikationen und Fähigkeiten herabzusetzen. Üben Sie, Ihre Stärken und Erfolge in einer Rollenspielsituation laut auszusprechen.

14.
Ihr Körper
Fremder oder Freund?

Nur zu oft haben Frauen ein gestörtes Verhältnis zu ihrem Körper – Konflikte zwischen Körper und Geist, Gelüsten und Übermaß, zwischen Gefühlen und Vernunft, Vergnügen und Bestrafung.

Viele Frauen betrachten ihren Körper, wenn nicht als ausgesprochenen Feind, so doch mit der Beziehungslosigkeit einer Fremden. Wir stehen unseren Körperreaktionen argwöhnisch und befangen gegenüber. Wir tun alles, um ihn zu beherrschen – verkleiden ihn, strafen ihn, stopfen ihn voll, hungern ihn aus, schmücken, verstümmeln, verbergen ihn, verweigern und entsagen ihm. Wir benützen unseren Körper, um andere zu reizen, zu verwirren, zu verführen, zu befriedigen, zu trösten, anderen zu dienen und Kinder zu gebären. Und wenn er nicht mehr funktioniert, weil er ausgelaugt und alt geworden ist, erweisen wir ihm wenig Achtung oder Mitgefühl: Wir treiben ihn bis an die Grenze der Leistungsfähigkeit oder tun ihn als nutzlos und unattraktiv ab; er ist keiner Liebe und Aufmerksamkeit mehr wert.

Eine selbstbewußte Haltung unserem Körper gegenüber ist, ihn zu kennen, ihm zu vertrauen, ihn zu pflegen. Das heißt vor allem zu lernen, mit unserem Körper in Harmonie zu leben, anstatt gegen ihn anzukämpfen. Im vorigen Kapitel haben wir über das Problem der körperlichen Erschöpfung gesprochen und gesehen, wie oft wir versagen, die Anzeichen von Müdigkeit in unserem Körper zu beachten. Diese Signale sind bei jedem Menschen verschieden, aber deutlich sichtbar – unsere Haut bekommt Ausschlag, der Magen krampft sich zusammen, wir leiden unter Verdauungsstörungen, Rückenschmerzen, die Beine schwellen an und tun weh. Wir spüren, wie unsere Energie zusehends nachläßt. Wenn wir diese Anzeichen früh genug erkennen und berücksichtigen, schützen und bewahren wir uns davor, unsere physischen und psychischen Kräfte über die Maßen zu beanspruchen. Das Kapitel über Gefühle wies uns bereits darauf hin, wie wichtig es ist, auf die Signale zu hören, anstatt sie zu ignorieren. Gegen den Körper zu arbeiten, bedeutet, sich selbst gegenüber allem, was Sie fühlen, wollen und brauchen, zu verleugnen – mit Ihrem Körper zu arbeiten, bedeutet, das Bedürfnis anzuerkennen, diese Gefühle in irgendeiner Weise zu äußern. Mit Ihrem Körper zu arbeiten, bedeutet auch, sich die Zeit zu nehmen festzustellen, was Sie wirklich brauchen, anstatt dagegen anzukämpfen und als Maßnahme der Verweigerung oder temporären Befriedigung übermäßig zu essen und zu trinken. Wenn Sie aufmerksamer auf das hören, was Ihr Körper sagt, meistern Sie Ihr Leben besser. Dazu bedarf es aber eines größeren Wissens um den eigenen Körper. Es muß nicht gleich ein Biologiestudium sein, aber es gibt eine Reihe von Veröffentlichungen, die Ihnen helfen zu erforschen, wie Ihr Körper funktioniert. Viele Selbsthilfegruppen und Abendkurse haben die Gesundheit der Frau ebenfalls zum Thema. Wenn Sie lernen, wie Ihr Körper arbeitet, lernen Sie auch, wie Sie Ihren Körper gesund erhalten. Übernehmen Sie die Verantwortung für Ihren Körper und achten Sie auf Ihre Ernährung.

Wichtig ist herauszufinden, wonach *Ihnen* zumute ist. Umständliche und teure Diäten zu befolgen und sich unnötig zu kasteien, ist sinnlos. Eine Grundvoraussetzung für richtige Ernährung ist es zu wissen, wie man das Gleichgewicht herstellt: Einseitige Ernährung ist schlecht, schaffen Sie Abwechslung in Ihrem Speiseplan. Beobachten Sie, wie Ihr Appetit mit der jeweiligen Stimmung wechselt; wie er auf hormonelle Veränderungen reagiert, etwa während Ihrer Menstruation. Zu lernen, was für den Körper gut oder schlecht ist, muß nicht teuer und zeitraubend sein. Sobald Sie damit beginnen, die Verantwortung für Ihren Körper zu übernehmen, finden Sie unschwer heraus, wie Sie ihn behandeln und was Sie verändern müssen.

Das schließt auch ein, die durch den täglichen Streß entstandenen Verschleißerscheinungen wiedergutzumachen. Einen Großteil unserer Zeit leben wir in einem Zustand von Spannung und Ängsten. Am Abend klappen wir erschöpft zusammen, stöhnen vor Müdigkeit und fragen uns, woher wir die Kraft nehmen sollen, den nächsten Tag durchzustehen. Ruhepausen und richtige Entspannung sind lebensnotwendig. Sich Ruhepausen zu gönnen, kann bedeuten, daß Sie Ihre Zeit einfach etwas besser einteilen. Schon fünf Minuten völlige Entspannung sind sehr wirksam. Finden Sie heraus, was Sie entspannt: ein Spaziergang, Meditation, Gartenarbeit, Yoga. Gezielte Atemübungen, beispielsweise während einer wichtigen Besprechung, Diskussion oder anstrengenden Reise, helfen Ihnen, den körperlichen Streß zu reduzieren. Atemübungen helfen immer!

Auf welche Weise – die Ihnen Spaß macht – halten Sie Ihren Körper fit? Spazierengehen, Laufen, Schwimmen, Tanzen, ohne ein bestimmtes Ziel, einfach nur um der Freude an der Körperbewegung willen, können Teil Ihres täglichen Programms sein. Wie können Sie für derlei Tätigkeiten mehr Zeit aufbringen? Denken Sie immer daran, Ihre Ziele nicht zu hoch zu stecken, denn Sie können nicht anfangen, Ihr ganzes Leben umzukrempeln. Fangen Sie klein an. Fünf Minuten Gymnastik am Tag sind ein *erreichbares* Ziel.

Die Fähigkeit, mit Ihrem Körper im gesunden Zustand umzugehen, wird Ihnen helfen, ihn im Krankheitsfall besser zu behandeln. Sie können viel zu Ihrer Genesung beitragen, wenn Sie verstehen, warum Ihr Körper krank ist. Außerdem sind Sie wesentlich besser darauf vorbereitet, sich mit Selbstbehauptung in den Griff zu bekommen, wenn Sie das Fachwissen von Ärzten in Anspruch nehmen müssen. Eine selbstbewußte Patientin unterscheidet sich von jeder anderen durch ihre Beziehung zu ihrem Körper und als Folge davon: durch ihre Haltung dem Arzt gegenüber.

Die Patientin Doris schluckt vermutlich alles, was der Arzt ihr verschreibt, und bei einer wichtigen Entscheidung, beispielsweise einer Operation, hat sie große Probleme, ihre

Rechte geltend zu machen. Sie wird sich dem Rat des Facharztes fügen, nur weil »die da oben« es besser wissen, ungeachtet dessen, was sie fühlt oder für sich selbst möchte.

Katrin wird sich eine Weile passiv verhalten. Doch bald flackert ihre Angst auf und dann stößt sie die Ärzte vor den Kopf, indem sie ihnen sagt, was sie zu tun hätten, sich in die Therapie einmischt und die Ärzte für alles, was schiefgeht, verantwortlich macht.

Eva stimmt nach außen einer Diagnose oder Behandlung zu, aber irgendwann erscheint sie nicht zum Arzttermin, wirft die Pillen weg, sabotiert also indirekt die Behandlung, indem sie sie nie zu Ende führt. Dieser stumme Weg der Rebellion ist eine Facette ihres Drangs, die Kontrolle zu übernehmen.

Selmas Verhalten dagegen steht im Einklang mit ihrem Körper. Sie ist sich bewußt, ihr Körper gehört *ihr.* Sie vertraut ihm, weiß, wie er funktioniert, wenn er gesund ist. Wenn etwas nicht in Ordnung ist, zieht sie ihren Arzt als Berater hinzu, so wie sie jeden anderen Spezialisten in dessen Fachbereich aufsucht: Braucht sie juristischen Rat, geht sie zum Anwalt; will sie die Bremsen ihres Wagens reparieren lassen, geht sie zu einem Automechaniker. Wenn sie also wissen will, was mit ihrem Körper nicht in Ordnung ist, sucht sie ihren Arzt auf. Sie versucht nicht, dem Arzt ins Handwerk zu pfuschen, ist aber der Meinung, ein Recht auf Information zu haben und Entscheidungen in Zusammenarbeit mit dem Arzt zu treffen.

Natürlich gibt es Ärzte, die streng an dem Prinzip festhalten, halbes Wissen sei gar kein Wissen, die Selbsthilfe ablehnen und es vorziehen, Fachwissen und somit die Macht innerhalb der Kompetenzen des Arztberufs zu erhalten. Glücklicherweise gibt es aber auch viele Ärzte, die ihre Patienten dazu ermutigen, die Verantwortung für ihren Körper zu tragen. Sie geben klare, direkte Informationen und gehen aufrichtig auf die Bedürfnisse und Interessen der Patienten ein.

Eine selbstsichere Haltung als Patientin funktioniert nur, wenn Sie bereits eine ebensolche Haltung Ihrem Körper gegenüber haben. Wenn Sie schon den halben Weg gegangen sind und die Verantwortung für Ihre *Gesundheit* selbst übernehmen, dann können Sie auch einen Teil der Verantwortung tragen, wenn Ihr Körper krank ist. Eine in Vertrautheit und Sorgfalt verwurzelte Zuversicht hilft Ihnen, Gefühle der Verlegenheit, Unwissenheit und Machtlosigkeit zu überwinden, die viele Frauen als Patientinnen empfinden. Anstatt die Macht über unseren Körper einfach aus der Hand zu geben, wie wir das gewöhnlich tun, sollten wir selbst die Wahl treffen, wie wir behandelt werden wollen. Wir können den Rat und das Wissen der Fachleute annehmen und trotzdem Verantwortung für uns selbst tragen.

Ein letzter Weg, eine selbstbewußtere Einstellung zu unserem Körper zu finden, ist, uns mehr Vergnügen zu gönnen. Normalerweise sehen wir unser Leben als 90% Arbeit und Anstrengung, dem Vergnügen weisen wir die restlichen 10% zu. Wir neigen dazu, Vergnügen für etwas zu halten, das wir uns nur gelegentlich gönnen dürfen – wenn wir reich sind oder nichts anders zu tun haben, etwa im Urlaub. Vergnügen darf nur ein seltener Genuß sein, aber selbst dann gelingt es uns, Gewissensbisse zu haben. Haben Sie schon mal einen Urlaub z. B. so zu rechtfertigen versucht: »Der letzte Urlaub liegt schon sehr lange zurück«, »In letzter Zeit habe ich sehr hart gearbeitet«, »Die Buchung war besonders preisgünstig«? Vergnügen ist nicht der Alleinanspruch der sogenannten privilegierten Reichen. Vergnügen gibt es überall. Fällt es Ihnen schwer, dies zu glauben, so sehen Sie es aus Übung 2 am Ende dieses Kapitels: Es ist eine Übung einfacher, sinnlicher Freuden, mit der Sie entdecken, wie viele solcher kleiner Freuden es in unserer nächsten Umgebung eigentlich gibt. Das tägliche Leben bietet uns vielerlei Vergnügen, es muß nicht unbedingt Geld kosten – wir müssen es nur sehen.

Nehmen Sie sich Zeit und gönnen Sie sich ein kleines, bewußtes Vergnügen. Machen Sie sich von dem Gedanken frei, daß Ihr Körper nur ein Ackergaul ist. Wenn Sie sich selbst Vergnügen bereiten können, fällt es Ihnen leichter, Vergnügen, das Ihnen andere bereiten wollen, anzunehmen. Das ist einer der Punkte, die wir im nächsten Kapitel über Sexualität behandeln werden.

Für unseren Körper nein und ja zu sagen, bedeutet, für unser Selbst nein und ja zu sagen. Viele Kursteilnehmerinnen haben diese Wahrheit begriffen und versuchen nein und ja für ihren Körper zu sagen. Sie sehen darin einen wichtigen Ansporn, etwas für sich selbst zu tun: nein zum Rauchen zu sagen; nein zum Geschlechtsverkehr, wenn Ihnen nicht danach zumute ist; nein zu Mehrarbeit, wenn sie müde sind; nein dazu, die Essensreste der Kinder aufzuessen; nein dazu, die Tränen runterzuschlucken; ja zu sagen, wenn sie radfahren wollen; ja zu einer luxuriösen Schachtel Pralinen; ja zu einem genüßlichen Duftschaumbad; ja, eine Stunde länger im Bett zu bleiben; ja zu sexuellem Vergnügen; ja, einmal in der Woche Schwimmen zu gehen; ja, sich einen Blumenstrauß zu kaufen; ja zum Angebot, mit dem Auto mitgenommen zu werden, wenn sie müde sind; nein zum gleichen Angebot, wenn sie lieber zu Fuß gehen. Einige Frauen haben während des Kurses Gewicht verloren und eine berichtete sogar, sie wäre einen Zentimeter größer geworden! Suchen Sie nach Wegen, in denen Sie ja und nein für Ihren Körper und für sich selbst in Ihrem eigenen Leben sagen wollen.

Information, Vertrautheit, Pflege, Sorgfalt, Vergnügen: Sie sollen Ihrem Körper ein Freund sein. Es ist wichtig, Ihren Körper zu achten, ihn zu pflegen und zu verwöhnen, um Ihrer selbst willen. Wenn wir herausfinden, wie wir als Körper funktionieren, hilft uns das herauszufinden, wie wir als Mensch funktionieren. Schließlich *sind* wir unser Körper, aber wir vergessen diese Einheit nur zu oft. Versuchen Sie, diese Harmonie wiederherzustellen, und Sie machen einen großen Fortschritt.

Übungen

1. Suchen Sie anhand der Anregungen in diesem Kapitel drei Dinge in Ihrem Leben, zu denen Sie für sich selbst ja oder nein sagen können. Denken Sie daran, mit kleinen Zielen zu beginnen.
2. *Vergnügen.* Nehmen Sie ein großes Blatt Papier zur Hand und schreiben Sie auf die linke Seite zwanzig Dinge, die Ihnen Vergnügen bereiten – sie können ganz einfach sein. Hier ein paar Beispiele: der Geschmack von Süßigkeiten, das Geräusch des Windes, der Duft einer Rose, ein spannendes Buch, mit einem guten Freund zu lachen, Sonne auf dem Rücken spüren, der Geruch des Meeres, Tanzen, die Hand eines kleinen Kindes halten, ein langes heißes Bad, eine schnurrende Katze auf dem Schoß haben, der Geruch von frischem Brot, Erdbeeren, ein Sonnenuntergang, ein offenes Kaminfeuer, ein frisch bezogenes Bett, singen, wenn Sie alleine sind, das Gefühl des Friedens, wenn alle schlafen, ein Baby im Arm zu wiegen, Ihre Lieblingsmusik anhören, eine zärtliche Umarmung, Speck braten, sich die Haare waschen lassen.
   Haben Sie mindestens zwanzig solcher Dinge notiert, so teilen Sie das Blatt Papier in drei Spalten ein. In die erste Spalte schreiben Sie ein Z oder ein A, was für Zusammen oder Alleine steht, das heißt, ob Sie etwas alleine genießen können, oder ob Sie jemanden dazu brauchen. Wenn etwas allein oder mit jemand anderem ein Vergnügen sein kann, schreiben Sie Z/A dahinter. In die zweite Spalte schreiben Sie ein DM-Zeichen. Ein großes DM-Zeichen ist ein teueres Vergnügen, bei einem kleinen DM-Zeichen kostet das Vergnügen wenig Geld. In die letzte Spalte schreiben Sie, wie lange es her ist, daß Sie das jeweilige Vergnügen genossen haben. Eine ungefähre Zeitangabe, ob es Stunden, Tage, Wochen oder Monate her ist, genügt. Nehmen Sie sich dann die Zeit und prüfen Sie, welchen Stellenwert das Vergnügen in Ihrem Leben einnimmt. Gibt es dafür Gelegenheit im

Alltag? Gibt es Dinge, die Sie – ohne ersichtlichen Grund – lange nicht genossen haben? Haben Sie alleine oder mit anderen mehr Vergnügen? Kostet alles, was Ihnen Vergnügen bereitet, Geld? Was lernen Sie daraus über sich selbst?

3. *Entspannungsübung.* Das ist eine kurze, aber wirkungsvolle gymnastische Übung. Voraussetzung ist, sie in Ruhe auszuführen. Legen Sie sich aufs Bett oder auf den Fußboden, oder setzen Sie sich in einen bequemen Sessel. Wenn Sie die Anweisungen befolgen, spannen und entspannen Sie die Muskulatur Ihres gesamten Körpers. Beim ersten Mal sollte Ihnen eine Freundin die Anweisungen vorlesen, oder Sie sprechen sie vorher langsam auf eine Tonbandkassette.

   Spannen und entspannen Sie jeden Körperteil *dreimal.*

   a) Legen Sie die Stirn in angestrengte Falten, versuchen Sie dabei, mit den Augenbrauen den Haaransatz zu erreichen. Entspannen.
   b) Schließen Sie die Augen so fest Sie können. Entspannen.
   c) Ziehen Sie fünf Sekunden lang die Mundwinkel auseinander, als wollten Sie die Ohren erreichen. Entspannen.
   d) Beißen Sie die Kiefer fest aufeinander. Entspannen.
   e) Ballen Sie mit gestreckten Armen fünf Sekunden lang die Fäuste. Entspannen.
   f) Drücken Sie die gestreckten Arme fünf Sekunden lang gegen eine unsichtbare Wand, pressen Sie die Hände so fest Sie können dagegen. Entspannen.
   g) Winkeln Sie die Arme an, spannen Sie den Bizeps fünf Sekunden lang an. Entspannen.
   h) Ziehen Sie die Schultern fünf Sekunden lang bis zu den Ohren hoch. Entspannen.
   i) Wölben Sie den Rücken fünf Sekunden lang vom Bett oder der Unterlage hoch. Entspannen. Spüren Sie, wie sich Ihre Verkrampfung und Anspannung löst.
   j) Ziehen Sie den Unterleib fünf Sekunden lang so stark Sie können ein. Entspannen.

k) Stellen Sie sich vor, Sie haben einen Zwanzig-Mark-Schein zwischen die Gesäßbacken geklemmt. Jemand versucht, Ihnen den Schein wegzuziehen! Halten Sie ihn fest! Entspannen.
l) Spannen Sie fünf Sekunden lang die Oberschenkelmuskulatur an, indem Sie die Beine so fest Sie können aneinander pressen. Entspannen.
m) Knie und Waden fünf Sekunden lang anspannen. Entspannen.
n) Drücken Sie fünf Sekunden lang die Füße nach oben, so weit Sie können. Entspannen.
o) Drücken Sie die Füße so weit Sie können nach unten. Entspannen.
p) Rollen Sie die Zehen fünf Sekunden lang so stark Sie können ein. Entspannen.

Bleiben Sie noch eine Minute liegen, atmen Sie tief und gleichmäßig und spüren Sie, wie Ihr Körper entspannt ist.

15.
Sexualität und Selbstbehauptung

Sex, Sex, Sex... Zeitungen kitzeln unsere Sinne damit, die Werbung beutet ihn aus, die Illustrierten fordern uns zu besseren sexuellen Leistungen auf. Bücher werden verboten, weil sie zuviel darüber sagen, Filme und Fernsehstücke werden zensiert, wenn sie zuviel davon zeigen. Wir sprechen heimlich darüber, im Flüsterton, oder machen uns mit unflätigem Gelächter darüber lustig. Es gibt aber auch viele Menschen, die anderen helfen wollen, welche Probleme damit haben.

In unserer Gesellschaft herrschen offenbar eine Reihe verschiedener allgemeiner Vorstellungen von Sex. Eine ist die Vorstellung einer ungezähmten Bestie, die man strengstens bewachen muß, aus Furcht vor der Zerstörung, die sie anrichten könnte, wenn man sie einmal losließe. Also kümmert man sich besser nicht um Sex, spricht nicht davon, verbirgt ihn, lehnt ihn ab, unterdrückt ihn und läßt seine dunkle Gegenwart in irgendeinem Kellerloch lauern. Diese Vorstellung jagt uns Angst und Schrecken ein.

Die zweite Vorstellung ist die einer komplizierten Maschinerie. Dieses Bild rührt aus dem Vorurteil vom Vollzug bloßer sexueller Techniken. Forschungsinstitute untersuchen jedes Detail sexuellen Verhaltens, bis alles katalogisiert, etikettiert und auf hübsche kleine Kategorien zugeschnitten ist. Auch dieses Bild von Sexualität gibt keinen klaren Begriff, sondern unterstellt, daß Sexualität nur eine Frage ist, wie oft jemand was wohin steckt, und diesen Anforderungen fühlen wir uns nicht gewachsen. Es gibt aber auch viele Menschen, die glauben, daß mehr damit verbunden ist: so etwas wie Liebe, Wärme, Nähe, sinnliches Vergnügen. Sex ist ein wichtiges Kommunikationsmittel durch unseren Körper. Eine liebevolle

Umarmung kann uns Erleichterung und Entspannung, Beruhigung und Bestätigung und ein Gefühl des physischen und emotionalen Wohlbefindens geben. Doch diese positiven Aspekte unserer Sexualität sind stark in den Hintergrund getreten. Stattdessen unterwerfen wir uns gesellschaftlichen Zwängen: Zurückhaltung und ängstlichem Schweigen oder sexuellem Leistungsdruck. Schuldgefühle, Unwissenheit und generelles Unbehagen bei Versuchen ehrlicher und offener Kommunikation über Sexualität spiegelt sich in den Ansichten vieler Frauen über ihr eigenes Sexualverhalten wider. Es zeigt sich eine tiefsitzende Hemmung, Probleme offen mit dem Sexualpartner zu besprechen. Einige dieser Ansichten drücken sich in folgenden Vorurteilen aus. Haben Sie schon einmal ähnliches gedacht oder gesagt?

»Sex ist Zeitverschwendung.« Viele Frauen empfinden absolut nichts bei Sex oder betrachten ihn als etwas, worauf man am ehesten verzichten kann, wenn andere Dinge Aufmerksamkeit erfordern – Kinder, Arbeit, Verpflichtungen, die gegenüber etwas so Oberflächlichem wie dem Spaß am Sex Vorrang haben. Der Grund hierfür liegt meist in langfristiger, unbefriedigender sexueller Erfahrung ohne Aussicht auf Veränderung. Denken Sie nach, welchen Stellenwert Sex in Ihrem Leben einnimmt. Ist die Zeit, die Sie sexuell mit einem Menschen verbringen, persönlich wichtig für Sie, oder haben Sie etwa so viel davon wie von einem gelegentlichen Niesen? Ist Sex zu einer Ihrer Alltagspflichten, zur Routine geworden?

»Es macht keinen guten Eindruck, zuviel darüber zu wissen.« Lieber die Unschuldige und Unwissende spielen, das spart Ärger und Verantwortung. Informieren Sie sich über Sexualität? Lesen Sie über Sex? Sind Sie daran interessiert, Fragen zu stellen, nachzuforschen, aufgeklärt zu sein? Moderne Frauen lesen mehr über dieses Thema, einige entschließen sich sogar zu dem mutigen Schritt, Aufklärungskurse über weibliche Sexualität zu besuchen, als Maßnahme, eigene Forschungen und Untersuchungen anzustellen.

»Ohne dich wäre ich verloren.« In diesem Glauben liegt ein doppeltes Problem. Viele Frauen sind der Meinung, ohne Partner seien sie automatisch reizlos und verlören ihre sexuelle Vitalität. Nur mit dem Partner, normalerweise mit einem Mann, wird ihre Sexualität zum Leben erweckt. Vielleicht hängen Sie selbst an einer Partnerschaft, trotz großer Verletzungen und Probleme, nur um nicht *alleine* zu sein, denn das würde bedeuten, daß mit dem Partner auch Ihr Selbstwert verschwindet.

»Sex ist für die Jungen, Attraktiven und Unabhängigen.« Betrachten wir jede dieser Voraussetzungen der Reihe nach. Jung – wann ist man jung? Und was heißt attraktiv? Gewöhnlich meinen wir (mit der massiven Unterstützung der Medien) damit schlanke, jugendliche Formen, eine Art gestanzten Normmenschen, von kommerziellen Interessengruppen erzeugt. Und unabhängig – heißt das ledig? Heiratsfähig? Eine aufregende Figur, der ein paar Schürzenjäger nachpfeifen, nach der sich die Köpfe umdrehen? Was immer es bedeutet, viele Frauen fallen auf Normen herein, meinen, »in ihrem Alter« seien sie nicht mehr im Rennen.

»Sex kann man nur in der Ehe gutheißen.« Achten Sie auf das Wort *nur*. Natürlich ist Sex in der Ehe in Ordnung. Die Schwierigkeit taucht auf, wenn Sie ausschließlich in dieser Norm denken. Viele alleinstehende Frauen, Witwen, Geschiedene lassen sich von diesem Mythos abschrecken. Aber vielleicht würde es manche Frau vorziehen, eine Partnerschaft mit einer anderen Frau einzugehen oder mit mehr als einem Partner zur gleichen Zeit eine sexuelle Beziehung einzugehen.

Selbstbehauptung in sexuellen Situationen

Das Thema Sex und Selbstbehauptung ist explosiv und dazu angetan, behutsam damit umzugehen, doch das ändert nichts an der Tatsache, daß wir etwas tun müssen. Im Schlafzimmer herrschen dieselben Komplikationen wie im Supermarkt oder im Büro: Es fällt schwer, klare und präzise Forderungen zu stellen; überzeugend und direkt nein zu sexuellen Handlungen zu sagen, wenn Sie diese nicht wünschen; sich aus der Mitleidsfalle herauszuhalten und nicht automatisch Ihre Bedürfnisse und Wünsche hinter diejenigen Ihres Partners zu stellen; die Notwendigkeit, Ihre Gefühle von Zorn, Verletzung und Angst zu erkennen und sie mit Selbstbehauptung auszudrücken; sich Ihres Körpers und Ihrer Reaktionen bewußt zu sein; sich nicht von Ihrer Angst vor Kritik und Mißfallen in Ihrem Verhalten beherrschen zu lassen; sich eine konstruktive Veränderung zu überlegen oder den Ansatz zu einem konstruktiven Dialog in der Partnerschaft zu finden, die festgefahren und/oder unbefriedigend geworden ist.

Beim Erstellen der Liste von Problemsituationen zu Anfang dieses Buchs sind Situationen mit dem Intimpartner, speziell sexbezogene Situationen, unter den Punkten 9 und 10 zu finden. Man versteht leicht, warum das so ist. Wie Sie sicher bereits herausgefunden haben, sind selbstbewußte Kommunikation und selbstsicheres Verhalten einfacher, wenn Sie am wenigsten Angst haben. Die Kombination genereller Hemmung beim Thema Sex mit der Schwierigkeit, Mythos von Fakten zu trennen, und der Furcht, mit Menschen, die Ihnen besonders nahestehen, zu kommunizieren, da Sie sich bei ihnen am verwundbarsten fühlen, macht es leicht ersichtlich, warum Selbstbehauptung in sexuellen Situationen ein eigenes Kapitel erfordert.

Sehen wir uns einige repräsentative Situationen an, die es notwendig machen, Techniken der Selbstbehauptung in sexuellen Bereichen zu erlernen.

Betty, 38, vor sechs Jahren verwitwet, geht zum erstenmal eine Beziehung zu einem neuen Liebhaber ein. Sie hat zwei Kinder im Alter von zehn und zwölf Jahren und seit dem Tod Ihres Mannes wenig sexuellen Kontakt gehabt. Nun mangelt es ihr an Selbstvertrauen ihrem neuen Liebhaber gegenüber. Sie fühlt sich wie ein Neuling – sie weiß zwar, was sie will, ist aber nicht fähig, darüber zu sprechen, die richtigen Worte zu finden und zu fordern, daß er die Dinge anders macht. Was tut sie? Sie kann die Situation auf sich beruhen lassen, dabei wird sich ihre Frustration jedoch stetig steigern – so lange, bis Betty explodiert und dem Mann vorwirft, er sei ein lausiger Liebhaber. Oder sie findet – wie Eva – indirekte Mittel, ihm nein zu sagen: Sie hält ihn hin, vermeidet Sex unter dem Vorwand, die Kinder hätten es nicht gern, wenn er über Nacht bleibt. Die selbstbehauptende Lösung ist, ihm zu sagen, was sie fühlt, von ihm ein präzises, verändertes Verhalten zu verlangen, das heißt, so vorzugehen, wie in Kapitel 12 beschrieben.

Heidrun, 38, ist seit 15 Jahren glücklich verheiratet, doch ihr Sexualleben ist zur Routine geworden, vorhersehbar und langweilig. Sie möchte Wege finden, ihre Ehe zu erneuern, und probiert und erforscht neue Möglichkeiten für ihren Partner und sich.

Sarah ist lesbisch und wagt den mutigen Schritt, an einer Aufklärungsgruppe über die Sexualität der Frau teilzunehmen. Sie fühlt sich nicht wohl dabei, daß alle anderen Frauen des Kurses verheiratet sind oder nur Beziehungen mit Männern haben. Eine Weile brodelt der Groll in ihr, dann bricht es aus ihr heraus: Sie beschuldigt die Frauen, Vorurteile zu haben, wirft ihnen vor, engstirnig und spießig zu sein. Ein selbstbewußter Schritt wäre gewesen zu sagen, daß sie sich isoliert fühle, daß sie gerne hätte, wenn man ihren Lebensstil guthieße. Sie könnte auch eingestehen, daß sie die Unterstützung anderer Frauen braucht, da sie alle gemeinsam vor dem Problem der Aufklärung und Erforschung stehen.

Idas Ehe wurde vor vier Jahren geschieden. Mit 32 entscheidet sie sich nach einigen kurzen Affären, eine Weile allein zu leben, um Abstand zu gewinnen, sich selbst zu prüfen, bevor sie eine neue Beziehung eingeht. Wenn ein Mann mit ihr ausgehen will, ist sie nicht in der Lage, ihre Grenzen klar abzustecken. Sie befürchtet, als frigide, kauzig oder lesbisch abgestempelt zu werden. Ihre Ängstlichkeit führt dazu, daß sie jede Situation mit Männern als potentielle Attacke wertet. Sie übertreibt und bringt sich und andere in Verlegenheit. Sie muß üben, sich klar auszudrücken und am Beginn der Freundschaft Grenzen festzulegen, damit der andere weiß, wo er steht.

Marianne hatte seit der Geburt ihres ersten Kindes vor einem Jahr keine Lust mehr an Sex. Ihr Mann zeigte Verständnis und Rücksicht, wollte aber trotzdem Sex, also hat sie »nachgegeben«, auch wenn es manchmal schmerzhaft für sie war. Sie sagte sich, es sei schließlich ihre Pflicht, sie sei seine Frau und wenn sie ihm nicht gebe, was er verlangt, hole er es sich anderswo. Eine selbstbehauptende Entscheidung ist, darüber mit ihrem Mann zu sprechen und über einen Kompromiß zu verhandeln, welche Art sexueller Aktivitäten sie beide wünschen: zum Beispiel oralen Verkehr als Alternative zum Geschlechtsverkehr. Eine weitere selbstsichere Lösung ist es, Rat von außen zu holen, wenn beide unfähig sind, ihr Problem zu meistern.

Vera, unverheiratet, 45, ist seit kurzem an sexuellen Beziehungen mit verschiedenen Partnern interessiert. Ihre engen langjährigen Freunde sind über ihr Verhalten ziemlich schokkiert und finden es unschicklich in ihrem Alter! Die Mißbilligung der Freunde belastet sie und nährt ihre eigene Unsicherheit, ob das, was sie tut, auch richtig ist. Sie sollte sich entscheiden, ihre Freunde davon abzuhalten, sich in ihr Leben einzumischen, ihr Recht auf ihre eigene Sexualität behaupten und wenn nötig, eine klare Aussage in dieser Richtung machen.

Bevor Sie daran gehen, irgendwelche Veränderungen in Ihrem Leben vorzunehmen, sollten Sie sich einige Rechte vor Augen führen, die besonders für den sexuellen Bereich zutreffen.

1.

Ich habe das Recht, mich in jeder Form über Sexualität zu informieren.

Das klingt einfach, es sei denn, Sie fangen an, über generelle Praktiken der Sexualerziehung nachzudenken. Wenn Sie sich vergegenwärtigen, wie Sie über Sexualität aufgeklärt wurden, so stellen Sie vermutlich fest, daß dies in einer willkürlichen Aneinanderreihung von Fehlinformationen geschah und daß Sie erst durch eigene Erfahrung gelernt haben. Vielleicht gibt es immer noch eine ganze Menge Dinge, die Sie nicht wissen, sich aber schämen nachzufragen. Lesen, darüber reden, Fragen stellen, sind wichtige Schritte. Machen Sie einen Anfang und sprechen Sie mit anderen Frauen, die ebenfalls mehr über Sex wissen wollen, sich jedoch nicht mit ihren sexuellen Erlebnissen brüsten. Wir sprechen zwar mit unseren besten Freundinnen über wichtige und intime Dinge, aber nicht über Sex. Sobald Sie diese Scheu überwinden, stellen Sie vielleicht fest, daß Sie einiges lernen und daß der Erfahrungsaustausch sehr fruchtbar sein kann. Auch die Teilnahme an einem Sexualaufklärungskurs ist ein guter Weg. Wichtig ist auch, Fakten zu sammeln; daher meine Empfehlung, mit Freundinnen zu sprechen, denen Sie vertrauen können, die nicht versuchen, Sie zu beeindrucken. Viele Zeitschriftenartikel versorgen Sie mit Fakten, doch in den meisten werden die Frauen dazu aufgefordert, aufreizender und sexier für den Partner zu sein. Hüten Sie sich vor Gesellschaftsnormen. Dies führt uns zum zweiten Recht:

2.

Ich habe das Recht, meine eigene Sexualität zu wählen.

Damit meine ich das Recht, für sich selbst zu entscheiden, wer Sie sind und wer Sie sexuell sein wollen. Das kann bedeuten, daß Sie gar nicht sexuell aktiv sein wollen oder mit einem Mann oder einer Frau sexuelle Beziehungen haben wollen, zu mehreren Männern oder Frauen gleichzeitig, zu Männern und Frauen gleichzeitig, daß Sie verheiratet und monogam leben wollen oder ledig und monogam. Was andere für richtig halten, muß nicht mit dem übereinstimmen, was Sie für sich selbst als richtig erachten, und muß außerdem in den verschiedenen Stadien Ihres Lebens überprüft werden. Was Ihnen mit zwanzig guttat, behagt Ihnen mit fünfzig vielleicht nicht mehr.

3.

Ich habe das Recht zu verlangen, was ich sexuell will.

Viele Frauen scheuen sich zu sagen, was sie sexuell wollen, weil sie fürchten, egoistisch zu erscheinen. In diesem Punkt herrscht ziemliche Verwirrung, weil Sie nicht verlangen können, was Sie wünschen, wenn Sie nicht wissen, was das ist. Im Abschnitt über Kommunikation werden wir darauf näher eingehen. Es mag egoistisch erscheinen, aber es ist eine wichtige Maßnahme dagegen, wenn Ihnen Sex nichts bedeutet. Wenn Sex nur ein Vergnügen für den Partner ist, erweisen Sie sich selbst einen schlechten Dienst und werten sich damit sehr tief ab, denn die Frau ist keineswegs ausschließlich dazu da, um auf den Mann einzugehen. Eine aktivere Rolle zu übernehmen, Ihr gleiches Recht auf Vergnügen zu fordern und zu behaupten, ist ein wichtiger Weg zur Gleichberechtigung im Schlafzimmer. Traditionell steht diese Rolle natürlich dem Mann zu, doch auch er ist oft froh, wenn man ihn von dieser drückenden Verantwortung befreit – Sie werden staunen!

4.
Ich habe das Recht auf sexuelle Freuden.

Die Betonung liegt auf dem Wort »Freude«. Genuß. Spaß. Vergnügen. Voraussetzung dafür ist natürlich, daß Sie entspannt sind und sich zu Ihrem Intimpartner hingezogen fühlen. Wenn einer von Ihnen zu ernsthaft oder zu problematisch an die Sache geht, ist es gewöhnlich vorbei mit dem Spaß. Anstatt sich Sex zur Pflichterfüllung zu machen, sollten Sie sich bewußt gehenlassen, bewußt Vergnügen empfinden. Das hat sehr viel mit dem Wissen zu tun, wie Ihr Körper funktioniert, wie Sie reagieren, und nicht zuletzt damit, daß Sie genügend Selbstvertrauen haben, sich gehenzulassen. Uns scheint ständig ein kleines prüdes Persönchen auf der Schulter zu sitzen, das uns jedesmal, wenn sich ein seliges Lächeln auf unserem Gesicht ausbreitet und uns Lustschauer den Rücken hinunterrieseln, boshaft streng zuflüstert, daß es andere Dinge zu tun gibt, daß wir uns nicht gehenlassen sollen, daß wir zu laut sind, uns zu viel bewegen, unsere Lust zu stark zeigen, daß wir zu schnell kommen, zu laut, zu oft, zu lange brauchen und so weiter. Eine endlose Flut lusttötender Mitteilungen, die uns garantiert zurück auf die Erde bringen, gerade wenn wir dabei sind, in den siebten Himmel der Erfüllung zu entschweben!

Sich selbst zu erlauben, von einem anderen Menschen Vergnügen zu empfangen, ist sehr wichtig. Glauben Sie daran, daß Sie Aufmerksamkeit, Bewunderung und Zärtlichkeit verdienen! Sie dürfen Ihren Körper nicht als Werkzeug betrachten, das nur zur Befriedigung eines anderen da ist – Sie können dabei Spaß haben, Sie müssen es nur wollen.

5.

Ich habe das Recht, mir die Art meines sexuellen Vergnügens selbst auszusuchen.

Ebenso wie Sie das Recht haben, sich auszusuchen, mit wem Sie sexuelles Vergnügen haben wollen, wenn überhaupt, haben Sie auch das Recht zu entscheiden, *wie* Sie Spaß haben wollen. Auch hier sagen uns Spezialisten, Gurus und Massenmedien, welche Stellungen, welche Art und wie viele Orgasmen am besten sind, wie lange und wo wir es tun sollen, was wir vorher und nachher zu tun haben. Wenn Sie sich einige Zeit damit beschäftigt haben, Ihren Körper zu erforschen, etwas über Ihre Reaktionen herauszufinden, damit vertraut sind, was Sie erregt, was Ihnen die Sinne schwinden läßt, und was Ihnen auf keinen Fall zusagt, werden Sie besser wissen, welche Bedingungen Sie brauchen, um Spaß zu haben. Günstige Voraussetzungen wie Wärme, genügend Zeit, das Gefühl der Sicherheit, Zärtlichkeit, Intimität – oder ähnliches. Nehmen Sie sich Zeit, sich selbst zu erforschen.

6.

Ich habe das Recht, meine Meinung zu ändern.

Wir stehen unter einem Zwang, der es uns beinahe unmöglich macht, dieses Recht zu beanspruchen. Sie beginnen mit dem sexuellen Vorspiel, doch nach einer Weile stellen Sie fest, daß Sie nur mit halbem Herzen dabei sind, daß Sie lieber eine Tasse Tee trinken, sich umdrehen und schlafen oder einmal um den Block gehen würden. Aber wie können Sie das sagen? Sind Sie in der Lage, Ihr Recht auf Meinungsänderung zu behaupten? Kaum. Um fünf Uhr nachmittag, wenn Ihr Geliebter anruft, fühlen Sie sich sexy, doch um sieben Uhr sind Sie nicht mehr in der Stimmung, wollen Ihren Geliebten aber nicht enttäuschen, der erwartet, Sie lüstern und bereit vorzufinden. Was sagen Sie ihm in diesem Fall? In neun von zehn Malen geben Sie nach, haben auch noch Gewissensbisse, weil Ihre Stimmung sich geändert hat, Sie den Partner enttäuschen, oder sogar im Ruch stehen könnten, ihn nur »anmachen« zu wollen. Es gibt festgelegte Riten, die zum Geschlechtsverkehr führen, beginnend mit einem Kuß, den Sie genießen und vielleicht auch noch die Umarmung – aber *danach* ist Ihnen einfach nicht zumute! Und wie erklären Sie das? Schaffen Sie es, Ihrem Partner zu sagen, Sie hätten keine Lust, mit ihm zu schlafen? Können Sie Ihre Grenzen setzen und wissen Sie überhaupt, was Ihre Grenzen sind?

Sex und die Mitleidsfalle. Die meisten Frauen, die ich kenne, geben zu, an sexuellen Aktivitäten teilgenommen zu haben, ohne es wirklich zu wollen. Sie haben es getan, obwohl sie keine Lust dazu hatten, halbherzig, manchmal unter körperlichen Schmerzen, doch sie ließen Sex über sich ergehen, ohne ihn klar abzulehnen.

Wenn auch Sie schon ja zu sexuellen Handlungen gesagt haben, obwohl Sie in Wahrheit nein sagen wollten, dann prüfen Sie, ob einige der folgenden Beweggründe Ihren eigenen ähneln:

Angst, beschuldigt zu werden, frigide zu sein oder nur sexuell aufreizen zu wollen.
Angst, daß Sie frigide *sind* oder sonst etwas nicht mit Ihnen stimmt.
Angst vor aggressiver Reaktion: verbal oder körperlich angegriffen zu werden.
Angst, einen Streit zu provozieren und danach einen schlecht gelaunten Partner zu haben, der sich mürrisch umdreht oder die ganze Nacht an Ihnen herumfummelt und Sie nicht schlafen läßt.
Angst vor späterer Zurückweisung, wenn Sie jetzt nein sagen, und davor, sich dann einsam zu fühlen.

Um zu verhindern, daß Ihr Partner sich anderweitig Befriedigung sucht.
Sie betrachten es als Ihre Pflicht – weil Sie seine Frau sind; oder weil Sie zum Abendessen eingeladen wurden. Oder hat der Mann Sie einmal getröstet, als Sie Trost brauchten?

Nehmen Sie bloß nicht an, daß nur Frauen in die sexuelle Mitleidsfalle stolpern. Auch Männer gehen in die gleiche Falle und schlafen mit Frauen, obwohl sie gar nicht in der Stimmung dazu sind. Mechanischer Sex jeglicher Art verbirgt gewöhnlich andere Gefühle. Man will nicht abweisend sein, die Gefühle des anderen nicht verletzen, nicht undankbar erscheinen, den Partner nicht verlieren... Die Falle ist dieselbe: Immer nehmen wir die Bedürfnisse des anderen Menschen wichtiger als die eigenen.

Ein sicheres Zeichen, daß Sie dabei sind, in diese Falle zu gehen, ist, wenn Sie sich dabei erwischen zu denken: »Na gut, es wird schon klappen... nach einer Weile komme ich in Stimmung«. Das kann so sein und kommt auch vor, und mit ein wenig Glück wird Ihr eigener Spaß alle Gefühle neutralisieren, es nur für den anderen zu tun. Sehr oft aber reicht diese Stimmung nicht ganz aus. Die Sinne schwinden Ihnen nicht völlig, Sie sind nicht richtig bei der Sache, wie Sie es sein könnten.

Auch hier – sowohl in heterosexuellen wie in homosexuellen Beziehungen – übernehmen wir eine von zwei Rollen. Die erste ist eine Mutterrolle – sie entspringt einem liebevollen Mutterinstinkt oder einem weiblichen Pflichtgefühl. In keinem Fall ist die Gleichheit der Rechte oder der Entscheidungsfreiheit gegeben. Man redet sich ein, dem anderen eine Enttäuschung oder Zurückweisung ersparen zu wollen, überlagert dabei aber die eigene Furcht vor Mißbilligung und Kritik. Die zweite Rolle ist mehr eine kindhafte, stammt aus dem Wunsch zu gefallen und anerkannt zu werden, dem Wunsch nach Zugehörigkeit und vom anderen akzeptiert zu werden. Manchmal vermeiden wir es, nein zu sagen, weil wir nicht riskieren wollen, diese so wichtige Zuneigung und Anerkennung zu verlieren.

Das Neinsagen und dabei zu bleiben wird durch die »passive Natur« der Vagina erschwert. Will ein Mann nein sagen, so hat er ganz einfach keine Erektion. Will eine Frau nein sagen, tut dies jedoch nicht mit der nötigen Selbstbehauptung, so ist es relativ einfach für sie, eine passive Stellung (im wahrsten Sinne des Wortes) einzunehmen und den Mann in sich aufzunehmen – ohne Widerstand. Auch wenn kein augenscheinlicher Widerstand besteht und viele Frauen eisern ihre Gefühle verleugnen und sich einreden »Es macht mir eigentlich nichts aus«, gibt es oft gefährliche indirekte Reaktionen. Es gibt Fälle, in denen die Vagina und der übrige Genitalbereich vollkommen taub werden und die Frau überhaupt nichts mehr fühlt; manchmal verkrampft sich der Vaginalmuskel und der Körper der Frau sagt nein. Es kann passieren, daß sie sich von all ihren Gefühlen loslöst, dies endet nach Monaten oder Jahren damit, daß sie überhaupt nichts mehr fühlt – ihr ganzer Körper hat endültig nein gesagt.

Mythos gegen Fakten. Hiermit möchte ich noch einmal auf die Notwendigkeit der Information hinweisen. Viele Frauen handeln nach falschen Voraussetzungen oder Vermutungen, sowohl die weibliche als auch die männliche Sexualität betreffend. Speziell zwei Mythen gilt es zu klären, um sich aus der sexuellen Mitleidsfalle herauszuhalten.

Der Mann ist ein sexuelles Tier: Sein Verlangen ist unkontrollierbar. Wenn er eine Erektion hat, muß er sich Erleichterung verschaffen, sonst explodiert oder implodiert er – beides verursacht ihm großen Schaden. Dafür gibt es zwar keine Beweise, aber viele Frauen und Männer glauben das immer noch, und manche Frau fühlt sich verpflichtet, »etwas dagegen zu tun«. Ein anderer weit verbreiteter Mythos ist, daß die Frau die Erektion »verursacht« hat, es ist also ihre Sache, dem Mann Erleichterung zu verschaffen. Unterstrichen wird diese Ansicht durch die absurde Unterstellung, Frauen forderten ihre Vergewaltigung selbst heraus.

Die Frage der Erregung und Erektion ist nicht so einfach zu beantworten, wie es den Anschein hat. Ein Mann kann nicht steuern, ob er eine Erektion haben will oder nicht. Durch den Irrglauben, ein Mann könne »ihn zum Stehen bringen«, wann er wolle, fühlen sich viele Frauen zurückgewiesen, wenn ihr Partner keine Erektion bekommt, wenn sie es wünschen, und sind beleidigt, wenn er eine Erektion hat, wenn sie es nicht wünschen.

Der Mann muß die Initiative ergreifen und handeln: Aus diesem Grund vermeiden Frauen Ablehnungen, weil sie nicht wollen, daß ihr Partner sich als Versager fühlt. Andererseits übernehmen sie auch nicht selbst die Initiative, da sie denken, der Mann müsse wissen, was zu tun sei. Sie scheuen sich, ihre eigenen Bedürfnisse deutlich und präzise auszudrücken, denn der Mann ist der Hauptakteur, und wenn er sie nur stark genug liebt, geht alles von allein...

Frauen haben noch einen langen Weg vor sich, die Verantwortung für ihre eigene Lust beim Sex zu übernehmen. Eine aktive und gleichberechtigte Rolle in einer Partnerschaft zu übernehmen, sichert Ihnen zu, selbstbewußt nein (und ja) sagen zu können, garantiert Ihnen, daß der Partner auf Ihre Bedürfnisse eingeht, und daß Sie im Bett Sie selbst sind und nicht einem Mythos oder einer Norm gerecht werden müssen.

Ihr Sexualverhalten zu erneuern, kann einige Zeit in Anspruch nehmen – gewiß erfordert es Interesse und Motivation. Wir müssen uns hier darauf beschränken zu untersuchen, wie man Selbstbehauptungstechniken in diesem Lebensbereich anwenden und in sexuellen Situationen in die Tat umsetzen kann. Sehen wir uns Katrin, Doris, Eva und Selma in Aktion an:

Beispiel 1. Sie haben einen Mann kennengelernt, waren mit ihm zum Essen aus, anschließend trinken Sie noch gemeinsam eine Tasse Kaffee in Ihrer Wohnung. Die klassische Situation also, wonach die Einladung zum Kaffee lediglich eine Umschreibung für die Einladung zum Sex ist. Es wird spät, er wird zärtlich. Das führt zur Umarmung und zu Zudringlichkeiten und schließlich zu seiner spürbaren Erregung. Sie sind müde und wollen ins Bett... allein.

Katrins Taktik: Sie stößt ihn von sich und fährt ihn an: »Nimm deine Pfoten weg! Wofür hältst du mich eigentlich?« Oder, mit einer kleinen Beimischung von Eva, sie läßt sich die Zudringlichkeiten gefallen, denkt aber »Okay Junge, mal sehen, was du auf dem Kasten hast. Zeig doch mal, wie du's bringst!« Die Wahrscheinlichkeit besteht, daß der Mann ihre aggressive Haltung spürt und ihm die Lust vergeht, irgend etwas »zu bringen«.

Doris' Taktik: Sie versucht, seine Hand von sich zu schieben, und murmelt etwas wie »Ich bin schrecklich müde, es ist schon spät«. Ihre Unsicherheit und möglicherweise ein unangebrachtes Schuldgefühl zwingen sie zur Passivität. Sie gibt sich dem Mann schließlich direkt auf dem Sofa hin.

Eva versucht, ihm eine indirekte Absage zu erteilen, etwa »Ich würde ja gerne, aber es ist der falsche Tag im Monat«, oder »Ich fühle mich nicht besonders wohl«. (Wie Doris fürchtet sie, als frigide und Anmacherin zu gelten, oder ihn wütend zu machen.) Vielleicht schafft sie es tatsächlich, ihm Schuldgefühle zuzuweisen, und er wird nach Hause gehen. Möglicherweise läßt sie den Sex aber auch über sich ergehen und rächt sich zu einem späteren Zeitpunkt, indem sie beispielsweise gemeinsamen Bekannten gegenüber diffamierende Gerüchte über ihn ausstreut: »Meine Liebe, er war ein totaler Blindgänger, nur Geschwätz und nichts dahinter. Er brachte ihn nicht um alles in der Welt hoch.« Diese Kränkungen erleichtern vorübergehend ihr Gefühl, ungerecht behandelt worden zu sein, Gefühle des Zorns und der Bitterkeit, daß sie sich wieder einmal benützen ließ. Denken Sie daran, das Nein sucht sich immer in irgendeiner Form ein Ventil!

Wie würde Selma die Situation handhaben? Sie könnte gleich zu Beginn nein sagen, das Wort, das vielen Frauen bei ihren Versuchen, etwas abzulehnen, fehlt. Um sich aus der Mitleidsfalle herauszuhalten, kann das Gespräch folgenden Verlauf nehmen:

Selma: Hör zu, es ist spät geworden. Ich möchte gern allein zu Bett gehen.
Mann: Aber du bist so attraktiv, du machst mich richtig heiß. *(Manipulativer Köder)*
Selma: Ich weiß, daß ich attraktiv bin. Aber ich habe keine Lust, jetzt mit dir zu schlafen, ich möchte alleine ins Bett gehen.
Mann: Es würde doch den Abend schön abrunden.
Selma: Für dich vielleicht. Aber ich möchte nicht mit dir schlafen und finde, du solltest jetzt gehen.
Mann: Was ist los mit dir? Bist du frigide oder machst du's lieber mit Frauen? *(Argumentativer Köder)*
Selma: Ich sehe keine Veranlassung, daß du unangenehm wirst. Nein, keines von beiden. Aber ich möchte einfach nicht mit dir schlafen.

Sie können folgendes sagen:

»Ja, es war ein netter Abend, *aber ich möchte nicht mir dir schlafen.*«
»Nein, ich will dich nicht anheizen, *ich will nur nicht mit dir schlafen.*«
»Ich sehe, daß du erregt bist, aber du könntest ja masturbieren: *Ich möchte heute nacht nicht mit dir schlafen.*«
»Ich sehe, daß du wütend bist, *aber ich möchte heute nacht nicht mir dir schlafen.*«
»Nein, du hast nichts falsch gemacht, *ich möchte nur nicht heute nacht mit dir schlafen.*«

Es ist natürlich kaum vorstellbar, daß Sie einem Mann begegnen, der *so* hartnäckig ist! Aber wir sind oft so indirekt, daß die Botschaft einfach überhört wird.

Beispiel 2. In einer Situation, die sich in einer langen Partnerschaft eskaliert hat, sind die Probleme akuter. Nehmen wir das Beispiel einer Frau in einer langen heterosexuellen Beziehung, in der der Sex generell in Ordnung ist, sie sich aber momentan nicht nach Geschlechtsverkehr fühlt. Sie hat Sorgen, ist angespannt, fühlt sich überlastet und weiß, daß sie keinen wirklichen Spaß an der Sache haben wird.

Katrins Taktik: Sie zuckt aggressiv zurück, wenn ihr Mann sie anfaßt, und sagt: »Hör auf, an mir rumzugrapschen!«, oder sie fängt einen Streit an, wissend, daß dadurch seine Erregung und weiterer körperlicher Kontakt erstickt werden.

Doris reagiert passiv oder auf indirekte Weise: Sie geht früh zu Bett, tut so, als schliefe sie, wenn ihr Mann schlafen geht, oder sie führt ein Tampon ein, obwohl ihre Periode längst vorbei ist, weil sie weiß, daß er sie dann in Ruhe läßt.

Eva entscheidet sich für »Kopfschmerzen« oder greift zu einer Kombination der oben angeführten Taktiken. Oder sie bringt das Thema auf seine Mutter, wenn ihr Mann sich ihr zärtlich nähert, wohl wissend, daß sie damit sein Interesse auf alle Fälle ablenkt; oder sie stöhnt schmerzhaft auf, wenn er sie anfaßt, um ihn wissen zu lassen, wie krank sie ist, und er wird sich voller Schuldgefühle von ihr zurückziehen.

Selma ist fähig auszusprechen, wie sie sich fühlt – müde, kaum begeisterungsfähig, kühl, was immer ihre Gefühle sind. Vielleicht spricht sie mit ihrem Mann darüber, wie sie die Arbeit im Haushalt besser aufteilen könnte, daß sie mehr Unterstützung braucht, um weniger müde zu sein; oder sie schlägt vor, mit ihm darüber zu sprechen, was mit ihrem gemeinsamen Sexualleben los ist. Vielleicht macht sie einen selbstbehauptenden Vorschlag zu schmusen und zärtlich zueinander zu sein – ohne Sex. Vielleicht will sie ihn auch oral oder mit der Hand stimulieren, aber keinen Geschlechtsverkehr. Was immer die Lösung ist, sie und ihr Partner werden gleichberechtigt darüber sprechen, nicht aus Mitleid.

Selbstbewußter Kompromiß oder Prostitution? Frauen haben starke Empfindungen bezüglich der Prostitution – die einen betrachten sie als echten Beruf, andere sagen, sie werte die weibliche Sexualität ab. Wie Ihr eigenes Urteil auch ausfällt, Prostitution ist ein unbestreitbarer Faktor weiblicher Sexualität. Ich halte es für wichtig, an dieser Stelle darüber zu sprechen, denn auch ohne offene finanzielle Transaktionen verkaufen viele Frauen ihren Körper. Einen selbstbewußten Kompromiß mit Ihrem Partner zu schließen, ist nicht das gleiche wie, Ihren Sex als Tauschmittel dafür einzusetzen, daß das Badezimmer am Wochenende renoviert wird, oder Ihren Partner davon abzulenken, wütend auf Sie zu sein, oder ihn damit an sich zu binden. Nichts davon ist richtig oder falsch. Aber es ist wichtig, sich darüber im klaren zu sein, ob Sie etwas für die sexuelle Gunst, die Sie erweisen, eintauschen. Wenn Sie in diesem Punkt keine Klarheit haben, werden Sie zu keiner selbstbehauptenden Kommunikation fähig sein – Sie haben eine zu starke Blockade dem Geschehen gegenüber, um den Richtlinien konstruktiver Kritik zu folgen.

Sexualität ist ein großer Machtfaktor, und es herrscht keine Übereinstimmung darüber, warum das so ist. Viele Frauen wissen, daß sie etwas besitzen, was die Männer haben wollen, und setzen es oft unehrenhaft, aggressiv, manipulativ ein. Zuweilen fühlen Frauen, daß sie die einzig wirkliche Macht ist, die sie besitzen. Ich glaube, die Sexualität wieder für sich zurückzufordern, ist etwas anderes, als das, was Sie zwischen den Beinen haben, als Machtmittel einzusetzen. Sich darüber aufzuregen und es direkt auszusprechen, kann ein Anfang sein, gleiche sexuelle Rechte zu fordern.

Ein erster Schritt, sexuelle Beziehungen aufrichtig zu sehen, ist es, andere Gefühle zu beobachten. Das trifft auf heterosexuelle und homosexuelle Beziehungen gleichermaßen zu. Erinnern Sie sich an das Kapitel über Gefühle und daran, wie sehr unsere Gefühle mit den verschiedenen Bedürfnissen verknüpft sind. Ich habe erläutert, daß Gefühle, die nicht direkt ausgedrückt werden, sich Hintertürchen suchen. Eines davon macht sich in sexuellen Situationen bemerkbar, denn wenn wir intim und einem anderen Menschen ganz nah sind, sind wir leichter zu verwunden.

Es lohnt sich zu untersuchen, wie andere Gefühle – das heißt außer den rein körperlichen, sexuellen Gefühlen – dem Spaß und der Lust entgegenwirken. Unausgedrückter Ärger kann sich in Ablehnung und sexueller Verweigerung äußern – entweder aggressiv oder indirekt. Die Furcht, nicht das Richtige zu tun, oder die Angst, nicht geliebt und geschätzt und anerkannt zu werden, kann sich störend auf die Intensität Ihrer sexuellen Erregung auswirken. Das Verlangen nach Nähe oder, Traurigkeit zu teilen, steht der Fähigkeit entgegen, sexuelle Lust zu empfinden. Manchmal geraten wir in eine sexuelle Situation, nicht weil wir besonders erregt sind, sondern weil wir uns nach Umarmung und Zärtlichkeit sehnen; statt es dabei zu belassen, werden wir zu weiteren Schritten gezwungen oder zwingen einen anderen dazu. Wenn im Schlafzimmer unausgesprochene Gefühle lauern, stören und ersticken sie die Harmonie. Feindseligkeit brütet Angst aus, diese wiederum Entfremdung und Schweigen. – Die Sexualität wird ein leeres, mechanisches Echo, lieblos und entehrend, wenn zwei Menschen einander paradoxerweise innig umarmen, während ihre Herzen isoliert, verängstigt und allein sind.

Wie können wir so etwas vermeiden? Wie können wir den Sex freundlich, warm, erotisch und zum Vergnügen werden lassen? Selbstsichere Kommunikation soll dieses Kapitel beschließen. Was beschreibt Ihre eigene Form der Kommunikation besser: Anpassung oder Verhandlung?

Zuerst müssen Sie darauf achten, von einer gleichberechtigten Position auszugehen.

Geteilte Verantwortung. Anpassung ist die passive Lösung – Sie mögen glauben, gleichberechtigt zu sein, in Wahrheit richten Sie sich aber nach den Bedürfnissen des Partners, tun alles, um Frieden zu bewahren. Sie mögen eine Art Mutterrolle übernehmen, Mitleid mit ihm haben, seine Fehler entschuldigen – wie bei einem Kind. Oder Sie ziehen es vor, Ihren Partner für perfekt zu halten, und wollen seine Mängel gar nicht wahrhaben. Der Gedanke, er könne nicht perfekt sein, macht Sie bereits unsicher.

Dem Partner die Schuld zu geben, ist die aggressive Lösung – verführerisch, aber katastrophal für klare Kommunikation, wie wir bereits feststellten. Natürlich ist es einfach, dem anderen die Schuld an Ihrer eigenen Unsicherheit und damit verbundenen Konsequenzen zuzuschreiben. Bevor Sie dem anderen die Schuld geben, denken Sie daran, es sind immer zwei mit von der Partie: Auch wenn Sie seit zwanzig Jahren darunter leiden, daß seine ungeschickten Hände über Ihren Körper tasten, und Sie in selbstgerechtem Zorn und Ekel explodieren könnten! Schuldzuweisungen äußern sich in Beleidigungen, wie »Du bist ein langweiliger Liebhaber«, »Du bist ein Eisklotz«, »Mit dir muß was nicht in Ordnung sein, du bist nicht normal«. Denken Sie daran: Zu Beginn Ihrer Aussage müssen Sie mitteilen, wie Sie sich fühlen. Das sollte Ihnen jetzt leichter fallen, nachdem Sie geübt haben zu sagen: »Ich fühle«, »Ich würde gern«, »Es fällt mit schwer«, »Ich habe Angst«, »Ich weiß nicht, wann du erregt bist«, »Ich lasse mich ungern gehen«.

Verhandlungen finden auf gleichberechtigter Ebene statt – beide Partner haben ein Problem und wollen es aus der Welt schaffen. Wenn das so ist, gehen Sie folgendermaßen vor:

Sprechen ist wichtig. Andererseits haben wir gelernt, über Sex zu sprechen heißt, seinen Zauber zu verlieren; er sollte etwas ganz Natürliches sein, über das man eigentlich nicht sprechen muß. Diese Ansicht birgt drei Schwierigkeiten in sich: Erstens, Sie fühlen sich schuldig und lächerlich, kommen sich als Spielverderberin vor, glauben, Sie sind dumm und langweilig, wenn Sie das Thema anschneiden, setzen damit allem einen unnötigen Dämpfer auf und nehmen alles viel zu ernst. Zweitens glauben wir, daß der perfekte Mann tatsächlich existiert – und wenn Ihr Liebhaber sensibel genug ist, Sie aufrichtig liebt und völlig auf Sie eingestimmt ist, dann wird er wissen, was er tun muß, um Sie in Ekstase zu versetzen, dann wird er Sie an den richtigen Stellen berühren. Auszusprechen, daß er etwas nicht richtig macht, könnte sich wie eine Demütigung anhören, als sei es *sein* Fehler. Er würde sich gekränkt, unzulänglich und ins Unrecht gesetzt fühlen – genau deshalb, weil Sie irgendwo denken: Er *ist* im Unrecht! Drittens sind wir so festgefahren in unserem Schweigen, daß wir das Vokabular für eine solche Kommunikation vergessen haben: Wir wissen nicht, was wir sagen sollen. Es klingt peinlich und ungeschickt oder steril und fremd. Mit einiger Übung überwinden Sie die

Scheu, Worte dafür zu finden. Zwei wichtige Richtlinien: Wählen Sie den richtigen Augenblick und verlangen Sie eine Veränderung.

Der richtige Augenblick dazu ist nicht im Bett! Wenn Sie Ihren Liebhaber im Bett kritisieren, wie selbstbehauptend Sie sich auch geben wollen, riskieren Sie eine Abwehrhaltung. Ihr Liebhaber wird die Erektion verlieren und Ihnen die Schuld dafür geben. Im Schlafzimmer herrscht immer eine knisternde Stimmung, so daß Sie besser beraten sind, das Thema bei anderer Gelegenheit zur Sprache zu bringen, nicht aber vor, während oder nach dem Sex.

Machen Sie es kurz und klar. Sie müssen keine Vorlesung halten – nichtverbale Kommunikation kann ausreichen, ist aber meist mißverständlich; der Partner wird keinen Unterschied heraushören, ob Sie stöhnen »Mach weiter« oder »Hör auf damit«.

Erinnern Sie sich wieder einmal an das Museum (siehe Kapitel 12), besonders, wenn es sich um eine lange Beziehung handelt. Nehmen Sie sich eins nach dem anderen vor und denken Sie immer daran, es ist ein gemeinsames Wagnis. Seien Sie mit dem, was Sie wollen, direkt und präzise – helfen Sie Ihrem Liebhaber, wirklich zu begreifen, daß er liebevoller sein muß, Ihnen mehr Aufmerksamkeit schenken soll, usw.

Der Sinn selbstsicherer Kritik ist es, konstruktiv zu sein. Sie müssen die positiven Seiten Ihrer Beziehung ebenso sehen wie ihre Schwächen, Sie müssen selbst Kritik annehmen können und die Verantwortung für eine Veränderung übernehmen. Sie hat nichts mit scharfen Angriffen auf die Qualitäten des Partners zu tun oder damit, daß Sie Ihre Kritik als Waffe einsetzen, um subtile Rache zu nehmen. Die Ursachen für die Probleme herausfinden, Eigenverantwortung übernehmen, sich selbst informieren, das sind Wege zur selbstbewußten Haltung gegenüber Ihrer eigenen Sexualität.

Ich möchte dieses Kapitel mit einer Geschichte abschließen, die in meinen Augen ein nachahmenswertes Beispiel für die selbstbewußte Haltung einer Frau zu ihrer Sexualität darstellt. Die betreffende Frau war 74 – beim Kauf neuer Vorhänge hatte sie einen Mann kennengelernt. Sie verliebten sich ineinander und nach einigen Monaten – zu diesem Zeitpunkt erfuhr ich die Geschichte – unterzog sie sich einer Hüftoperation, da sie im Bett aktiver sein wollte, um mit ihrem neuen Liebhaber mehr Spaß am Sex zu haben!

Übungen

1. Nehmen Sie sich Zeit und lesen Sie über die Sexualität der Frau nach und probieren Sie es an sich aus.
2. Sprechen Sie mit einer guten Freundin über Ihre Empfindungen beim Sex. Offener Gedankenaustausch ist ein wichtiger Lernprozeß.
3. Haben Sie Schwierigkeiten, Worte zu finden, wenn Sie sich mitteilen wollen, dann nehmen Sie sich zehn Minuten Zeit und schreiben Sie *alle* Wörter für Genitalien und sexuelle Aktivitäten auf, die Sie kennen – Jargonwörter, medizinische Wörter –, das hilft, Ihre Befangenheit, sie auszusprechen, abzubauen. Sie können noch einen Schritt weitergehen und sie sich vor einem Spiegel laut vorsagen.
4. Finden Sie heraus, was Sie erregt, erotisiert und woran Sie Spaß haben.
5. Bezeichnen Sie drei Dinge, die Sie tun könnten, und drei Dinge, die Ihr Partner tun könnte, um Sex zu einem größeren Vergnügen werden zu lassen. Der nächste Schritt ist, diese Dinge selbstbewußt mitzuteilen. Gehen Sie dabei nach den in diesem Kapitel beschriebenen Richtlinien vor.

16.
Eine persönliche Untersuchung

In den bisherigen Kapiteln gingen wir ausführlich darauf ein, was während des Kommunikationsvorgangs mit anderen Menschen geschieht. Wir haben untersucht, wie Sie sich ausdrükken und wie Sie sich noch wirksamer, klarer und offener mitteilen können. Wenn Sie diese Selbstbehauptungs-Techniken ausprobieren, ob im Rollenspiel oder in realen Situationen, werden Sie sich des Bildes, das Sie von sich selbst haben und das Sie Ihrer Umwelt präsentieren, wahrscheinlich bewußter werden. Ehe wir Änderungsversuche unternehmen, sind wir uns meist des Eindrucks, den wir machen wollen, nicht sonderlich bewußt, denn meist verhalten wir uns ja gewohnheitsmäßig. Jede Art der Veränderung bringt neue Reize und Aufgaben. Wenn unerwartete Konflikte auftauchen, kann sie uns auch zeitweise verwirren.

Selbst wenn Sie sich zu selbstbehauptendem Verhalten entschließen und damit Erfolg haben, machen Sie sich möglicherweise Gedanken, welche Wirkung Ihr Verhalten auf andere Menschen hat. Gegen Ende eines Selbstbehauptungstrainings kam Viv mit folgender Geschichte aus dem Urlaub zurück: Im Flugzeug hatte sie sich in die Nichtraucherabteilung gesetzt. Als der Mann vor ihr sich eine Zigarre anzündete, kämpfte sie einen Moment mit sich, nahm dann all ihre selbstbewußte Entschlußkraft zusammen, beugte sich vor und bat ihn mit ruhiger Stimme, seine Zigarre auszumachen. Ein wenig verblüfft tat er, worum sie ihn gebeten hatte. Alles schön und gut, werden Sie denken. Ende der Geschichte. Doch erst dann, fuhr Viv fort, fing ihre Pein an. Die Ehefrau des Fluggastes wandte sich um und sah Viv mit einem langen, durchdringenden Blick an. Was wirklich in diesem Blick lag, werden wir nie erfahren.

Viv sah in ihm soviel Verachtung und Mißfallen, als habe sie den Rock gehoben und sich entblößt. Das löste in ihr großes Unbehagen und Unsicherheit aus. Sie tat, als lese sie, ihr Magen verkrampfte sich, unentwegt fragte sie sich, was die beiden um Himmels willen von ihr denken mochten! So sehr sie auch mit Vernunft dagegen ankämpfte und sich sagte, daß die Leute ihr egal sein konnten, daß sie völlig Fremde waren, die sie nie mehr wiedersehen würde, daß sie mit ihrer Forderung vollkommen recht hatte, dauerte dieser Sturm der Gefühle etwa zwanzig Minuten! Sogar bei der Ankunft am Flughafen mied sie die Nähe des Paares. Wie lächerlich, werden Sie denken. In gewisser Hinsicht ja, doch sehr verständlich. Denn es ist zu bedenken, daß selbstbehauptendes Verhalten Sie mit erstaunlichen Elementen Ihres Selbst konfrontiert: wer Sie sind, was Sie wollen, wie Sie sich fühlen, und was Sie vor andern verbergen. Diese Verwirrung beim näheren Kennenlernen Ihres Selbst rührt von der Abhängigkeit von *reflektierten Bildern.*

Eine Frau betrachtet sich ständig im Spiegel, um zu sehen, wie sie auf andere wirkt. Sie sieht auch in die Spiegel der Augen anderer Menschen, um ihre Wirkung zu prüfen. Im Spiegel sieht sie ein Bild, in den Augen eines anderen Menschen sieht sie ein zweites. In den Augen eines dritten möglicherweise wieder ein anderes. Diese Bilder können miteinander in Widerspruch oder in Einklang stehen. Manchmal denkt sie, diese Spiegelungen gäben nicht nur einen Teil von ihr wieder, sondern zeigten alles, was sie ist. Also werden diese Spiegelbilder wichtig. Sie beruhigen, sind Beweise ihrer Existenz. Und sie geben ihr Zuversicht.

Lächeln die Augen, sieht sie Anerkennung; sie glaubt, das, was man von ihr erwartete, gut gemacht zu haben. In den Augen anderer hat sie Anerkennung und Achtung verdient. Wenn sie eine positive Bemerkung über sich selbst macht, sucht sie in den Augen der anderen nach Bestätigung. Sie gewöhnt sich daran, sich auf reflektierte Urteile zu verlassen.

Wir legen uns ein »gewinnendes Wesen« zu; wir reagieren geschickt auf die Stichworte anderer Leute; tasten das Terrain nach Bejahung ab, um den richtigen Eindruck zu machen, passen unser Verhalten an, unsere Worte und Bewegungen. Das Ausmaß, wie sehr wir in den Augen anderer nach positivem Urteil und Anerkennung suchen, wird sehr deutlich, wenn wir eine Veränderung unserer Verhaltensweisen in Erwägung ziehen. »Was wird man von mir denken?«, ist das ewige Lied. Natürlich wollen wir mit anderen Menschen leben, arbeiten, schlafen, reden, verreisen. Es wäre sinnlos, in einem Vakuum zu leben oder unsere Augen und Ohren gegen unsere Umwelt zu verschließen. Viele Frauen sind jedoch *so* abhängig von der Anerkennung und Bestätigung anderer, daß sie sich lediglich mit dem äußeren Erscheinungsbild beschäftigen, anstatt ihre eigene Wahrnehmung mit der Wahrnehmung anderer zu vergleichen und sie gegeneinander abzuwägen. Sie hören auf Beurteilungen von außen und nicht auf ihre eigene innere Stimme.

Selbstachtung

Beschäftigen wir uns zu sehr mit Spiegelbildern, ist die Folge davon, daß wir in ihnen nicht nur eine Bestätigung unseres Selbst finden, sondern auch eine Bestätigung unseres Wertes.

Selbstachtung wird fälschlicherweise mit Dünkel, Arroganz und persönlichem Erfolg gleichgesetzt. Selbstachtung rührt jedoch aus einem starken, tief verwurzelten Gefühl des Selbstwertes, der sowohl Versagen als auch Erfolg verkraftet; er verkraftet Fehler und Enttäuschungen und vor allen Dingen Bejahung oder Zurückweisung durch andere.

Sie wissen sicher, wann Ihre Selbstachtung gering ist. Sie bekommen keine Post, Ihre beste Freundin vergißt, daß Sie nie Milch zum Kaffee nehmen, ein Fremder brüllt Sie auf der Straße an – Ihr Selbstwertgefühl purzelt zu Boden. Und Sie stehen da und fragen sich, was Sie falsch gemacht haben. Was haben Sie getan, womit haben Sie das verdient? An guten Tagen scheint alles, was Sie tun, richtig. Über ein mißbilligendes

Stirnrunzeln oder eine abfällige Bemerkung zucken Sie nur die Schultern, weil Sie sich in sich stark fühlen.

Zwei der wichtigsten Merkmale der Selbstachtung sind die Gefühle, bejaht und geliebt zu werden.

Bejahung. Es ist ganz natürlich, daß man akzeptiert sein will. Es ist natürlich, zu denen, die uns wichtig sind, gehören zu wollen und mit ihnen übereinzustimmen. Wenn diese Seite Ihrer Selbstachtung – Bejahung von außen – jedoch zu stark davon abhängt, wie andere Sie sehen und beurteilen, wird es schwieriger, das Risiko einer Veränderung auf sich zu nehmen, denn sie könnte ja von den Menschen Ihrer Umgebung nicht akzeptiert werden. Um zu verstehen, wie dies auf Sie zutreffen kann, untersuchen Sie, ob Sie ausgesprochene und unausgesprochene Erwartungen, die den verschiedenen Rollen Ihres Lebens entgegengebracht werden, identifizieren können. Oft steht das, was wir aus freien Stücken tun, mit den Erwartungen anderer Menschen in Einklang. Manchmal befinden wir uns aber im Konflikt mit einer gegebenen Situation und ihrer Bejahung. Wir werden von der Stärke des reflektierten Bildes zu sehr beeinflußt, und das schadet unserer Selbstachtung. Eine alleinstehende Frau von fünfzig Jahren fühlt sich möglicherweise nicht bejaht, wenn sie in den Spiegel sieht. Sie glaubt, ihr Recht, als Frau bejaht zu werden, hänge davon ab, jung, attraktiv und gebunden zu sein. Da sie keine dieser »Qualifikationen« mitbringt, sucht sie sie auch nicht in den Augen anderer Menschen. Sie erhält keine reflektierte Bejahung und weist sich selbst zurück.

Begeben Sie sich außerhalb des Normverhaltens und wagen einen mutigen Schritt für sich selbst, werden Sie immer noch von Unsicherheit verfolgt. Eine andere Frau schaut in den Spiegel. Sie ist ins Berufsleben zurückgekehrt, um ihren eigenen Lebensunterhalt zu verdienen, das bedeutet, daß sich zeitweise jemand anderer um ihre Familie kümmern muß. Sie entdeckt, wie sehr ihr die reflektierte Anerkennung fehlt, die sie aus dem Kreis ihrer Familie jetzt nicht mehr erhält. Manchmal sieht sie reales und manchmal eingebildetes Mißfallen in den Augen der Familienmitglieder, und sie fragt sich zweifelnd, ob Frausein nicht doch die Erfüllung in der selbstlosen und hingebungsvollen Mutterrolle findet. Sie lernt das Unbehagen kennen, nicht mehr zu wissen, wer sie eigentlich ist. Bevor sie sich in ihrem eigenen Recht entdeckt, wird sie eine Zeit der Unsicherheit und der Konflikte durchstehen müssen.

Wir müssen lernen zu erkennen, wieviel von unserem Verhalten auf dem Verlangen nach reflektierter Bejahung beruht und wieviel davon eigenständig getroffene Wahl ist. Die Mitte zu finden, ist wichtig. Was sehen Sie, wenn Sie sich im Spiegel betrachten? Wessen Augen reflektieren Ihr Maß an Bejahung? An welchen Maßstäben müssen Sie sich messen? Welche Maßstäbe müssen Sie erreichen, um sich innerhalb der verschiedenen Kategorien Ihres Lebens für eine Bejahung zu qualifizieren? Müssen Sie glücklich verheiratet sein? Eine attraktive Figur haben? Eine perfekte Mutter sein? Eine glänzende Gastgeberin? Eine sexuell befriedigende Partnerin? Eine sozialkritische Bürgerin? Eine wohltätige Nachbarin? Eine dankbare Tochter? Eine perfekte Hausfrau? Eine aktive Feministin? Eine Freundin, auf die man sich verlassen kann? Eine mitreißende Anführerin? Eine einfallsreiche Köchin? Eine zuverlässige Arbeiterin? Eine Heilige, die sich nie beklagt? Stark für andere wie ein Fels in der Brandung?

Sobald Sie erkannt haben, wie sehr Sie von der Bejahung und Anerkennung anderer abhängen, sehen Sie auch die Möglichkeiten, Ihre *Selbst*-Bejahung aufzubauen. Das bedeutet nicht, andere völlig abzulehnen, sondern eine Schwerpunktverlagerung zu Ihren Gunsten, um sich mehr eigenen Freiraum zu schaffen. Sie können sich mehr Freiheit gewähren, sich so auszudrücken, wie Sie möchten.

Der Wunsch, begehrenswert zu sein, geht Hand in Hand mit der Bejahung und bildet mit ihr eine starke Verbindung. Geliebt zu werden, gibt uns das Gefühl des Vertrauens, das fast unbesiegbar ist. Das Gefühl, ungeliebt und unbegehrt zu sein, macht uns unglücklich, deprimiert uns und gibt uns das

Gefühl, nicht gebraucht zu werden. Es findet eine Rückkoppelung statt: Fühlen wir uns geliebt, dann fühlen wir uns auch liebenswert. Das macht uns reizvoll und attraktiv, und wir werden um so mehr geliebt. Also fühlen wir uns noch liebenswerter. Umgekehrt trifft das natürlich auch zu. Der Verlust von Liebe auf kurze oder lange Zeit verursacht uns gefährliche Gefühle, nicht liebenswert zu sein; wir verzweifeln, klammern uns an andere, was uns wiederum nicht liebenswert macht, also fühlen wir uns noch weniger geliebt, nicht begehrt.

Wir alle haben Angst vor Zurückweisung, und wir alle erleben sie. Wie sehr wir auch versuchen, sie zu vermeiden, leichte oder schwere Zurücksetzungen treffen uns das ganze Leben hindurch. Folgende Situationen empfinden Sie vielleicht als zurückweisend. Prüfen Sie, welche davon auf Sie zutreffen:

1. Jemand vergißt Ihren Geburtstag oder einen wichtigen Gedenktag.
2. Sie sind von einem Erlebnis ganz begeistert, doch Ihrem Partner ist das völlig egal.
3. Sie wollen jemandem eine körperliche Zärtlichkeit erweisen, doch er/sie zieht sich zurück.
4. Ein Elternteil vergleicht Sie ständig ungünstig mit einer anderen Person.
5. Ihr Partner kritisiert Ihre Erscheinung.
6. Sie bieten sich an, jemandem einen Gefallen zu tun, erhalten aber eine Abfuhr.
7. Sie erhalten nach einem Vorstellungsgespräch bei einer Firma eine Absage.
8. Jemand, zu dem Sie sich hingezogen fühlen, sagt Ihnen: »Ich möchte nicht dein Liebhaber sein.«
9. Sie zeigen einem Menschen, der Ihnen wichtig ist, etwas, das Sie geschrieben haben – oder etwas, das Sie gemacht haben –, und werden von ihm scharf kritisiert.
10. Sie machen ein mit Liebe ausgewähltes Geschenk, das den Beschenkten überhaupt nicht beeindruckt.
11. Sie werden zu einem Treffen oder einer Party nicht eingeladen, zu der alle Welt eingeladen zu sein scheint.

12. Sie möchten gerne mit Ihrem Partner schlafen, aber der ist nicht in Stimmung.

Der Grad der Zurückweisung hängt davon ab, was uns der Mensch bedeutet, der uns zurückweist, von unseren individuellen »wunden Punkten« (siehe Kapitel 11) und von unserer momentanen Stimmung. Manchmal muß es ganz schön dick kommen, um unsere Selbstachtung zu erschüttern; und ein anderes Mal genügt ein einziger Blick oder eine winzige Geste, um eine ganze Flut von unverdauten und unausgedrückten Gefühlen der Zurückweisung hochzuschwemmen. Wir müssen uns damit abfinden, daß wir unser ganzes Leben hindurch Zurückweisungen erfahren, deshalb ist es wichtig, sich mit Selbstbehauptung damit auseinanderzusetzen.

Es gibt zwei Möglichkeiten: langfristige und kurzfristige Strategien.

Die langfristige Strategie ist die Fähigkeit, sich selbst lieben zu lernen, etwas, womit wir oft Schwierigkeiten haben. Sich selbst eine gute Freundin zu sein, wird Ihnen in bedrohlichen Situationen zugute kommen. Wenn Sie sich einen inneren Rückhalt aufgebaut haben, können Sie manchem Druck und Angriff von außen widerstehen – Sie haben sich gleichsam einen Vorrat für schlechte Zeiten angelegt.

Erforschen Sie die positiven Aspekte der Einsamkeit. Sind Sie gern mit sich allein? Wie begegnen Sie Zeiten des Alleinseins? Freuen Sie sich darauf als willkommene Ruhepausen? Fürchten Sie sich davor? Tun Sie das, was Ihnen Spaß macht – auch wenn es völliges Nichtstun ist–, oder verbringen Sie die Zeit damit, sich um alles mögliche Sorgen zu machen? Das Alleinsein ist ein guter Weg herauszufinden, was tatsächlich in Ihrem *Innern* vorgeht, besonders, weil wir soviel Zeit darauf verwenden, uns damit zu beschäftigen, was *draußen* vorgeht. Schon ein paar Minuten am Tag, ein paar Stunden in der Woche können ausreichen, sich in Erinnerung zu rufen, daß es einen Teil Ihres Selbst zu beachten gibt, zu pflegen, auf ihn zu hören und zu verwöhnen.

Die Erforschung Ihrer Beziehung zu sich selbst und Ihrer

Reaktionen auf Ihre Umgebung wird Ihnen helfen, sich mehr auf sich zu verlassen und weniger auf die Bestätigung von außen.

Kurzfristige Strategien sind Hilfsmittel, mit denen Sie verhindern, sich durch Zurückweisungen in tiefe Depressionen versetzen zu lassen. In der Gruppe haben wir darüber diskutiert, wie man mit Zurückweisung fertig wird, und die Frauen nannten ihre Methoden, wie sie sich in Krisensituationen verwöhnen. Sie suchten nach Möglichkeiten, sich das Gefühl zu erhalten, daß sie es wert sind, geliebt zu werden, daß sie immer noch *liebenswert* sind, auch wenn sie sich in dem gegebenen Augenblick nicht geliebt fühlten. Hier einige Beispiele:

Ein Spaziergang am Meer/auf dem Land
Ein Gin-Tonic
Musik
Eine(n) gute(n) Freundin/Freund anrufen, die/der Sie mag
Mit Leuten zusammensein, die Sie mögen
Schlafen
Ihre Gefühle aufschreiben
Sich richtig ausweinen
Sich auf irgendeine Weise verwöhnen.

Die Verbindung zwischen Selbstbild, Selbstachtung und Selbstbehauptung

Wie sieht Doris sich selbst? Doris flüchtet sich in Tagräume, in denen sie sich als Ideal sieht – als Königin, als Chefin, als Star –, um zu vermeiden, sich in der Realität zu sehen. Denn da sieht sie sich als hoffnungslos, hilflos und Versagerin. Sie identifiziert sich so sehr mit diesem Bild, daß sie auch andere von seiner Wahrheit überzeugt. Ihre Selbstachtung ist sehr gering. Sie sucht ihren Lebenssinn und ihre Identität bei anderen.

Wenn sie von anderen akzeptiert wird, fühlt sie sich geliebt, aber nur ein wenig – es ist nie genug.

Und Katrin? Sie straft die verwundbaren und zerbrechlichen Seiten ihres Wesens, die ihr Gefühle der Verletzung verursachen. Sie hält sie unter Verschluß. Sie greift vorbeugend an, erteilt Zurückweisungen, ehe sie zurückgewiesen werden kann. Ihre Selbstachtung scheint hoch zu sein, doch das ist ein Trugschluß, denn oft sehnt sie sich verzweifelt danach, geliebt und akzeptiert zu werden, würde aber eher »sterben«, als das zuzugeben.

Eva scheint eine hohe Meinung von sich zu haben. Sie macht einen ziemlich zufriedenen und selbstsicheren Eindruck. Doch insgeheim quält sie sich mit starker Selbstkritik und straft sich mitleidlos, wenn sie ihre eigenen Erwartungen nicht erfüllt. Um Zurückweisung zu vermeiden, klammert sie sich daran, ihre Beziehungen unter Kontrolle zu halten, und ringt um so verzweifelter nach Anerkennung.

Selma äußert sich in der Realität, nicht nur in ihrer Vorstellung. Sie akzeptiert sich, wie sie *ist*, das heißt, sie erkennt ihre Stärken und ihre Schwächen an. Je mehr sie sich schätzt und sich stark in sich selbst fühlt, desto leichter fällt es ihr, auch die Seiten in ihrem Charakter zu sehen, die sie nicht besonders schätzt, aber akzeptieren kann. Je mehr sie sich innerhalb ihrer Grenzen akzeptiert, desto offener kann sie sich Kritik von anderen Menschen anhören und daraus lernen, ohne sich mit Selbstvorwürfen zu zermürben. Je offener sie sich fühlt, desto freier ist sie in ihrem Selbstverständnis. Sie nimmt das Risiko der Veränderung auf sich, ohne sich verzweifelt an Bekanntes und Vertrautes zu klammern.

Sie teilt ihre Sicherheit und ihr eigenes Wertgefühl mit. Sie öffnet sich der Bejahung und Liebe durch andere. Widerfährt ihr Zurückweisung, läßt sie sich davon nicht unterkriegen: Ihre Selbstachtung ist in ihrem Innern verankert, das hilft ihr, Verletzung und Enttäuschung zu verkraften. Wird sie von anderen nicht akzeptiert, wägt sie ab zwischen der Wichtigkeit der Anerkennung von außen und der Wichtigkeit, das zu tun, was sie tun möchte.

Auf der Basis ihrer Selbstachtung ist sie fähig, das Risiko der Veränderung zu tragen. Auf der Basis ihres Glaubens an sich selbst ist sie fähig, nach anderen Wegen ihres Selbstausdrucks zu suchen. Auf der Basis ihrer Sicherheit in sich selbst begegnet sie der Unsicherheit einer Veränderung ohne Angst.

Übungen

1. Schreiben Sie eine Liste von Situationen, die sie als Zurückweisung empfunden haben. Prüfen Sie dann genau, wie Sie sich dabei fühlten: Ignoriert? Übergangen? Nicht beachtet? Unwichtig? Verletzt? Verärgert? Nicht gut genug? Schreiben Sie als nächstes auf, was Sie in der jeweiligen Situation tatsächlich dazu gesagt haben. Haben Sie diese Gefühle damals ausgedrückt oder nicht? Wenn nicht, warum nicht? Denken Sie darüber nach, wie Sie die Situation selbstsicher gelöst hätten, und wie Sie eine ähnliche Situation in Zukunft lösen würden.
2. Da Selbstachtung so sehr mit unserem Bedürfnis nach Anerkennung verbunden ist, sehen wir uns dies noch genauer an. Überlegen Sie, ob es in Ihrem Leben einen Menschen gibt, dem Sie gerne gefallen würden. In seiner Gegenwart fällt es Ihnen schwer, Sie selbst zu sein, ständig grübeln Sie darüber nach, was er wohl denkt, Sie fühlen sich beklommen und unbehaglich und quälen sich mit dem Gedanken, daß er Sie vielleicht nicht gern hat. Beantworten Sie folgende Fragen, die Sie am besten laut mit einer Freundin durcharbeiten:
   a) Was hat dieser Mensch an Ihnen nicht gern?
   b) Ist das nur Ihr Eindruck oder haben Sie Beweise dafür? Welche Art von Beweis?
   c) Was wäre anders, wenn dieser Mensch Sie gern hätte?
   d) Was müssen Sie tun, damit dieser Mensch Sie gern hat? Sind Sie aufrichtig bereit, das zu tun?

Die Antworten auf diese Fragen zeigen Ihnen, ob Ihre Besorgnis absurd ist, oder ob Sie aufrichtig um die Meinung dieses Menschen besorgt sind. Trifft das zweite zu, dann üben Sie die Techniken der negativen Feststellung und der negativen Fragestellung (siehe Kapitel 11).

3. Stellen Sie sich vor, Sie sind sich selbst eine sehr gute Freundin – der Sie gern Ihre Zuneigung und Dankbarkeit erweisen möchten. Welches kleine Geschenk zum Zeichen Ihrer Achtung können Sie sich machen? Einen Blumenstrauß? Sich ein Wochenende in einem Hotel verwöhnen lassen? Eine Sauna? Eine besondere Luxusseife? Ein Spaziergang im Park? Früh zu Bett gehen? Denken Sie sich Möglichkeiten aus, mit denen Sie sich jeden Tag eine kleine Freude bereiten können.

17.
Die Macht in Ihrem Innern

Ein weiterer Teilaspekt der Selbstachtung ist die Macht. Manche Frauen reagieren alarmiert darauf, da sie Macht mit Gewalt und Bedrohung gleichsetzen. Wir verwechseln Macht mit Unterdrückung, Macht *über* andere zu haben. Die Bedeutung der Macht im Sinne der Selbstbehauptung ist nicht die Macht der Einschüchterung, sondern die Macht, die wir aus der Selbstfindung und der Selbstbestimmung erhalten. Es fällt Frauen allgemein schwer, mit diesem schwierigsten Aspekt ihrer Verhaltensweisen selbstbewußt umzugehen – passiv verschenken wir die Macht; aggressiv benutzen wir sie, um andere zu verurteilen und zu strafen; indirekt setzen wir sie manipulierend ein, um das zu erreichen, was wir wollen, und um die Kontrolle über andere zu bewahren.

Selbstbewußte Macht fängt damit an, daß Sie Sie selbst sind. Wie wir im letzten Kapitel gesehen haben, ist das wegen unserer persönlichen, kulturellen und sozialen Zwänge nicht so einfach, wie es klingt. Das Selbst zu finden und es dann auch zu sein, ist eine gewaltige Aufgabe. Wenn Sie das erreicht haben, fühlen Sie sich mächtig – alles klappt und Sie sind stark.

Die einfache Technik der Wiederholung einer Forderung – wie in Kapitel 4 erläutert – anzuwenden, hat viele Frauen befähigt, dieses Gefühl ihrer persönlichen Macht zu begreifen, die das bekannte Gefühl der Machtlosigkeit ersetzt. Angst ist unser größter Feind. Sie hält uns zurück, läßt uns unseren Eigenwert und unsere Fähigkeiten bezweifeln, zwingt uns zum Grübeln, ob wir Anerkennung verlieren könnten. Bei der Wiederholung von Forderungen oder Aussagen spürt man, wie sich das Gefühl der Unsicherheit, Ängstlichkeit und des Zweifels verlagert und sich in Überzeugung, Entschlußkraft und

Stärke = Macht verwandelt. Verstand, Gefühl und Körper arbeiten als Einheit – das ist der Augenblick, in dem Sie innere Macht besitzen. Sie sind Sie selbst. Auch Spontaneität ist Macht. Anstatt Ihre Impulsivität zu unterdrücken und sich auszurechnen, ob Sie mit einem Wort oder einer Handlungsweise die Anerkennung anderer verlieren, können Sie spontan handeln. Das heißt nicht, daß Sie unkontrolliert in alle Richtungen schießen sollen. Es bedeutet vielmehr, das Risiko zu tragen, mit einer Bemerkung herauszuplatzen, ohne sie vorher zensiert zu haben; einen Menschen Ihre Zuneigung spüren zu lassen; einem Verdacht oder einer Ahnung zu folgen; Spaß zu haben; zu sagen, was Sie fühlen!

Mit einiger Übung erträgt das starke Erlebnis der Spontaneität die erstaunten Blicke, wenn Sie aufstehen und eines Ihrer hochgehaltenen Prinzipien verteidigen, oder die Mißbilligung, wenn Sie Ihre gemessene Erwachsenenhaltung vorübergehend ablegen und einen Ausflug auf den Kinderspielplatz machen. Sie werden über der allgemeinen Bestürzung stehen, wenn Sie Ihrem Familienclan eröffnen, daß Sie diesmal zu Weihnachten wegfahren, anstatt alle neunundzwanzig bei sich zu Hause zu bewirten. Sie werden mit dem Entsetzen fertig, wenn Sie freundlich, aber bestimmt die »Ehre« ablehnen, die gesamten Kostüme für die Theateraufführung am Ende des Schuljahrs zu nähen. Sie werden sich über die Mißfallenskundgebungen Ihrer Familie oder Ihrer Freunde hinwegsetzen, wenn Sie Ihre Frisur ändern oder sich endlich nach Ihrem eigenen Geschmack anziehen. Sie verkraften sogar die Verlegenheit, die Sie überkommt, wenn Sie einen Fehler gemacht haben, oder den Stich der Zurückweisung, wenn Ihr Vorschlag auf Ablehnung stößt.

Die Erfahrung selbstbewußter Stärke erfordert eine innere Schwerpunktverlagerung. Wenn Frauen ihre eigenen Verhaltensweisen untersuchen, erkennen sie oft, daß ihr jeweiliges Verhalten davon abhängt, wer der andere Mensch ist, ob alt oder jung, männlich oder weiblich, feindlich oder freundlich, und so weiter. Diese Haltung schränkt unser Gefühl der Leistungsfähigkeit ein, da unser Bezugsrahmen völlig vom *anderen* Menschen abhängt. Wenn Sie sich einmal kennen und wissen, wie Sie empfinden, gewinnen Sie aus sich selbst mehr Vertrauen und Flexibilität. Die Sicherheit kommt aus Ihrem *Innern.* Warten Sie nicht, bis ein anderer den ersten Schritt unternimmt, damit Sie dann entsprechend reagieren können.

Tun Sie selbst den ersten Schritt. Ergreifen Sie die Initiative für ein Gespräch, ein Treffen, eine Konfrontation. Dadurch gewinnen Sie ein größeres Gefühl der Stärke, als herumzusitzen und auf das Unvermeidliche zu warten. Dieses Prinzip ist besonders wirksam, wenn Sie mit einer Situation konfrontiert sind, die Ihnen Angst macht. Sie sitzen da und grübeln, beißen Fingernägel, warten, daß das Telefon klingelt, daß das Urteil über Sie gefällt wird, das Fallbeil auf Sie herniedersaust oder daß der Schmerz von selbst aufhört. Die Alternative ist, aufzustehen und den ersten Schritt zu tun.

Dies sei an der Erfahrung einer Kursteilnehmerin illustriert. Geraldine hatte Probleme mit einer Situation am Arbeitsplatz. Zwei Jahre zuvor hatte sie schlechte Erfahrungen mit einem Kollegen gemacht und nun erfuhr sie in der Gerüchteküche des Büroklatschs, daß er wieder in ihre Abteilung zurückversetzt werden sollte. Das bedeutete für sie erneute Zusammenarbeit mit ihm. Im Rollenspiel in der Gruppe stellte sie die Situation zuerst so dar, daß ihr Chef sie zu sich rief, um ihr die Neuigkeit zu unterbreiten. Sie verhielt sich in der Situation nicht schlecht, aber nicht so gut, wie sie es wollte. Ich schlug vor, das Rollenspiel in anderer Form zu versuchen. Diesmal übernahm *sie* die Initiative; anstatt zu warten, bis der Chef sie rief, ging sie zu ihm. Dadurch konnte sie *vor* dem Ereignis ihre Sorge und ihre Gefühle völlig klar ausdrücken. Sie fühlte sich stärker und bekam die Unterredung deshalb sehr viel besser in den Griff.

Weibliche Verhaltensmuster sind oft vom Zustand des Wartens geprägt: Die Frau wartet darauf, erwachsen zu werden, zum Tanzen aufgefordert zu werden, auf einen Heiratsantrag, auf die Geburt ihres Kindes, daß das Kind heranwächst, die Schule abschließt, das Haus verläßt; immer wartet sie darauf, daß etwas geschieht.

Drehen Sie den Spieß um und unternehmen Sie den ersten Schritt. Vielleicht gibt es eine Menge Dinge, die Sie gerne tun würden. Orte, die Sie besuchen, Menschen, die Sie kennenlernen wollen, ein Zimmer, das Sie gern anstreichen würden, ein Thema, über das Sie mehr wissen möchten, etwas, das Sie kaufen wollen. Wenn ja, fragen Sie sich, worauf Sie warten. Fragen Sie sich beim Lesen folgender Aufstellung, ob Sie diese oder ähnliche Begründungen als Entschuldigung vorgeschoben haben, um nicht den ersten Schritt tun zu müssen. Haken Sie die in Frage kommenden Gründe ab:

Worauf warten Sie?

Auf jemanden, der sagt, es täte ihm leid.
Bis die Kinder aus dem Haus sind.
Auf jemanden, der Ihre Hand hält.
Auf jemanden, der Ihnen den Weg zeigt.
Auf jemanden, der Ihnen seinen Segen gibt.
Auf jemanden, der sagt, er habe unrecht.
Darauf, daß die Sonne scheint.
Auf die Zinsen einer Prämienanleihe.
Daß ein anderer etwas an Ihrer Stelle tut.
Daß jemand Ihnen einen Tritt versetzt.
Daß jemand Ihnen den Absprung erleichtert.
Daß jemand sagt, er sei immer für Sie da.
Auf jemanden, der zu Ihnen zurückkommt.
Darauf, daß jemand stirbt.
Daß jemand Ihnen verzeiht.
Daß jemand die Trittleiter repariert.
Daß jemand Ihnen ein Angebot macht.
Daß jemand Sie beachtet.
Auf jemanden, der Sie vom Stuhl reißt.
Auf den Ritter in der Silberrüstung.
Daß die Welt zur Vernunft kommt.
Auf ein Diplom.
Daß jemand seine Meinung ändert.
Daß jemand das Startzeichen gibt.

Selbstbewußte Stärke bedeutet, etwas für sich selbst zu tun. Eine Frau ist nur zu gern bereit, sich in die Dienste anderer zu begeben, kostbare Zeit, wertvolle Energie für *andere* zu opfern. Geht es aber darum, sich selbst einen Gefallen zu tun, ist das etwas anderes. Zeit und Energie, die sich endlos erstrekken, um die Bedürfnisse anderer zu befriedigen, sind plötzlich nicht mehr vorhanden – nie findet sie Zeit für sich selbst.

In Kapitel 8 untersuchten wir, wie wir in die Mitleidsfalle geraten, die uns dazu zwingt, zu viele Verpflichtungen für andere zu übernehmen. Diese Haltung kann uns eine indirekte Macht verleihen, die Macht, uns unentbehrlich zu fühlen. Haben Sie schon einmal einen neuen Schritt, eine Veränderung oder eine Ruhepause für sich selbst mit Ihrem prompten Einwand abgetan, etwa im Sinne von »Aber kommen sie denn ohne mich zurecht? Nie!« Wenn Sie sich die Frage umgekehrt stellen: »Komme ich ohne die *anderen* zurecht?«, begreifen Sie, wie diese Falle funktioniert. Wir jammern über die Opfer, die wir bringen, die Aufgaben und Verpflichtungen, die wir haben, machen damit aber eigentlich ein heimliches Tauschgeschäft. Sehen wir beispielsweise im Spiegel unseres Selbstbildes (siehe Kapitel 16) vorwiegend das Bild des starken Felsens, werden wir in diesem Aspekt Erfüllung suchen. Wenn das einzige Bild, das wir von uns haben, das einer Gebenden und Sorgenden ist, dann werden wir dafür Sorge tragen, uns mit Menschen zu umgeben, denen wir geben und für die wir sorgen können. Ohne zu realisieren, was wir tun, binden wir diejenigen, die von uns abhängig sind, an uns – Eltern, Kinder, Partner, Freunde, Kunden oder Patienten –, jeden, der uns – unserer Meinung nach – braucht, um zu überleben.

Wenn wir mit einer Situation konfrontiert sind, in der es gilt, Eigenbedürfnisse zu behaupten, Grenzen bezüglich Zeit und Energie abzustecken, mangelt es uns manchmal an der nötigen Motivation. Wir flüchten uns in automatische Reaktionen, jemand sei zu krank, zu alt, zu schwach, zu dumm, zu einsam, zu hilflos oder zu jung – in irgendeiner Weise unfähig, ohne uns zurechtzukommen. Manchmal stellt die Macht, unentbehrlich zu sein, eine bequeme Art dar, uns vor uns selbst zu verstecken.

Ein angenehmer Nebeneffekt, der uns selten bewußt ist, ist

die indirekte Strategie der Schuldzuweisungen. Heimlich geben wir anderen die Schuld, trotzdem wächst unsere Unzufriedenheit. Verständlicherweise ist es schwierig, anderen Freiheit zuzubilligen, wenn wir uns selbst nicht frei fühlen. Haben wir unsere selbstbewußte Macht, unsere innere Kraft und unser persönliches Potential nie empfunden, fällt es uns sehr schwer, großzügig zu anderen zu sein, glücklich darüber, daß andere aufrichtig zu sich selbst sind, wenn wir selbst schon nicht das Gefühl haben, daß wir es zu uns sind. Einem anderen die Chance geben, etwas für Sie zu tun, sich selbst die Chance geben, einmal die Nehmende zu sein, nur ein kleines Ja zu sich selbst zu sagen, das ist selbstbewußte Stärke.

Selbstbewußte Stärke ist auch die Stärke der Gleichberechtigung und sich dieser Gleichberechtigung offen zu stellen. Eine meiner Freundinnen sagte einmal, das Problem bei Frauen sei, daß sie immer rückwärts durch die Hintertür reinkämen. Dieses Buch will hauptsächlich zu einer »Vordertür«-Haltung ermuntern – ob es darum geht, zu fordern, abzulehnen, sich auseinanderzusetzen oder *direkt* auszudrücken. Aber es fällt Frauen immer noch schwer, diese indirekte Macht über andere aus der Hand zu geben. »Laß ihn doch denken, es sei seine Idee«, ist ein Satz, der die heimliche Haltung Männern gegenüber ausdrückt: nach außen hin lächeln, ein Nicken, »Ja, Liebling«, doch im Innern Männer wie kleine Buben behandeln, die kaum gelernt haben, sich hinter den Ohren zu waschen, es über sich ergehen lassen, sich nach außen als Schwächere behandeln zu lassen, wenn Sie sicher sind, daß Sie innerlich überlegen sind. Hinter diesem subtilen Ausdruck herablassender Geringschätzung steht eine sehr reale Angst, keine anderen Möglichkeiten zu haben, und die Angst vor der männlichen Autorität und physischen Macht. Selbstbewußt stark zu sein, bietet eine Alternative zu dieser Ausfluchthaltung.

Es heißt auch Eigenverantwortlichkeit. Es heißt nicht, Schuld auf sich zu nehmen. Es bedeutet die Fähigkeit, Ihr Leben und die Menschen in Ihrer Umgebung klar zu sehen: Wenn Ihr Leben Ihnen nicht gefällt, dann sollten Sie nicht anderen die Schuld daran geben, sondern nach möglichen und vernünftigen Veränderungen suchen. Anstatt die Hilflose zu spielen und sich als unglückliches Opfer zu betrachten, übernehmen Sie die Eigenverantwortung – entweder Sie lassen die Dinge so, wie sie sind, führen eine radikale Veränderung herbei oder schließen einen akzeptablen Kompromiß. Die zweite Form der Eigenverantwortung ist, sich zu den guten Seiten Ihres Lebens zu bekennen – ihren Leistungen, Anstrengungen, Fähigkeiten. Respektieren Sie sich für das, was und wer Sie *jetzt* sind.

Schließlich bedeutet selbstbewußte Stärke, Entscheidungen zu treffen. Die Entscheidung, die Person zu sein, die Sie sind, im Gegensatz zur Person, die Sie sein müssen, um Anerkennung zu ernten. Anerkennung ist unheilvoller, als wir denken. Wir entfliehen einer Art der Reglementierung und unterwerfen uns einer anderen, neuen Form der Reglementierung. Eine Frau befreit sich von dem traditionellen Weiblichkeitsbild und damit von all den nach Anerkennung hungernden Verhaltensweisen, die zu diesem Bild gehören – und stellt zu ihrem Erstaunen fest, daß sie in einem neuen Muster von anerkennungsheischendem Verhalten gefangen ist. Diesmal ist das Bild feministisch und modern, aber wieder sieht sie sich blockiert, ihren eigenen Lebensstil zu wählen oder ihr eigenes, unabhängiges Verhalten zu etablieren. Wieder sieht sie sich eingeschränkt durch die Forderung, konform zu gehen, dazugehören zu müssen, anerkannt zu werden.

Eigene Entscheidungen zu treffen, kann unseren Sinn für Selbstachtung aufbauen.

Selbstachtung – bestehend aus Selbstanerkennung, Selbstbejahung, Selbsthilfe und Selbstverwirklichung – ist lebensnotwendig. Den Wert der Selbstsicherheit schätzen zu lernen, kann ein sehr wirkungsvoller Anfang dafür sein.

Übungen

1. Ergreifen Sie die Initiative, ein Problem in einer Beziehung oder mit Ihrer Familie zu besprechen, anstatt zu warten, bis das Problem erneut auftaucht.
2. Schreiben oder rufen Sie jemanden an, den Sie gern kennenlernen möchten, und schlagen Sie ein Treffen vor.
3. Melden Sie sich zu einem Fortbildungskurs an Ihrer Arbeitsstelle, anstatt dazu aufgefordert zu werden.
4. Vereinbaren Sie mit Ihrem Abteilungsleiter einen Termin für eine Arbeitsbesprechung. Wenden Sie die Techniken der negativen Fragestellung an und bitten Sie um konstruktive Kritik, fordern Sie aber auch positive Bemerkungen über Ihre Arbeit und Ihre Leistungen.
5. Dies ist eine längere Übung, aber eine hervorragende Methode, Ihre Prioritäten festzustellen.
   a) Schreiben Sie auf, was Sie in Ihrem Leben erreichen wollen: Länder, die Sie besuchen wollen, Sachgebiete, über die Sie etwas wissen wollen, was Sie tun/schreiben/aufbauen wollen, was Sie besitzen wollen, wie Sie sich vergnügen wollen, was Sie von einer Partnerschaft, Ihrer Arbeit, Ihrer Gesundheit erwarten. Schreiben Sie jedes Ziel auf, das Ihnen einfällt – so unerreichbar oder so klein es auch erscheinen mag. Das ist Ihre Liste A.
   b) Schreiben Sie auf, welche dieser Ziele Sie in den nächsten fünf Jahren erreichen möchten. Das ist Liste B.
   c) Schreiben Sie eine weitere Liste: Welches dieser Ziele möchten Sie im nächsten Jahr erreichen. Liste C.
   d) Nun liegen drei Listen, A, B, und C, vor Ihnen. Nehmen Sie sich aus Liste A zehn Ziele heraus und ordnen Sie diese nach der Reihenfolge ihrer Wichtigkeit, so daß Nummer 1 das wichtigste und Nummer 10 das unwichtigste Ziel ist. Die Entscheidung, welche Ziele Sie in diese Liste übernehmen wollen, ist nicht einfach, aber sie ist ein wesentlicher Teil der Übung.
   e) Tun Sie dasselbe mit Liste B.

f) Mit der Liste C verfahren Sie ebenso. Stehen Ihnen für die Listen B und C keine zehn Punkte zur Verfügung, ordnen Sie die vorhandenen trotzdem, so daß Nummer 1 jeweils das wichtigste Ziel ist.

Wenn Sie damit fertig sind, liegen drei endgültige Listen vor Ihnen. Möglicherweise erscheinen in allen Listen die gleichen Ziele. Was sagen diese Ziele über Ihre Person aus? Auf welche Lebensbereiche beziehen sie sich? Können Ihnen diese Listen als Unterlagen für zukünftige Unternehmungen dienen? Worauf warten Sie noch?

18.
Selbstbehauptung als Lebensstil

Das Thema dieses Buches befaßt sich mit speziellen Techniken, und je öfter wir bei ihrer Anwendung ein positives Gefühl empfinden, desto zentraler werden sie in unserem Leben. Wir fühlen uns nicht nur in einer besonderen Situation selbstsicher und selbstbewußt, sondern wir fühlen uns allmählich *generell* selbstbewußter und selbstsicherer.

Ein Hauptmerkmal dieser Lebenseinstellung ist größere Offenheit und Entspannung – wir fühlen uns weniger verkrampft, angespannt und defensiv. Anstatt Ihre lästigen, kleinen Unzulänglichkeiten zu verbergen, fühlen Sie sich locker und zeigen die positiven Seiten Ihrer Persönlichkeit. Anstatt sich durch Schwächen und Fehler schuldig zu fühlen, lernen Sie, sich weniger selbstkritisch zu sehen. Sie hören auf andere, weil Sie an sich selbst glauben. Sie nehmen gerechtfertigte Kritik offener entgegen. Sie erforschen die Möglichkeiten von Veränderungen, anstatt sich verzweifelt an das Alte und Hergebrachte zu klammern, wenn es besser wäre, neue Wege zu gehen.

Denken Sie daran, es hat nichts mit einer Haltung »Ich *gegen* den Rest der Welt« zu tun. Mit der Zeit und mit Bedacht werden Sie lernen, das Gleichgewicht zwischen Ihren Bedürfnissen und denen anderer zu finden, zwischen Ihren Gefühlen und denen anderer, zwischen Ihren Prioritäten und denen anderer. Wenn Sie behutsam mit Ihrer eigenen Veränderung umgehen, gehen Sie auch behutsam mit anderen Menschen um. Jede Art von Veränderung bedroht uns mit Schutzlosigkeit und Aufruhr. Wir fürchten Verlust und Verletzung. Mit diesen Ängsten umzugehen, ist ein wichtiger Aspekt für größeres Selbstbewußtsein.

Diese Ängste sind oft nur vorübergehend. Menschen, die uns nahestehen, werden sich bald beruhigen und den Unterschied positiv sehen. Vielleicht haben Sie aufgehört herumzunörgeln, weil Sie gelernt haben, etwas direkt zu fordern: Sie haben Ihre Opferhaltung aufgegeben und sind glücklicher, etwas für sich selbst tun zu können. Sie mögen Ihre wilden Versuche gelassen haben, die Idealfrau zu werden. Sie haben es nicht nötig, anderen Menschen Schuldgefühle zu geben, um das zu erreichen, was Sie möchten. Sie müssen andere nicht mehr quälen, wenn man Sie verärgert hat, sondern können Ihre Gefühle präzise äußern, und damit hat sich die Sache. Sie haben gelernt, Ihre eigenen Schwächen zu akzeptieren, und legen auch an Ihre Mitmenschen weniger strenge Maßstäbe an.

Veränderungen können aber auch länger anhaltende Störungen hervorrufen. Vielleicht gibt es Menschen, die die neue Person, die Sie geworden ist, einfach nicht akzeptieren: Menschen, denen Veränderungen extrem unbehaglich sind, die es lieber sähen, Sie blieben so, wie Sie sind – möglicherweise paßte ihnen das besser in den Kram, möglicherweise waren Sie berechenbarer und einfacher zu handhaben. Vielleicht will man Sie zurückhalten, weil man nicht möchte, daß Sie zu viel erreichen und andere hinter sich lassen. Dies führt zu unvermeidbaren Konflikten und nur Sie können entscheiden, was Sie tun möchten und wo Ihre Prioritäten liegen.

Eine häufig auftretende Gefahr, die es dabei zu beachten gibt, sind übereilte Maßnahmen. Nach Jahren der Unterdrückung und der Beschränkungen stellen Sie fest, was Ihnen die ganze Zeit entgangen ist. Sie werden wütend und sagen: »All die Jahre habe ich getan, was *er* wollte, was *sie* wollten.« Das ist Zündstoff, diese Denkweise verzerrt Ihre Einstellung und Ihr Verhalten, damit entartet Selbstbehauptung schnell zu Aggression. Wir sprechen aus, was *wir* wollen, was *wir* tun werden, tun es und fühlen uns zufrieden mit unserer neuen »selbstbewußten« Haltung. Wenn der davon Mitbetroffene keine Chance hat, etwas dazu zu sagen, findet keine Verhandlung statt. Diese Haltung ist zwar als Selbstbewußtsein getarnt, ist aber mehr eine »Friß Vogel, oder stirb«-Haltung, und erinnert eher an Katrin als an Selma.

Ein solches Verhalten geschieht aus Angst. Sie glauben, wenn Sie es nicht schnell tun, stellt sich Ihnen jemand in den Weg und nimmt Ihnen die Chance *wieder* weg; also sehen Sie zu, daß Ihre Bedürfnisse Vorrang haben! Es entstammt einer Anhäufung von Wut und Schuld aus früheren Erlebnissen Ihres unsicheren Verhaltens. Denken Sie daran, fünfzig Prozent der Verantwortung liegen bei Ihnen! Mit dieser Erkenntnis gehen Sie auf andere ein und setzen sich *trotzdem* durch, und mit Übung und Selbstvertrauen erreichen Sie einen echten Kompromiß.

Zuweilen stellen Frauen fest, daß Selbstbehauptungs-Techniken eine sofortige und dramatische Wirkung auf ihr Leben haben. Was sie dabei aber über sich erfahren, kann einen Prozeß der Selbstentdeckung in Gang bringen, durch den sie ihr wahres Potential erst richtig verstehen.

Ich möchte mit den Worten einiger Frauen schließen, die Ihre Erfahrungen beschreiben, als sie lernten, selbstbewußt zu sein:

»Ich stelle fest, daß ich die Selbstbehauptung in ganz normalen Lebenssituationen anwende, und je öfter ich sie anwende, desto zufriedener fühle ich mich. Ich habe keine Ressentiments mehr, weil ich nichts mehr tue, das ich nicht tun möchte.« *Irene*

»Ich bin mir klarer über meine Existenz, über mich als Person, wer ich bin und was ich sein möchte. Ich finde mich immer sympathischer und habe keine Schwierigkeiten mehr, Kritik anzunehmen. Ich habe noch einen langen Weg vor mir, aber es macht mir nichts aus.« *Marion*

»Selbstbewußtsein heißt für mich, mich selbst und meine Bedürfnisse ernst zu nehmen, Risiken in meinen persönlichen Beziehungen auf mich zu nehmen, um aufrichtiger und offener zu sein, die Unsicherheit zu begreifen, die mit Veränderungen verbunden ist, und zu entdecken, daß ich ohne Aggression und Gewalt stark sein kann.« *Fiona*

»Selbstbehauptung heißt, mit meinen eigenen Bedürfnissen, Gefühlen und besonders meiner Stärke als Frau in Beziehung zu stehen. Es bedeutet auch, fähig zu sein, mich und andere zu konfrontieren, und nichts als selbstverständlich hinzunehmen. Während des Vorgangs, meine eigenen Bedürfnisse anzuerkennen, habe ich Ängste und Schuldgefühle, mit denen ich fertig werden muß. Ich glaube, daß diese Entwicklung – auch wenn sie schmerzhaft ist – kreative Kraft in mir freisetzt.« *Terri*

»Selbstbehauptung heißt herauszufinden, warum ich mich so verhalte, wie ich es tue, warum ich etwas möchte, und mit dieser Erkenntnis zu entscheiden, ob dieses Verhalten wirklich notwendig ist oder wirklich aus mir selbst kommt.« *Ursula*

»Selbstbewußtsein zu lernen, hat für mich bedeutet, daß ich nicht mehr so viele Regeln für mich selbst aufstellen muß. Ich kann eine Situation nehmen, wie sie ist, ohne die üblichen Überlegungen, die ich mir früher gemacht habe. Selbstbewußtsein gibt mir Energie und Ansporn im Leben und nimmt viele meiner Ängste und Vorsichtsmaßnahmen.« *Anne*

»Vor kurzem habe ich mich von Bekannten abgewandt, die unentwegt jammern und klagen... und ich war immer so ›nett‹!« *Kathy*

»Ich bin selbstbewußt, wenn ich mich selbst erlebe und daran festhalten kann, was immer ich empfinde. Dann respektiere ich diese Realität auch in meinem Mitmenschen.« *Nellie*

»Selbstbehauptung bedeutet Respekt mir selbst gegenüber; daß ich die Möglichkeit habe, daß andere mir wirklich zuhören und *mich* daher respektieren. Es bedeutet, offener über meine Gefühle zu sein.« *Anita*

»Die Bedeutung des Wortes ›Selbstbehauptung‹ zu begreifen, war eine schmerzliche Erfahrung, doch ein Anfang. Mir wird bewußt, wie selten ich das fordere, was ich möchte, oder Raum für meine eigenen Freuden lasse. Auch wie sehr meine Identität in Rollen eingeschnürt ist – Mutter, Tochter, Freundin, Gruppenführerin. Ich fange an, mich neu aufzubauen und mich wiederzuentdecken. Es ist ein faszinierender Lernprozeß, lohnend und erfreulich, so, als würde man in einem Speicher herumstöbern und kostbare, längst vergessene Dinge entdecken.« *Monika*

Alles dauert seine Zeit. Die Entscheidungen und die Veränderungen liegen bei Ihnen. Am Ende werden Sie sich selbst finden.